1. 열도 내에서 활동한 인명·직함명

가능한 일본식 발음이 아닌 한국식 한자로 표기하였다.

한반도와의 인연이 깊다고 생각해서이다.

예컨대 응신천황(應神天皇)은 일본식 '오진'이 아닌 '응신'으로 표기한다.

다만 독자들의 이해를 돕기 위해 필요한 경우 일본식 발음을 병용하였다.

2. 열도 내 지명

열도의 지명은 현재까지도 지속되는 경우가 많고

독자들이 일본식 지명에 익숙한 점을 감안해 가능한 현지음대로 표기하였다.

예컨대 '九州'는 '구주'가 아니라 '규슈'로 하였다.

다만 '혈문(穴門)'을 비롯하여 현재는 잘 쓰이지 않은 고대지명인 경우

국내 독자들의 이해를 돕기 위해 한국식 한자발음으로 표기한 경우도 있다.

한일
고대사의
재건축

기마족의 신라·가야·열도 정복사

한일 고대사의 재건축②
기마족의 신라·가야·열도 정복사

초판 인쇄 2021년 8월 10일
초판 발행 2021년 8월 15일

지은이 장한식
발행인 권윤삼
발행처 도서출판 산수야

등록번호 제2002-000278호
주소 서울시 마포구 월드컵로165-4
전화 02-332-9655
팩스 02-335-0674

ISBN 978-89-8097-540-2 04910
　　　 978-89-8097-538-9 (전3권)

www.sansuyabooks.com
sansuyabooks@gmail.com
도서출판 산수야는 독자 여러분의 의견에 항상 귀 기울입니다.

기마족의 신라·가야·열도 정복사

한일 고대사의 재건축 ②

장한식 지음

韓日古代史 再建築

산수야

4세기 기마민족의
남하(南下)와 출자(出自) 문제

AD 4세기에 들어서면서 한반도 남부와 일본열도에 폭발적인 변화상이 관찰된다. 고고학적 유물에서 북방계 기마족의 특성이 강화되는 것이다. 기마민족(騎馬民族)의 분위기는 한반도 남부에서 먼저 관찰되고 열도가 뒤를 잇는 특성이 보인다. 한반도 남부에서는 4세기 초중반에 기마민족 유물이 확인된다면 열도에서는 4세기 후반 즈음부터 기마 관련 유물이 발굴된다. 이 시기에 한반도 남부와 일본열도를 관통하는 공통된 힘이 존재하였음을 암시하는 대목이다. 이런 변화는 점진적이라기보다 급진적이다. 4세기 이후 한반도 남부(신라·가야 영역)와 일본열도에 중대한 정치적 격변이 있었음을 증거하는 대목이다.

특히 4세기 말, 5세기 초에는 왜의 강성(强盛)함이 포착된다. 한반도 남부, 신라·가야 영역에서 '왜'가 군사작전을 펼친 문헌학적 증거가 존재한다.(삼국사기와 광개토대왕비) 이 시기 왜의 군력은 '고구려에 계속 패하면서도 계속 도전하는' 꽤나 부담스런 수준이다. BC 3세기 즈음부터 AD 3세기까지 한반도에서 건너간 농민과 해인족의 후예가 보전(步戰) 단계의 소박한 무력으로 쟁투했던 열도사회... 그런데 '수수께끼의 4말 5초'에 중대한 변화가 이뤄졌음을 시사한다. 도대체 열도에 무슨 일이 일어났는가?

이 같은 무력성장(武力成長)의 동력을 설명하기 위해 동북아 초원지대로부터 군사집단의 이동, 구체적으로는 '기마민족 남하설'이 등장하였다. 거센 반론이 제기되기도 했지만 기마민족설은 4세기 이후 한반도 남부와 일본열도에서 관찰되는 시대적 급변상을 설득력 있게 묘사하는 학설로 만만찮은 지지층을 확보하고 있다. 필자는 기본적으로 기마민족설의 설명틀에 동의한다.

"말을 탄 강자(强者)가 출현하여 한반도 남부와 일본열도에 걸쳐 새로운 질서를 강요하였고 철저하게 관철시켰다."

당대 사회변화의 크기나 깊이, 그리고 기존 관습과 선주민에 대한 처분방식 등에 비춰볼 때 자생적 변모라기보다 외부세력 이동의 결과라고 간주해야 합리적이기 때문이다. 하지만 기마민족설 내부에도 많은 편차와 논란이 존재한다. 최대 핵심은 한반도와 일본열도에 대변화를 야기한 기마민족의 출자(出自)에 관한 논쟁이다.

필자는 1999년 『신라 법흥왕은 선비족 모용씨의 후예였다』를 출간하면서 문제의 기마민족이 선비족 모용씨라는 주장을 과감하게 펼친 바 있다. 아마추어의 치기가 아니었다. 4세기 초중반 이후 한반도 남부와 일본열도에서 포착되는 강성한 기마족의 흔적을 나름대로 추적한 결과였다. 『한일 고대사의 재건축』 시리즈 전체가 그러하지만 특히 시리즈②를 그릴 수 있었던 밑그림은 1999년의 글에서 찾을 수 있다. 지난 20여 년간 '모용선비 이야기는' 필자의 머릿속을 떠나지 않은 오랜 화두였다. 『한일 고대사의 재건축②』에서 다루는 핵심주제는 신라-가야-왜로 이어지는 '힘(power)의 이동 역사'이다. 필자는 모용선비 기마군단의 돌파력이야말로 3개 영역을 관통하는 공통된 힘의 원천이라고 여전히 믿는다.

그 사이 2012년 김해 대성동고분에서 중국 동북지방의 선비족 문물이 확인되는 등 필자의 가설이 일정한 근거를 얻은 것도 사실이다. 덕분에 모용선비 교류·진출설이 역사학계에서 한 귀퉁이를 차지할 수 있었고 이 같은 변화발전에 필자도 조그마한 기여를 하였다고 내심 자부할 수 있게 되었다. 한반도와 일본열도의 제국(諸國)이 한데 어우러진 과정에서 명멸한 고대사의 진실을 추구하는 『한일 고대사의 재건축』 시리즈를 통해 선비족의 한반도 진출, 나아가 일본열도 정복의 개연성을 재점검하는 일은 그래서 보람차다.

차례

2부. 기마족의 가야 정복

한일 고대사의 재건축 ❶
왜(倭)와 임나(任那)의 진실

한반도와 일본열도 사이의 바다에서 삶을 영위했던 '사라진 왜'의 정체는 무엇인가 『한일 고대사의 재건축①-왜(倭)와 임나(任那)의 진실』은 마름모꼴 바다에 기대어 수천 년을 살아간 해변민의 숨겨진 정체와 그들이 한반도와 열도, 두 갈래로 나뉘어 적대시하게 된 역사를 되짚어 보는 여정이다. 필자는 1권의 12개장을 통해 한일 고대사 전쟁의 핵심소재가 된 왜(倭)와 임나(任那)의 감춰진 얼굴을 찾고자 분투한다. 한반도와 일본열도 사이의 바다에서 삶을 영위했던 해변인들... 역사서에 왜인(倭人)으로 표현된 사람들의 본질과 그들의 생활상을 새로운 각도에서 재조명한다. 지금은 마음대로 넘을 수 없는 '국경(國境)의 바다'이지만 본래적 의미는 한일협력의 터전이었고 한일 공동사의 영역이라는 점을 강조하며 독자들을 이끈다.

한일 고대사의 재건축 ③
열도의 내전과 영산강 전방후원분의 비밀

 영산강 전방후원분은 고대 일본의 정치체가 지배한 흔적이 될 수 없다

『한일 고대사의 재건축③-열도의 내전과 영산강 전방후원분의 비밀』은 AD 4~6세기 일본열도에서 일어난 패권교체의 역사와 함께 이와 연동된 한반도 서 남부, 영산강유역 정치체의 변화상을 살폈다. 4~6세기 일본의 왕조교체는 가야 에서 발진(發進)한 기마민족의 진출과 백제의 담로소국 건설이 기본동력이란 점 에서 한반도의 역사와 무관할 수 없다. 6세기 초반까지 독자성을 유지하였던 영 산강정치체는 한반도 내에서 '왜계묘제(倭系墓制)'로 불리는 전방후원분을 조영 한 지역으로 독특한 고분문화를 형성하였다. 그 '존재와 소멸 과정'은 한일 고대 사의 비밀을 밝혀줄 핵심 사안으로 조명할 가치가 있다.

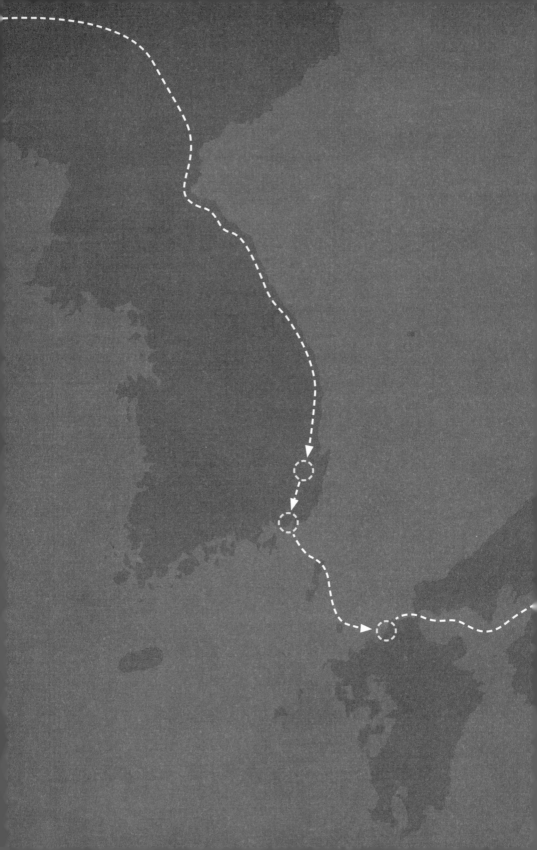

1부

●

모용선비 기마족의 신라 진출

● 韓日 古代史 再建築

AD 4세기 이후, 한반도 남부의 신라와 가야 영역, 그리고 일본열도에서 북방형 기마문화가 출현한다. 문헌상이나 고고학적으로 3세기말까지 기마문화의 불모지나 다름없던 한반도 남부와 일본열도에 갑자기 '말을 탄 사람들의 흔적'이 포착되는 것이다. 기마민족(騎馬民族)의 분위기는 한반도 남부에서 먼저 형성되고 열도가 뒤를 잇는다. 북방에서 한반도를 거쳐 열도로 이어지는 '힘(Power)의 이동 가설'이 지리학적 정합성(整合性)을 갖추고 있다는 의미이다. 한반도 남부에서는 4세기 초중반 경에 기마민족 유물이 확인된다면 열도에서는 4세기 후반 즈음부터 기마 관련 유물이 발굴된다. 수수께끼의 4세기에 한반도 남부와 일본열도의 기존질서를 전복시킨 큰 힘이 존재하였음을 시사한다. 기마문화는 점진적으로 발전하기보다는 완성된 형태로, 돌발적으로 출현한다는 점에서 4세기 이후 한반도 남부와 일본열도의 중대한 정치적 변화를 암시해 준다.

1부는 4세기 신라땅에서 확인되는 기마민족의 뿌리를 추적하는 작업이다. 문제의 기마민족을 필자는 AD 342년(또는 341년) 고구려를 쑥대밭으로 만든 선비족 모용씨, 즉 모용선비(慕容鮮卑)로 주목한다. 대전란 와중에 고구려를 관통한 모용선비의 한 무리는 신라의 왕권을 장악하였고 기마족의 문화를 짙게 남겨둔 채 한 시대를 풍미하였다.

이른바 마립간(麻立干) 시대의 주인공, 훗날 김씨(金氏)로 족성을 바꾸는 모용선비 이야기이다. 1부의 4개 장(章)을 통해 기마민족 모용선비의 신라 진출과 정복의 역사를 설명하고자 한다.

1장
4세기 경주,
적석목곽분(積石木槨墳)의 출현

신라 수도 경주는 고분(古墳)의 도시이다. 경주 일대에 분포하는 신라고분은 위치에 따라 평지고분과 산지고분으로 구분된다. 이 글에서 주목하는 고분은 평지고분이다. 경주시내의 평지고분은 행정구역에 따라 황남동고분군, 황오동고분군, 노동동고분군, 노서동고분군, 인왕동고분군 등으로 구분된다. 일제강점기에 경주의 평지고분 가운데서 지상에 봉분이 남아 있는 고분에 대해 일련번호를 붙였는데 모두 155기였다. 하지만 지상에는 흔적이 없는 지하고분이 무수히 발굴되고 있어 평지고분이 얼마나 되는지는 확정하기 어렵다.

경주의 평지고분은 조성시기와 형식면에서 두 가지 의미를 담고 있다. 우선 조성시기를 보면 AD 4세기부터 6세기까지, 즉 내물마립간에서 지증왕에 걸친 김씨왕 시대의 무덤들로 여겨지고 있다. 한마디로 마립간시대의 묘제인 것이다. 마립간시대 신라의 지배층은 이전과 달라진다. 둘째, 경주고분의 형식이 적석목곽분(積石木槨墳), 돌무지덧널무덤이란 점도 중요하다. 적석목곽분의 기본구조는 바닥에 냇돌을 깔아 목관(나무널)을 안치하고 그 주위에 통나무로 상자모양의 목곽(덧널)을 설치하여 방을 만들었다. 그러고는 그 위에 돌을 쌓아〈積石〉올리고 바깥에는 흙을 부어 거대한 봉분을 조성하는 방식이다.

적석목곽분에 앞서 조성된 고분은 낙랑형 토광목곽묘이다. 두 묘제 사이의 계승관계를 놓고 설들이 다양하다. 적석목곽분을 둘러싼 자생설과 이식설의 논쟁이다. 최병현은 이와 관련해 "신라 적석목곽분을 둘러싼 고고학적, 역사적 상황들을 종합하여 볼 때 신라 적석목곽분은 결코 내부의 선행묘제가 복합되어 이뤄진 것은 아니었으며 기마문화를 배경으로 북방아시아 문화의 직접 도래에 의해 돌발적으로 출현한 것이었고 그것은 3세기 말, 4세기 초부터 일어난 동아시아 기마민족 대이동의 와중에서 한 여파가 밀려온 결과였다고 생각할 수밖에 없는 것이다."라고 설파하였다.[1] 취할 만한 견해이다. 필자 또한 토광목곽묘와 적석목곽분 사이에는 계승관계가 없다는 쪽에 더 무게를 둔다. 토광목곽묘를 만든 사람과 적석목곽분을 조성한 집단의 뿌리가 서로 다르다는 의미이다.

'기마문화의 타임캡슐' 적석목곽분

적석목곽분은 경주 시내에서 쉽게 찾아볼 수 있는데 그 대표적인 곳이 황남동의 대릉원(大陵苑)이다. 경주로 수학여행을 갔다 왔으면 틀림없이 이곳을 둘러보았을 것이다. 작은 동산을 연상케 하는 천마

---

1. 최병현, 신라고분연구, 일지사, 1992, p415.

총(天馬塚)과 황남대총(皇南大塚) 등 23기의 고분들로 공원이 조성돼 있어 경주의 여러 고분군 가운데서 가장 규모가 크다.(대릉원 바로 옆 동쪽은 2007년부터 발굴을 시작한 쪽샘지구이다.) 대릉원 등 경주시

경주 대릉원

내의 적석목곽분을 조성한 세력은 4세기 중반경 권력주체로 부상한 김씨왕족이란 것이 정설이다.(내물마립간은 AD 356년 왕위에 오른다.)

적석목곽분은 고분이 축조되고 세월이 흐르면서 목곽, 즉 덧널이 썩게 되고 그 위에 쌓은 돌무지와 봉토가 차례로 가라앉아 목곽 내부를 가득 채우게 된다. 이에 따라 도굴이 어려워 원래의 부장품을 그대로

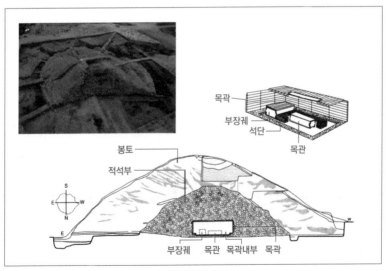

적석목곽분의 구조

유지하는 경우가 많고 그 덕분에 후대인에게 매장 당시의 생생한 모습을 전해주게 된다. 천마총이 그러했고 황남대총이 그러하였다.

여기서 신라 적석목곽분의 출자(出自), 뿌리를 짚을 필요가 있다. 적석목곽분의 기원에 대해서는 논란이 분분하다. 크게 보아 내부자생설과 외래기원설로 나뉜다. 자생설은 나무덧널무덤(목곽묘)의 전통 위에서 돌무지무덤의 영향을 받아 성립했다고 본다. 한마디로 적석목곽분이 완성된 형태로 갑자기 출현한 것이 아니라 몇 단계의 발전과정을 거쳐 대형화되었다고 보는 시각이다. 자생설 내에서도 청동기시대 고인돌의 돌무지가 결합된 것으로 보는 입장과 고구려 적석총의 영향을 받았다고 보는 시각 등 갈래가 다양하다.

초창기 적석목곽분 연구자들은 당연히 신라에서 자체 발생한 것으로 간주하였다. 우메하라 스에지(梅原末治 1893~1980) 등 일본학자들은 청동기시대 고인돌 전통과 평양의 낙랑지역 중국계 목곽묘가 결합된 것이라고 보았다. 돌무지(적석)의 기원과 관련해 근자에는 고인돌 전통보다 고구려 적석총을 주목하는 시각이 우세하다. 4세기 말~5세기 초 신라는 사실상 고구려의 속국이나 다름없었으니 고분 조성에서도 영향을 받았을 것이란 추론이다.

적석목곽분의 외래기원설은 북방 기마민족의 이동으로 인하여 완성된 형태가 출현했다는 입장이다. 1920년대 이후 남부 시베리아 알타이지역의 '파지릭(Pazyryk)고분군'이 조사되면서 신라고분의 기원에 대한 새로운 시각, 즉 외래기원설이 성립할 수 있었다. 경주의 적석목곽분이 중앙아시아의 기마민족이 조성한 무덤과 유사한 방식으로 조성됐다는 점이 밝혀진 덕분이다. 쿠르간(Kurgan)이라고 부르는 알타이지역의 파지릭고분은 신라의 적석목곽분을 빼박은 듯 비슷하다. 무덤 주변에 호석(護石)을 두르고 무덤 위에 두텁게 돌을 쌓았으며 그 안에는 나무로 무덤방을 만들었다. 우연의 일치라고 보기에는 신라의 적석목곽분의 구조와 흡사하다. 두 곳의 유물에는 공통적으로 황금문화적 색채가 농후하였다.

자생설과 외래설 가운데서 우세한 쪽은 전자이다. 애국심의 견지에서 볼 때 자체발생설이 더 흐뭇하게 느껴지게 마련이고 당연히 국내 학자 다수가 동조하고 있다. 자생설은 주장하기에도 편리하다. 신라 땅에서 조성된 적석목곽분에서 자생적 요소가 가미되지 않았다면 오히려 이상하다. 적석목곽분의 뿌리가 비록 바깥에 있다 하여도 자생적 요소는 당연히 포함돼 있게 마련이고 그 근거를 찾는 일 또한 그리 어렵지 않다. 반면 외래설은 새로운 가설로서 도약의 요소가 많은 만큼 빈틈이 존재하게 마련이다. 자생론자들은 창의적 신설이 지닌 이론상의 점프 부분을 공격하며 적석목곽분의 외래기원설을 반박하고 있다.

사실 외래설에는 빈틈이 적지 않다. 예컨대 파지릭고분은 땅을 파고 무덤방을 만든 반면 경주고분은 지상에 묘실을 설치했다는 차이가 있다.(카자흐스탄의 이씩고분 등 지상에 묘실을 설치한 경우도 더러 발견된다.)[2] 또 시베리아 파지릭과 경주 간에는 수천 km의 공간적 거리가 있는 데다 파지릭고분은 BC 7세기~BC 2세기까지 조성된 반면 신라고분은 AD 4~6세기로 비정되니 500년의 시간적 격차 또한 존재하고

---

2. 위의 책, p408.

있다. 이런 점을 근거로 자생론자들은 시베리아 기원설에 대하여 "입론(立論)의 가치가 없다."며 혹평하고 있다.

그럼에도 불구하고 필자는 외래기원설을 지지한다. 서로 다른 지역에서 발견되는 고분의 외형과 내부구조가 '우연히 유사하게' 조성됐을 가능성은 그리 높지 않다고 보기 때문이다. 경주의 적석목곽분과 쿠르간이 지닌 형식상의 유사성을 결코 소홀히 취급할 수 없다. 물론 외래설을 지지하는 어느 누구도 적석목곽분에 담긴 신라의 자생적 요소를 부인하지 않는다. 다만 외래적 요인이 (일부라도)포착된다면 그 기원을 추적히는 중요한 단서가 되기에 세밀하게 고찰하는 것이다. 고분의 외형과 내부구조 못지않게 중요한 대목은 유물이다. 경주의 적석목곽분에서 출토되는 유물들이 북방 기마민족의 유물과 극히 비슷하다는 사실은 의미가 크다. 한마디로 인간집단의 이동에 따른 문화전파를 염두에 두지 않을 수 없다.

적석목곽분이 '기마문화의 타임캡슐'이라는 점도 기원을 추적하는 데 있어 필수불가결한 요소이다. 중앙아시아 대초원지대의 기마유목민족들이 즐겨 사용했던 각종 제품들이 무더기로 쏟아져 나왔다. 금관과 장신구, 금으로 만든 허리띠, 띠 고리(버클), 각배(뿔잔), 보검, 유리제품 등은 스키타이족과 흉노족 등의 기마민족들이 즐겨 사용한 것과 비슷하거나 동일한 제품들로 밝혀졌다. 게다가 말을 순장한 무덤을 비롯해 안장과 등자(발걸이), 배가리개 등 호화롭게 장식한 각종 마구류(馬具類)가 적석목곽분에서 돌발적으로 출현하고 있어 적석목곽분을 조성한 인간집단의 뿌리가 북방 대초원지대에 있음을 암시하고

있다.[3]

적석목곽분의 형식과 그 속에서 나온 각종 출토물을 종합해 볼 때 신라 김씨왕족은 중앙아시아 대초원지대에서 이동해 온 기마민족으로 보아야 한다는 주장이 점차 힘을 얻어가고 있다. AD 4세기경 '말을 탄 사람들'이 신라땅으로 들어와서 살았고 죽음에 이르러 아끼던 말을 순장하고 무덤 안에 마구류를 부장했다는 이야기이다. 하지만 신라의 북쪽 고구려, 백제에서는 발견되지 않는 스키타이·흉노풍의 유적과 유물이 어찌하여 한반도의 동남단 신라(그리고 가야)에서만 나타나고 있는지는 한국 고대사의 오랜 수수께끼였다. 필자는 이에 대해 1999년 발간한 『신라 법흥왕은 선비족 모용씨의 후예였다』에서 모용선비(慕容鮮卑) 기마민족의 신라 진출설을 제기한 바 있다. 즉 AD 342년(또는 341년) 고구려를 침공한 모용선비의 한 무리가 신라로 들어가 마립간 시대를 열었고, 경주 땅에 짙은 기마문화를 남겨두었다는 줄거리이다.

'말을 탄 사람들'의 문화

경주의 적석목곽분에서 확인되는 최대 특징은 '말(馬)문화의 융성함'이다. 천마총은 높이 12.7m로 적석목곽분 중에서는 비교적 소형인데, 매장주인공은 정확하지 않지만 마립간시대를 매듭지은 지증왕의 무덤이라는 추정이 있다. 당초 바로 옆에 위치한 황남대총을 발굴

---

3. 신라 적석목곽분의 뿌리와 고분에 담긴 북방아시아적 문화에 대해서는 '최병현, 신라고분연구, 일지사, 1992, pp397~412'를 많이 참고하였다.

천마도

천마도 장니(실제 사용 모습)

하기에 앞서, 연습을 겸한 목적으로 1973년 4월에 발굴을 시작하였는데 금판이 두껍고 금의 성분도 우수한 금관과 함께 '천마도(天馬圖) 장니'가 발견돼 천마총(天馬塚)이라는 이름을 얻었다. 우리말로 '다래'라고 하는 장니(障泥)는 말의 양쪽 배 옆으로 늘어뜨린 가리개로 흙이나 먼지 등이 말 탄 이에 튀기는 것을 막고 멋도 부린 장식물이다. 천마도 장니는 백화수피(白樺樹皮)라고도 부르는 자작나무 껍질을 이어붙인 가로 75cm, 세로 53cm의 목판에 구름 위를 나는 백마를 그렸다.(천마도는 말이 아니고 성군(聖君)을 상징하는 동물인 기린을 그렸다는 일부의 주장이 제기됐다. 그러나 말갖춤〈馬具類〉의 그림인 만큼 기린보다는 말을 그렸다고 보는 것이 상식적이다. 더욱이 천마는 죽은이의 영혼을 피안의 세계로 이끄는 영물이니 무덤 부장품으로 제격이다.) 천마도는 현존하는 신라 최고의 그림으로 스키타이 문화와의 관련성을 보여주는 중요한 작품이다. 천마도가 그려진 자작나무 역시 북방산으로서 마립간시대 신라지배층이 출발한 지역을 암시한다고 하겠다.

황남대총은 봉분의 규모가 대릉원 내에서도 가장 큰 고분이다. 남북 길이 120m, 높이 23m에 이른다. 천 수백 년의 세월 동안 봉분이 조금씩 내려앉았을 것을 감안하면 당초 조성된 규모는 지금보다 훨씬 거대했을 것이다. 황남대총은 남분과 북분 두 기가 맞닿은 쌍분으로 천

황남대총

마총 발굴작업이 한창이던 1973년 7월, 북분을 먼저 발굴하기 시작하였다. 북분에서는 화려한 금관을 비롯해 팔찌와 반지 등이 무더기로 쏟아져 나왔으며, 은으로 만든 허리띠장식에 '부인대(夫人帶)'라는 명문이 새겨져 있어 북분 매장자는 여성으로 추정된다. 남분은 남편의 묘로 짐작되는데 북분보다 장신구가 적은 대신 관 내부에서 무기인 환두대도(環頭大刀)가 발견됐기 때문이다.

　황남대총의 유물 가운데 대표는 역시 재갈과 안장, 등자(발걸이) 등 수많은 말갖춤〈馬具類〉이었다. 금동판을 오려 붙인 안장 앞가리개는 형형색색의 현란한 물질로 장식돼 있는데 1997년 4월 KBS 일요스페셜에 방영된 '10대 문화유산 제5편 황금나라의 비밀-신라 황남대총' 제작진은 비단벌레의 날개라고 밝혀주었다. 마구 일습을 제작하기 위해 수백 마리의 비단벌레를 채집했고 그 날개 하나하나를 떼어내 마구에 부착시키고는 그 위에 다채로운 무늬를 오린 금동판을 씌운 것이다. 금동장식을 한 고삐와 안장, 말띠드리개 등 말을 호화롭게 장식한 것으로 미뤄 신라인들은 말을 중요하게 여겼음을 알 수 있다. 황남대총 남분에서는 7마리 분의 마구류가 출토됐고 북분에서도 1마리 분

경주 쪽샘지구 사진　　　　　　　경주 쪽샘지구 마갑 모습

의 마구류가 나왔으며 두 무덤의 정상부에서도 의례용으로 묻은 것으로 보이는 마구가 나왔다.

2009년 경주시 황오동고분군 쪽샘지구 C10호, 5세기 전반의 목곽분에서는 마갑(馬甲)이 발굴되었다. 표면에 묻은 흙과 오염물을 제거하고 강도를 높이는 방식으로 보존처리하였다. 10년의 복원작업을 거쳐 2019년 10월에 공개된 마갑은 목가슴 가리개 348매와 몸통 가리개 256매, 엉덩이 가리개 132매 등 모두 736매의 철편으로 제작한 중장기병의 말갑옷이었다. 주곽 옆의 부곽에서는 마주(馬胄 말머리 가리개)와 안장, 재갈 등의 마구류가 출토되었다.

8장에서 다루지만 경주 쪽샘지구의 마갑은 경상남도 함안에서 발굴된 4~5세기 아라가야의 마갑과 매우 닮았다. 이는 신라와 가야의 마갑, 나아가 마구류가 동일한 뿌리에서 비롯되었음을 시사한다. 신라·가야 기마문화의 출발지를 서둘러 결론 내릴 이유는 없다. 중요한 문제일수록 신중한 접근이 필요하다.

또 쪽샘 44호 적석목곽분에서는 이른바 '신라행렬도'가 새겨진 토기와 말 문양이 새겨진 토기 등이 출토되었다. 그림을 상세히 살펴보

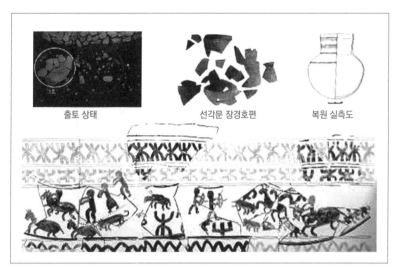

'신라행렬도' 조각 토기를 세부 문양으로 재구성한 그림

국립경주문화재연구소가 사냥과 무용 모습을 묘사한 '신라행렬도' 조각 토기를 세부 문양으로 재구성한 그림. 퍼즐 안의 짙은 색은 현존하는 토기 조각이며 흐린 부분은 추정한 부분임.〈2019년 10월 16일 내외뉴스통신 보도〉

면 기마인물과 말들이 행진하는 장면, 기마행렬을 따라가는 사람들이 무용하는 장면, 활 든 무사들이 동물을 사냥하는 장면과 말 탄 주인공이 개와 함께 전진하는 모습 등이 묘사돼 있다. 안악3호분이나 무용총 등 고구려 고분벽화의 행렬도와 유사하다는 점에서 고구려의 영향으로 해석하는 학자들이 많다. 그러나 필자는 고구려의 영향으로 확정하기보다는 또 다른 기마문화와 관련됐을 수 있다고 추정한다. 구체적으로는 모용선비(慕容鮮卑)의 기마문화를 상정한다. 안장을 비롯한 한반도의 마구문화는 선비족의 영향을 많이 받았다는 중국 전문가의 지적은 새겨들을 만하다.[4]

---

4. 첸링(陳凌), "3~6세기 중국 마구 및 마구를 통한 주변과의 교류", 인제대 가야문화연구소. 김해시, 가야 기마인물형 토기를 해부하다, 주류성, 2019, p402.

국보 91호 기마인물형 토기, 국립중앙박물관 소장

　역사학자들은 김씨왕 이전의 신라시대 고분에서는 마구(馬具)가 거의 출토되지 않는 반면 4세기 중반 내물마립간 이후에는 거대고분은 물론이고 소형무덤에서도 다량의 마구가 쏟아지는 점으로 미뤄 이때부터 기마문화가 확산된 것으로 풀이한다. 말을 탄 사람들, 말을 중시하는 사람들이 4세기 이후 신라땅으로 들어와 살았고 죽음에 이르러 아끼던 말을 순장하고 무덤 안에 마구류를 부장하기 시작하였다는 뜻이다. 말과 마구류를 무덤에 묻는 풍습은 시베리아 대초원지대의 고

왕회도(王會圖)의 백제(左)·신라(中)·고구려(右) 사신 얼굴

분인 쿠르간(Kurgan)에서 흔히 확인되는 기마민족의 문화이다. 금령총에서 발견된 기마인물상이야말로 '말을 탄 신라인'의 모습을 상징화한 유물이다. 이 작품을 제작한 신라인이 기마족

임을 확인시켜준다. 말을 탄 무사의 생김새를 보면 얼굴이 길고 좁다. 아울러 외눈꺼풀에 위로 쭉 찢어진 눈초리도 매섭다. 높은 콧날을 비롯하여 뚜렷한 윤곽도 특징적이다.[5] 북방계 몽골로이드의 모습과 함께 카자흐스탄을 비롯한 중앙아시아의 알타이적 요소도 발견된다.

'9세기 위구르 왕자' 투르판 천불동 벽화,
베를린 다렘박물관 소장

중국 당나라 때 화가 염립본(閻立本)이 그린 왕회도(王會圖)에 출현한 신라 사신의 얼굴에서는 알타이적 요소가 더욱 뚜렷하다. 고구려·백제 사신의 얼굴과 비교해 보면 일정한 차이가 느껴진다. 대신 9세기 투르판 위구르국 왕자들의 모습과 유사한 느낌이 든다.

과대(銙帶)와 각배(角杯)

적석목곽분에서 출토된 기마민족풍의 유물은 마구류만이 아니다. 천마총과 황남대총에서는 과대(銙帶), 즉 금속제 허리띠와 요패(腰佩), 즉 띠드리개가 발견됐다. 우선 금제 허리띠 끝에 대구(帶鉤)라고 불리는 버클이 붙어 있는 것이 인상적이다. 버클이 달린 허리띠를 착용했다는 것은 신라 왕족이 초원지대 유목민족의 옷을 입고 있었다는 증

---

5. 장한식, 신라 법흥왕은 선비족 모용씨의 후예였다. 풀빛, 1999, pp29~31.

거가 된다. 양복을 입는 현대 한국인은 버클이 서양에서 전래된 것으로 생각하기 쉬운데 사실은 우리의 옛 조상들은 오래전부터 버클 달린 허리띠로 옷매무시를 가다듬었다. 왕과 귀족의 의장용 의복에는 금은으로 만든 허리띠, 즉 과대(銙帶)를 착용했지만 사냥이나 전쟁 등 일상적인 경우에는 가죽으로 만든 혁대(革帶)를 착용하고 그 끝은 버

가야 각배

신라 각배

각배를 함께 잡은 스키타이 전사

클(대구)로 고정시켰다. 버클은 몽골이 유럽을 정복했을 때 서양으로 전래됐다가 근대 이후 동양으로 역수입된 것이다. 말을 타고 생활하던 유목민족은 옷에 따로 호주머니를 만들지 않고 허리띠에 고릿줄을 매달아 칼이나 술잔 등의 많은 소지품을 달고 다녔는데 허리에 차기에 요패라고 부른다. 특히 금령총에서 출토된 요패에는 장식용 술잔이 매달려 있었는데 중국 북방의 유목민족 요패와 흡사하였다.

각배(角杯), 즉 뿔잔도 눈에 띈다. 각배는 전 세계적으로 그리스 등 지중해 일원과 중동, 중앙아시아 대초원지대, 북중국 등지에 널리 분포돼 있는데 기마유목민족의 고유한 술잔으로 간주되고 있다. 아시아 지역에서는 스키타이 고분의 대표적인 부장품으로 유명하다. 수염난 두 스키타이 전사가 서로 껴안고서 각배 하나로 '러브샷

을 하는 모습을 담은 금판 부조는 꽤나 알려진 미술품이다. 스키타이족 전사들은 전투에 앞서 각배에 사람의 피를 섞은 술을 담아 나눠마시는 것으로 생사를 같이 할 것과 승리를 맹세했다고 한다.

각배는 처음에는 동물의 뿔을 잘라 만들었지만 나중에는 흙이나 구리, 은 등으로 동물의 뿔을 본떠서 제작하였다. 뿔 대신 다른 재료로 만든 것을 각형배(角形杯)라고 부른다. 각배 역시 부여·고구려·백제의 유물에서는 거의 발견되지 않았고 주로 4~6세기 신라와 가야지역에서 발견되고 있다. 국내에서 각배가 출토된 지역은 부산 복천동의 가야 고분과 경주 황남동 미추왕릉지구 5호분, 창녕 교동의 가야 고분, 강원도 동해시 구호동 5호분 등이다. 일본에서도 각배가 발견되고 있거니와 신라·가야지역에 진출한 북방 기마족이 열도에 진출한 방증이라고 하겠다. 경주 일대의 신라 고분에서도 또 유리잔과 은제잔, 팔찌, 보검 등 수많은 부장품과 장신구들이 쏟아져 나왔는데 이들은 모두 시베리아 대초원지대에서 발견되는 것과 동일한 제품들이어서 초원지대의 산물임을 알게 해주었다.

금관(金冠)에 담긴 사유체계

경주의 적석목곽분에서 나온 각종 출토물 가운데 가장 인상적인 것은 금관(金冠)이다. 금관들은 그 생김새가 특이한데 서너 그루의 나무와 나뭇잎, 열매,

금관 출토장면

금관

두 개의 사슴뿔과 새 등의 상징으로 구성돼 있다. 이를 그림으로 나타내 보자. 금관의 중심에는 나뭇가지 모양 또는 한자 '날 출(出)'자를 쌓아 올린 듯한 장식이 있다. 누가 보더라도 나무를 상징한다. 학술용어로는 수지형입식(樹枝形立飾)이라 하는데 출자형을 직각수지형(直角樹枝形) 입식이라고 하고 일반 나무처럼 세운 것을 자연수지형(自然樹枝形) 입식으로 구분한다.

나뭇가지의 단수는 1단에서부터 4단까지 있다. 가지의 단수와 관련해 왕의 가계와 연결시킨 해석들이 나온다. 즉 내물왕 대를 1단으로 하여 1단은 1단 시대의 것이고 2단은 2단 시대, 3단은 3단 시대, 4단은 4단 시대의 금관이라는 풀이이다. 시베리아 샤먼도 이런 방식으로 유력한 조상으로부터 시작해 관의 단수를 매긴다고 한다. 바깥쪽의 구부러진 장식은 사슴의 뿔을 상징하는데 녹각형입식(鹿角形立飾)이라는 학술용어가 있다. 관 테두리에 달린 둥근 금조각들은 나뭇잎을, 구부러진 옥구슬 곡옥(曲玉)은 나무열매 내지 생명의 씨앗을 상징한다. 금관은 금제 관장식과 함께 출토되는데 날개 편 새를 의미한다. 결국 금관을 이루고 있는 요소들, 즉 나무와 사슴, 새는 관을 만들고 쓰는 사람들이 가장 신성시하고 중시했던 것들이다. 따라서 금관 자체가 금관을 쓴 사람들의 정신세계를 보여준다.

이 같은 금관의 사유체계는 어디에서 유래하였을까? 학자들은 그

34

연원을 시베리아 일대에서 찾고 있다. 시베리아 샤먼, 즉 무당에게 나무는 성스러운 상징이었다. 수직으로 곧게 자라는 나무는 하늘로 이어지는 통로로 이해되었다. 샤먼의 혼이 나무를 타고 하늘로 올라가 신탁을 듣고는 지상으로 내려와 병든 이를 고치거나 미래의 일을 예언한다고 믿었다.

러시아 과학아카데미 소장 샤먼 관

시베리아의 샤먼들은 대부분 사슴의 뿔이 달린 모자를 쓰고 있었다. 러시아 중부 노보시비르크스 소재 과학아카데미가 소장하고 있는 샤먼의 철관 정상부에도 사슴뿔이 달려 있다. 이곳에서 동쪽으로 천km쯤 떨어진 크라스노야르스크박물관에서도 사슴뿔 모양의 관이 소장돼 있다. 중부시베리아 예니세이 지방

브리야트족 샤먼 모자

의 샤먼과 바이칼호 근처의 브리야트족, 동시베리아 에벵키족 샤먼의 모자에서도 사슴뿔 장식의 모자가 발견된다. 일본서기에는 "숭신천황 시절에 머리에 (사슴)뿔이 달린 가라국 왕자 도노아아라사등이 배를 타고 월국(越國 혼슈 동해안 후쿠이현)의 사반포(笥飯浦 케이노우라)에 도착했다. 그래서 그곳을 각록(角鹿 쓰누가, '뿔 달린 수사슴'을 뜻함)으로 불렀다."는 기록이 나온다.(御間城天皇之世 額有角人 乘一船 泊于越國笥飯浦 故號其處曰角鹿也 問之曰 何國人也 對曰 意富加羅國之王子 名都

怒我阿羅斯等)[6] 이로 볼 때 사슴뿔의 사유체계는 신라만이 아니라 가야에서도 널리 사용됐던 것 같다.

금관에 사슴뿔을 장식한 이유는 뭘까? 유목민족에게 사슴은 나날의 삶을 이어주는 중요한 사냥감으로서 숭배의 대상이었기 때문이다. 하늘로 이어지는 성스러운 나무와 생존을 가능케 해주는 사슴, 신라 금관의 모티브는 여기에서 찾을 수 있고 그 원초적인 모습은 시베리아 샤먼의 관에서 발견된다.

스키타이 칼자루의 성수문

신라 금관과 동일한 사유체계를 형상화한 금관은 다른 곳에서도 찾아볼 수 있다. 서쪽으로 수천 km 떨어진 흑해 북쪽의 사르마티아 지역에서도 발견된다. 제작연대는 AD 1세기경, 스키타이족이 만든 금관이다. 스키타이족의 활동범위는 매우 광활하여 수백 년 동안 유럽과 아시아 초원지대는 스키토-시베리아라는 동일한 문화권을 형성하였다. 호전적인 스키타이족이지만 하늘로 통하는 매개체로 타이가지대의 곧게 자란 침엽수를 섬겼고 생명을 이어주는 사슴을 어떤 동물보다 숭배하였다. 이들은 성스러운 대상으로 섬겼던 나무와 사슴을 고귀한 인물의 관으로 장식했던 것이다. 신라 금관의 출(出)자형 입식은 스키타이 칼자루의 성수문(聖樹文), 즉 성스러운 나무 무늬와 동일하다.

6. 전용신, 일본서기, 일지사, 2006, pp107~108.

스키타이족의 문화는 신라와 유사점이 많다. 황금숭배사상도 비슷하다. 스키타이족은 황금을 무척 아꼈으니 무기와 장신구 등을 황금으로 장식하길 좋아했다. 스키타이족이 남긴 황금유물들은 세계의 유명 박물관에 소장되어 후대인들에게 부강하고 찬란했던 힘과 문화를 웅변하고 있다. 약 천 년간 유라시아 대륙을 지배했던 스키타이족은 AD 2세기경 홀연히 사라졌지만 그들이 이룩한 황금문화는 초원지대를 살아간 기마민족들에게 오랫동안 전해졌다. 흉노족과 선비족이 대표적인 황금문화의 계승자라고 할 것이다. 흑해 연안에서 기원했던 스키타이와 동아시아의 흉노·선비족이 어떻게 연결되느냐의 의문이 들 수도 있겠지만 대초원의 기마민족에게 거리는 문제가 되지 않았다. 사냥과 목축을 생업으로 삼던 기마족은 한번 자리잡은 지역에 먹일 풀이 만족스럽지 않으면 지체 없이 새로운 목초지를 찾아 지구의 끝까지 옮겨갔다. 초원지대 유목민족의 삶은 곧 이동과 전쟁의 연속이었다. 유럽에서 극동으로 이어지는 시베리아 대초원지대는 그 속에 살던 유목민족의 활발한 이동 덕분에 동서양을 잇는 문화교류의 루트가 되었으니 바로 '비단길'과 쌍벽을 이룬 '초원의 길'이다.

유라시아 대륙의 동쪽 끝에 위치한 경주의 고분에서 서쪽 끝 흑해 연안에서 나오는 것과 같은 유물이 발굴되는 것은 놀랄 만한 일이 아닌 것이다. 한마디로 신라의 금관은 흑해 연안의 스키타이족과 같은 사유체계를 가진 유목민족의 금관, 바로 그것이다. 신라 금관의 고향은 유라시아 대초원지대라는 말이다.[7]

---

7. 장한식, 신라 법흥왕은 선비족 모용씨의 후예였다, 풀빛, 1999, pp20~25.

경주 적석목곽분의 원류 중앙아시아 쿠르간

중국과 몽골, 러시아, 카자흐스탄 등 4개국의 국경선이 교차하는 곳에 러시아 알타이자치공화국의 우코크(Ukok) 평원이 자리잡고 있다.

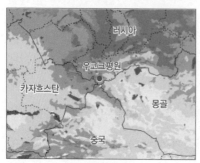

우코크 위치

해발 2,500m의 이 고원성 평원은 고고학계에서 특별한 지역이다. 러시아와 일본, 미국 등지의 고고학자들로 이뤄진 고분 발굴팀이 1990년부터 4년간에 걸쳐 우코크 지역에서 '파지릭(Pazyryk) 시대' 귀족들의 고분, 즉 쿠르간들을 발굴하였다. 가장 인상적인 발굴은 1993년 여름에 이뤄진 파지릭 여사제(女司祭) 고분의 발굴이었다. 대체로 BC 450년경에 조성된 무덤이었다. 수북한 돌무더기 아래 나무로 된 관이 묻혀 있었다. 관은 통나무를 청동못으로 고정시켜 상자모양으로 만들었으며 목곽 안에 자리잡고 있었다. 목곽 내부는 스며들어간 물이 두터운 얼음으로 굳어 있었다. 무덤을 돌로 덮었기 때문에 눈과 빗물이 묘실로 침투해 들어갔고 나무로 만든 묘실은 곧바로 물로 완벽히 채워졌다. 여기에 동토지대라는 산지 알타이의 기후조건이 겹쳐져 무덤 내부로 흘러들어간 물이 꽁꽁 얼어붙어 냉동고분이 된 것이다. 고고학계에서 말하는 '알타이 현상'이 생겨난 것이다. 뜨거운 물로 얼음을 녹인 다음 발굴에 착수하였다.

25세 안팎으로 추정된 파지릭 여사제는 미라로 변해 있었지만 얼음

덕분에 보존상태는 매우 좋았다. 미라는 배를 가른 다음 내장을 절개하고 그 안을 약초로 채운 후 다시 꿰맸으며 머리에도 구멍을 뚫어 뇌수를 제거하였다. 신체 곳곳에는 신화 속 동물들의 문신이 새겨져 있었는데 문신의 예술성은 경이로운 수준이었다. 문신은 그녀의 사회적 지위가 사제임을 나타내는 표상이다. 젊은 여사제는 흰 피부를 갖고 있어 발굴에 참가한 백인계 고고학자들은 유럽인종이라고 주장하였지만 몽골인종의 특징 또한 뚜렷하였다. 황백 혼혈인종으로 볼 수 있었다.(여사제의 '흰 피부'는 백부선비(白部鮮卑)로 불렸던 모용씨의 신체적 특성과 상통하는 점이 있다. 이에 대해서는 3장에서 상세히 언급할 예정이다.)

여사제의 미라는 '얼음공주'란 이름으로 유명해졌고 1995년 국립중앙박물관을 통해 한국인들에게 선을 보이기도 하였다. 그녀의 머리는 복잡한 구조의 가발로 장식돼 있었는데 나무로 만든 '사슴 모양의 관(冠)'이 주목을 끌었다. 신라 금관의 모티브와 통하기 때문이었다. 새가 장식되어 있는 관은 생명수를 상징하는 것이었다.(2014년 러시아 연구팀은 얼음공주가 유방암으로 사망했다는 MRI 분석결과를 발표하였다. 알타이 지역에서 2003년과 2012년 강진이

얼음공주 복원도

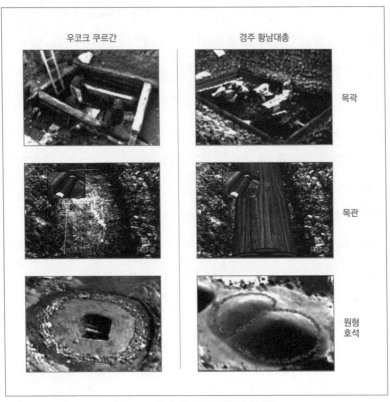

우코크 쿠르간 | 경주 황남대총

목곽

목관

원형
호석

우코크 고분과 경주 적석목곽분의 유사성

발생하자 주민들은 '얼음공주의 저주' 때문이라며 재매장해야 한다는 항의가 일기도 하였다. 러시아 정부는 2012년 얼음공주의 미라를 고향인 알타이 공화국으로 돌려주었다.)

얼음공주가 우리에게 중요한 이유는 바로 무덤의 구조 때문이다. 고분의 형태가 경주의 평지고분과 매우 흡사했던 것이다. 둘 다 통나무로 짠 목곽으로 묘실을 만들었고 묘실 외곽에는 돌을 쌓았다. 나무로 만든 관과 관의 머리를 동쪽으로 둔 것까지 황남대총 등 신라고분과 같은 형식이었다. 무덤의 외형은 원형이며 바깥쪽에 보호석을 둘러세운 것까지 동일하였다. 신라 경주와 수천 km 떨어진 중앙아시아의 평원에서, 경주의 그것보다 수백 년 전에 만든 동일한 묘제의 무덤이 발견되는 이유는 뭘까? 우코크 평원에서는 지름 15m~30m에 이르는 부족장급 고분들도 다수 발굴되었는데 무덤 하나에 7~10마리의 부장된 말이 확인되는 등 경주의 고분과 흡사하였다.[8]

경주의 평지고분과 유사한 구조를 가진 것은 파지릭고분만이 아니다. 카자흐스탄의 스키타이 추장 묘역인 이씩(Issyk) 지역의 쿠르간 역시 규모는 좀 더 크지만 경주의 평지고분과 같은 모양이다. 내몽고 오르도스 지방의 흉노족 무덤도 감안해야 한다. 이들이 경주 적석목곽분과 극히 유사하면서도 더욱 고형(古形)이라는 점에서 신라고분의 원류라고 볼 여지는 다분하다.[9] 묘제는 강한 보수성을 지니고 있다. 기원전 대초원 유목민족의 묘제인 쿠르간이 한반도 경주 땅에서 AD 4세기에 갑자기 출현한 것은 수세기 동안 전통묘제를 이어온 중앙아시아 유목민족의 한 줄기가 경주로 들어갔다는 것 외에 달리 설명하기 어렵다. 쿠르간 형의 고분이 발견되는 지역은 초원의 길, 동서 7,000km의 유라시아 대륙 유목문화권과 일치하고 있다. 4세기 어느 날, 동쪽으로 말을 몬 기마민족의 한 지류가 '어떤 계기로' 경주로 흘러들어왔음을 말해주는 증거이다. 그들은 구체적으로 어떤 족속일까?

---

8. 위의 책, p35.
9. 이선복, 몽골흉노 무덤 연구, 서울대 고고미술사학과 박사학위 논문, 2009.

2장
기마족의 신라 진출,
계기와 경로

AD 4세기경, 한반도 동남부 경주에 기마군단이 진출한 흔적은 생생하다. 적석목곽분과 그곳에서 출토된 유물들이 그 증거이다. 이들이 남긴 문화는 마구류와 무기류가 많으며 기마민족의 특징이 짙게 배어 있다. 경주 들판에 기마문화를 남긴 이들은 누구인가? 대대로 신라에서 살아가던 사람들이 외부와의 교류를 통해 이 같은 기마문화를 조성하였다고 보기가 힘들다. 경주의 기마문화는 긴 시간 동안 서서히 축적됐다기보다 단시일 내에 돌발적으로, 완성된 형태로 출현한 측면이 다분하기 때문이다.

그렇다. 4세기 중반의 어느 날, 말을 탄 군단이 요란한 말발굽 소리와 함께 경주 땅에 밀려들었다. 아무도 초대하지 않은 불청객이었지만 그들은 우세한 무력을 기반으로 경주일대를 정복하고는 신라의 지배층이 되었다. 4세기 중반 이후 정치권력을 장악하는 신라 김씨왕족이다. 한동안 마상(馬上)에서 권력을 휘두르던 그들은 기마족의 문화를 짙게 남겨둔 채 역사의 뒤안길로 사라져 갔다.

문제는 경주에 기마민족의 흔적을 남긴 외부집단의 남하를 입증하기가 쉽지 않다는 데 있다. 당장 신라북쪽을 장벽처럼 두르고 있는 고구려를 어떻게 통과할 수 있을지에 대한 해답을 제시하기조차 답답하다. 그 계기는 물론이고 경로마저 막막한 기마족의 신라 진출과 관련하여 필자는 AD 342년(또는 341년) 고구려가 치른 '거대한 전쟁'을 주목하였다.

신라 정복 기마족의 출발지는?

AD 4세기 이후 한반도와 일본열도에서 기마민족적 특징을 갖춘 정복왕조의 흔적이 포착되면서 '백년논쟁'이 지속되고 있다. 기마민족 정복설을 원천부정하는 입장을 제외한다면, 논쟁의 핵심은 '기마민족의 출자(出自)'와 '정복의 시기 문제'로 좁혀진다. 즉 기마민족 정복설을 수긍할 경우에 가장 중요한 점은 기마민족의 뿌리이다. 기마민족의 출발지, 즉 한반도와 일본열도를 정복한 기마민족의 실체를 놓고 부여설과 백제설, 퉁구스설, 변한설 등이 엇갈리고 있고 시기적으로는 BC 3세기에서부터 AD 5세기설까지 다양하다.

물론 기마족의 한반도와 열도진출을 일회성으로 한정할 필요는 없다. 다양한 출자가 상정가능하다. 실제로 수백 년의 세월에 걸쳐 크고 작은 기마민족의 파도가 한반도로, 열도로 밀어닥쳤을 것이다. 다만 그중에서도 '가장 강력했던 파도'는 구분해 볼 가치가 충분하다.

AD 3~4세기, 한 무리의 기마민족이 한반도 남부와 일본열도로 밀어닥친 역사적 사건은 무엇일까? 한반도와 일본열도의 정치문화적 지형을 뒤흔든 대형 사건이라면 고대사가 비록 빈틈이 많다고 해도 반드시 문헌에 기술되거나 고고학적 증거로 남을 수밖에 없다고 나는 간주한다. '역사에 기록되지 않은 숨겨진 일대사건(一大事件)'을 통해 한반도와 일본열도의 고대사가 근본적으로 바뀌었다고 본다면 역사를 너무 쉽게 보는 시각이다.

AD 234년 부여계 백제 고이왕의 등장, 246년 위나라 유주자사(幽州刺史 유주는 요서 일대를 말함) 관구검(毌丘儉)의 고구려 침공, 262년 신라 김씨왕(=미추이사금)의 첫 등극, 313년 낙랑군과 대방군의 멸망, 342년(또는 341년) 모용황(慕容皝)의 고구려 침공, 400년 광개토대왕 군의 남정(南征) 등이 3~4세기에 이뤄진 대형사건이며 이런 사건을 전후하여 기마민족의 동천·남하가 이뤄졌다고 본다. 그런데 광개토대왕의 남정 이전에 이미 신라·가야와 일본열도에서 기마민족의 진출 증거들이 발견되는 만큼 400년경의 고구려군단은 제외한다.

남하한 기마민족 후보로, 우선 3세기 중반에 고구려와 충돌한 선비족(鮮卑族)과 오환족(烏桓族)부터 살펴본다. 북사(北史)나 수서(隋書)에 "혹자는 위(魏)나라 유주자사 관구검이 고구려를 침공하였을 때(AD 246) 고구려인들이 옥저로 달아났다가 뒷날에 자기 나라로 복귀하였는데 돌아가지 않고 (옥저에)남은 사람들이 (남하하여)신라를 이루었다고 한다.(或稱魏將毌丘儉討高麗破之 奔沃沮 其後復歸故國 有留者 遂爲新羅)"는 기사가 나온다. 전쟁은 패전국을 해체시켜버린다. 그 깨어져 나간 한 조각이 신라로 튕겨갔다는 말이다. 전쟁은 피아구분도 없애는 법이다. 관구검의 군대에는 기마민족인 선비족과 오환족이 다수 포함돼 있었는데 혼란스런 전투 와중에 패배한 무리도 있었을 것이다. 패전한 군인들은 본국에서 쉽게 용납이 되지 않으므로, 고구려인뿐만 아니라 선비·오환족 등의 기마민족까지 신라로 진출했을 가능성이 전무하지는 않다. 신라김씨 최초의 왕인 미추(味鄒)가 관구검 침공 후 10여 년이 흐른 262년, 왕위에 오른 것과 시기적으로 연결되기도 한다.

그렇지만 필자는 3세기 관구검의 침공보다 4세기를 더 주목한다. 4세기 초중반인 AD 342년(또는 341년) 모용선비 대군의 고구려 침공(모용씨의 고구려 침공시기는 341년과 342년 설이 엇갈린다. 이에 대해서는 뒤에서 설명한다.) 그 이후부터 한반도 남부에 기마민족의 흔적이 대거 포착된다는 점에서 그러하다. 기마민족의 한반도 남하는 간헐적으로 계속돼 왔을 수 있지만 4세기 초중반은 기마민족이 한반도로 진출한 최대 파도라고 여긴다. 이 점은 2장의 후반부에서 상세히 다룬다.

4세기 신라의 시대변혁·명호개역(名號改易)

내물왕 26년(AD 381) 신라는 북중국의 유목민족국가인 전진(前秦)에 사신을 보낸다. 전진은 351년 티베트계 저족(氐族) 출신인 부건(符健)이 세운 나라로, 381년에는 부건의 조카 부견(符堅)이 황제였다. 이때의 신라 사신은 위두(衛頭), 변방소국의 외교관 위두는 당대 최강국 전진의 황제를 직접 대면하고 대화를 나누었다. 삼국사기에는 부견과 위두 간의 대화가 기록돼 있다. 만 리 동방의 나라에서 찾아왔다는 점이 황제의 호기심을 부추긴 탓으로 짐작된다.

〈삼국사기 신라본기 내물왕 26년〉

"부견이 위두에게 묻기를 '그대의 말에 해동(海東 신라)의 형편이 옛날과 같지 않다고 하니 무엇을 말함이냐?'고 하니 위두가 대답하기를 '이는 마치 중국의 시대변혁·명호개역과 같은 것이니 지금이 어찌 예와 같을 수 있으리오'라고 하였다.(符堅問 衛頭曰, 卿言海東之事, 與古不同, 何耶, 答曰, 亦猶中國 時代變革 名號改易, 今焉得同)"[10]

전후 사정을 보면 위 기록의 대화에 앞서 위두는 부견에게 "해동 신라의 형편이 옛날과 크게 달라졌다."고 자랑스럽게 설명을 했던 모양이다. 그러자 부견이 "그게 무슨 말인고?" 하고 물었고 위의 기록대로 위두가 신라에 "중국의 시대변혁·명호개역과 같은 큰 변화가 이뤄졌다."고 답한 것이다.

이 기사에 대해 지금까지는 신라가 내물왕 들어 나라가 크게 발전했음을 보여주는 답변이라고 풀이해 왔다. 하지만 시대변혁·명호개역은 단순히 나라의 체제가 정비된 수준을 넘어선다. 위두가 전진을 방문하기 얼마 전에, 예전의 석(昔)씨왕 시대가 끝장나고 새로운 세력이 정권을 장악해 모든 면에서 과거와 완전히 다른 나라가 됐음을 내포한 말로 해석할 수 있다. 이 기록의 출처는 중국역사서인 진서(秦書)이다. 그러므로 위두가 밝힌 중국의 시대변혁·명호개역은 그가 즉흥적으로 지어낸 문구라고 볼 수 없다. 당시 전진(前秦)을 비롯한 북중국 일대에서 흔히 통용되던 정치수사(政治修辭) 용어로 보는 것이 옳다.

---

10. 김부식, 이병도 역주, 삼국사기 상(上), 을유문화사, 1997, p69, p81.

그렇다면 4세기에 일어난 중국의 시대변혁·명호개역은 무엇을 뜻하는가?

AD 4세기가 열리자마자 흉노와 갈(羯), 강(羌), 저(氐), 선비(鮮卑) 등 다섯 유목민족이 중국 북방을 정복하고 호족(胡族)의 나라 16개를 차례로 세우기 시작했다. 이른바 5호16국시대이다. 이를 두고 한족의 역사가들은 '다섯 오랑캐의 폭정시대'로 규정했지만 당사자인 '5호'는 그렇게 인식하지 않았다. 그들 입장에서는 '명호개역(名號改易)이 이뤄진 변혁의 시대'인 것이다. 자신들의 전통에 부합되는 정치체제를 갖게 되었고 천대받던 오랑캐에서 한족을 지배하는 귀족·장군이 되었으니 시대변혁·명호개역으로 부르는 것은 당연하다. 이런 상황에서 신라사신 위두가 "중국에서 일어난 것과 같은 시대변혁이 신라에서도 일어났다."고 증언하고 있는 사실에서 다음과 같은 결론이 도출된다.

> "다섯 오랑캐(=기마민족)의 말발굽이 북중국을 뒤덮고 있던 시절, 한반도 동남부 신라에서도 한 무리의 기마족이 힘차게 정복전을 펼쳐가며 시대변혁-명호개역을 이뤄가고 있었다."

사실 356년 등극한 내물왕 이후 석씨(昔氏)는 신라의 주류에서 사라진다. 왕은 물론 왕비나, 재상, 학자, 장군 가운데서 석씨는 찾아볼 수 없다. 신라김씨보다 역사가 오래된 석씨이지만 현대 한국사회에서 석씨는 대단한 희성이다. 이는 내물왕 집권기에 석씨가 철저히 제거됐음을 암시한다.

석씨가 사라지는 것과 위두가 밝힌 시대변혁이라는 문구를 통해 이

시기에 강력한 군사력에다 선진적 국가체계를 경험한 새로운 세력이 신라를 정복했음을 거듭 시사받을 수 있다. 4세기경 고구려땅을 뚫고 신라로 진출하여 시대변혁·명호개역을 이룩한 기마족은 과연 어떤 족속인가? 강력한 후보가 존재한다. 한국과 중국의 역사서가 문제의 기마민족과 관련한 정보를 충실하게 전하고 있다.

'거대 장벽' 고구려 통과 방식은?

AD 4세기경 한반도 동남쪽 경주에 중앙아시아풍의 쿠르간, 즉 적석목곽분이 갑자기 출현한 점으로 미뤄 쿠르간 조성 전통을 지닌 한 무리의 기마민족이 당시 신라로 진출했다고 결론 내릴 수 있다. 문제는 그 경로를 설명하기가 만만치 않다는 점이다. 고구려라는 거대한 장벽이 존재하기 때문이다.

먼저 고구려가 적석목곽분 조성 전통을 신라에 넘겨주었느냐를 검토해야 한다. 4~6세기 경주의 평지고분들과 같은 시기에 조성된 고구려 왕족의 무덤은 깎은 돌을 계단 모양으로 쌓아 올리는 적석총으로써 자연석을 쌓아 올린 신라의 적석목곽분과는 양식이 전혀 다르다. 당시 한성에 도읍을 둔 백제의 고분 역시 고구려와 마찬가지로 적석총임을 감안할 때 신라김씨 왕족의 기원은 고구려·백제와는 다른 문화를 지닌 계통으로 봐야 한다.

고분양식뿐만 아니라 출토품 역시 확연히 다르다. 경주로 진출해 적석목곽분을 건설한 기마족이 고구려땅을 거쳐 온 것은 분명한데 고구려의 무덤양식과는 다르다는 사실, 이것이 한국 고대사의 오랜 수

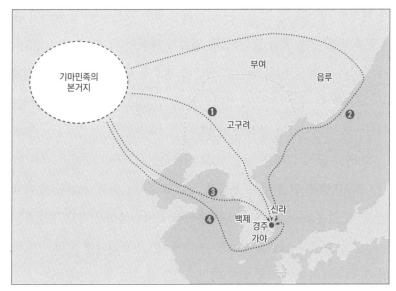

기마민족 신라 진출 4가지 가능성

수께끼였다. 4세기에 유라시아 초원지대에서 경주로 이어지는 통로
를 상정해 보자. 몇 가지 방안이 가능하다.

첫째로는 고구려땅을 관통하는 방법이다. 둘째로는 고구려의 북쪽
을 흐르는 흑룡강 유역을 따라 동으로 향하다가 연해주 해안에서 동
해로 이어지는 바닷길을 타고 경주에 닿는 방법이다. 셋째는 북중국
요서지방에서 배를 타고 지금의 인천 부근에 상륙한 다음, 백제땅을
관통해서 경주로 들어가는 방법이고, 넷째로는 셋째와 마찬가지로 요
서지방에서 선박을 이용하되 황해와 남해, 동해를 돌아 경주에 도달
하는 방안이다. 4가지 방안 가운데 첫 번째를 제외하고는 모두가 배를
타야 하는데 초원지대에 살던 기마민족에게는 잘 어울리지 않는다.

한참 후대의 일이긴 하지만 몽골군이 고려 전역을 도륙내면서도 좁

은 해협을 사이에 둔 강화도는 침범하지 못한 것은 기마에 능숙한 유목민족이 도대체 배를 탈 자신은 없었기 때문이다. 특히 요서지방이나 중국에서 배를 띄워 한반도 동남쪽 경주로 향하는 방법은 도상(圖上) 가정은 할 수 있겠지만 기마족이 바이킹으로 돌변하지 않고서는 현실적인 방안이라고 말하기 힘들다.

기마민족답게 그들은 말을 타고 진출하였을 것이다. 결국 길은 하나, 고구려땅을 말을 타고 관통해 경주로 들어갔다고 판단할 수밖에 없다. 즉 시베리아 대초원지대를 출발한 기마민족이 신라로 진출하는 연결로는 고구려 영토를 통과할 수밖에 없다. 그렇다면 유라시아 북방에 살던 기마족이 어떻게 강국 고구려를 통과할 수 있었을까?

'어느 날 갑자기' 고구려 국토를 관통해 경주로 가기란 비현실적이다. 고구려의 국가체계가 정상적으로 운영되고 있었다면 있을 수 없는 일이다. 우선 대규모 무장집단은 소풍 가듯 주변을 지나치지 않는다. 식량과 잠자리를 마련하기 위해 행군로 인근을 약탈할 수밖에 없고, 그럴 경우 소란과 살육은 불가피하다. 이런 점에서 대규모 무장집단이 자기 나라 영토를 지나가도록 방치할 고구려가 아니다.

고대의 전쟁에서 노예와 병사를 확보하는 것은 중요하였다. 따라서 다른 부족이나 낙랑군의 영내로까지 쳐들어가 사람을 잡아들이기에 급급했던 고구려가 제 집안에 발을 들인 인간집단을 곱게 보내줄리 만무하다. 정상적인 상황이라면 대규모 무장집단이 고구려땅을 가로질러 남하하기는 사실상 불가능하다고 판단된다. 만약 어떤 종족이 고구려 국토를 가로질러 남하했다면 그때는 고구려가 '극히 비정상적인 경우'였다고 보아야 한다. 고구려의 국가체계가 제대로 작동하지 못했던 '극히 비정상적인 경우'는 역사상 2번 정도 확인된다.

한번은 동천왕 20년(AD 246) 위나라 유주자사 관구검(毌丘儉)이 침공하여 환도성이 함락되고 동천왕은 남옥저로 달아났을 때이다. 관구검은 만주 서북방의 유목민족인 오환(烏桓)의 선우를 협박해서 자신의 휘하병력과 오환족 연합군을 이끌고 고구려에 쳐들어갔다. 선비족도 함께 참전했던 것으로 기록돼 있다. 고구려가 멸망지경에 이르렀을 때 밀우(密友)와 유유(紐由) 등 충성스런 장수들이 결사대를 이끌고 목숨을 바쳐 싸우는 분전을 펼쳐 겨우 나라를 지킬 수 있었다.

고구려의 두 번째 위기는 고국원왕 12년(AD 342) 전연(前燕)의 군주 모용황(慕容皝)이 침공하였을 때이다. 흔히 '모용씨의 침범'이라고 한다. 고구려는 모용황의 군대에 대패하였고 고국원왕은 단웅곡(斷熊谷)으로 달아났다. 그동안 모용황의 군대는 고국원왕의 부친인 미천왕의 무덤을 도굴해 시체를 파갔을 뿐 아니라 왕의 모친과 왕비를 붙잡아갔다. 고구려 백성 5만 명이 포로로 끌려갔고 상당수는 전쟁 와중에 목숨을 잃었다. 살아남거나 끌려가지 않은 백성들도 산지사방으로 피난하였다고 보아야 한다. 고구려의 운명은 바람 앞의 등불처럼 위태로웠고 국가체계도 제대로 작동할 수 없었다. 바로 이런 위기상황에서 외부세력의 고구려땅 관통은 가능했을 것이다.

그렇다면 신라로 진출한 기마민족은 언제 고구려땅을 종단할 수 있었을까? 246년 관구검의 침공사건을 먼저 감안할 수 있다. 앞의 '신라 정복 기마족의 출발지는?' 절에서 이미 언급하였지만, 이연수가 쓴 북사(北史)에 "위나라 장수 관구검이 고구려를 쳐서 깨뜨릴 때 (고구려인들이)옥저로 달아났다가 그 뒤에 자기나라로 돌아갔다. 이때 (옥저에)

남아 있던 사람들이 신라를 이루었다.(魏將毌丘儉討高麗破之 奔沃沮 其後復歸故國 有留者 遂爲新羅)"는 기록이 나온다. 북사는 고구려인들이 옥저를 거쳐 신라로 망명했다고 기술하고 있지만 관구검의 군대에 소속된 한족(漢族)이나 오환족, 선비족 패잔병들이 고구려인과 함께 신라로 망명했을 개연성은 충분히 상정할 수 있다. 패전한 군인은 본국에서 용납이 되지 않으므로 때로는 적과 함께 행동하기도 한다. 최초의 김씨왕인 미추이사금이 246년으로부터 16년이 지난 AD 262년에 집권하는 것도 예사롭지 않다.

그러나 적석목곽분이 조성되는 4세기의 김씨왕은 356년에 즉위하는 내물마립간임을 감안해야 한다. 즉 북방기마족의 신라 진출은 246년 관구검의 고구려 침공이 계기가 됐을 가능성도 있지만, 그보다는 342년(또는 341년) 모용씨의 침공 때로 보아야 합리적이다. 그리고 신라로 진출한 기마족도 모용선비 군대로 여겨진다.(필자는 246년과 342년의 전쟁 모두가 기마민족 신라 진출의 단초가 될 수 있다고 본다. 그렇지만 더 중대한 계기는 342년의 일로 판단한다.)

우선 시기적으로 무리가 없다. 342년(또는 341년)경에 신라로 들어간 모용선비 일파가 14년 후 왕위에 오른 셈인데, 그동안 신라의 토착 세력과 치열한 투쟁을 거쳐 정권을 잡은 것으로 해석할 수 있다. 즉 고구려와의 전쟁 와중에 모용선비 군대의 일부가 경주로 진출하여 신라의 왕위를 차지하였고, 죽음에 이르러 자신들의 전통묘제를 기반으로 적석목곽분을 조성하였다고 볼 수 있는 것이다.[11]

---

11. 장한식, 신라 법흥왕은 선비족 모용씨의 후예였다, 풀빛, 1999, pp39~45.

342년(또는 341년) 모용황(慕容皝)의 고구려 침공

이제 고구려를 침공한 모용선비 군주 모용황(慕容皝)을 알아볼 차례이다. 모용씨 왕조를 개창한 모용황은 꿈이 컸던 인물이다. AD 337년 전연(前燕)을 건국한 직후부터 요서와 요동을 삽시간에 아우르고는 중원을 노리기 시작했다. 그런데 모용황이 중원 공략에 나서려 하자 동방의 고구려가 눈엣가시로 다가왔다. 고구려를 그대로 두고 대륙 깊숙이 진출했다가는 등 뒤에서 칼을 받을 위험성이 있었던 것이다. 모용황은 먼저 고구려를 굴복시킨 다음 대륙을 도모하기로 하였다.

342년 10월(또는 341년 11월), 드넓은 만주벌판에 겨울이 닥쳤을 무렵 모용황은 5만 5천 명의 기병대를 이끌고 만주땅을 횡단하여 고구려의 서울 환도성을 공격하였다. 고구려 고국원왕은 6만의 병력으로 방어에 나섰다.(모용황의 침공 시기에 대해 진서(晉書)와 자치통감(資治通鑑) 등 중국 사서에는 동진(東晉) 성제(成帝)의 재위기인 함강(咸康) 7년, AD 341년으로 나오는 반면 삼국사기에는 고국원왕 12년, 즉 342년으로 기록하여 1년 차이가 난다. 그래서 국내 사학계는 342년을 공식화하고 있지만 광개토대왕 비문과 삼국사기 고구려본기의 기록에 1년 차이가 있는 점 등을 감안할 때 진서와 자치통감에 기록된 341년의 사건일 가능성이 더 높다. 침공한 달도 고구려본기는 10월로 나오는 반면, 진서와 자치통감에서는 11월로 돼 있다.) 당시 모용황의 군대가 환도성을 침공할 수 있는 길은 남로(南路)와 북로(北路) 두 개의 노선이 있었다. 남로는 험준하고 좁은 산악지대였던 반면 북로는 평탄한 개활지였다. 따라서 주력부대가 평탄한 북로를 택하고 험준한 남로에는 조력부대가 진출하는 것이 병법의 상식이었다. 그러나 모용황은 병법의 상식을 거부하는 전략을 세웠다. 이때 모용황의 이복형 모용한(慕容翰)이 나섰다. 그는 다음과 같은 작전을 건의하였다.

"고구려를 치는 길은 북로와 남로 두 갈래다. 북로는 평탄하고 남로는 험준하다. 적들은 필시 우리가 북로로 공격할 것이라 판단하고 굳게 지킬 것이다. 그러므로 우리는 대군을 이끌고 남로로 가고 적들을 속이기 위해 일부 병력만 북로를 통해 진군토록 한다."

모용한의 작전은 제2차 포에니전쟁 때인 BC 218년경 평탄한 해안 도로를 거부하고 험준한 알프스산맥을 넘어 로마를 기습공격한 카르타고의 명장 한니발의 전략을 떠올리게 한다. 이 작전에 따라 모용황은 이복형 모용한과 동생 모용패(慕容覇)를 선봉장으로 삼아 자신이 4만 주력군을 이끌고 험준한 남로로 진군하였다. 평탄한 북로에는 장사(長史) 왕우(王寓)로 하여금 별동대 1만 5천을 거느리게 하였다. 모용한의 전략은 고구려의 허를 찔렀다. 고국원왕은 아우 고무(高武)왕자에게 5만 병력을 맡겨 북로를 방어하게 하고 혹시나 싶어 예비대 1만 명으로 남로를 지키게 했던 것이다.

4만의 기병군단을 1만 명으로 막기에는 역부족, 전투는 삽시간에 끝나고 모용황의 대군은 환도성으로 물밀듯이 쳐들어갔다. 형세가 다급해진 고국원왕은 단웅곡(斷熊谷)이란 깊은 산골짜기로 달아났고 왕비와 대비는 적에게 붙잡혔다. 5만 명의 고구려 백성도 포로 신세가 되었다.

그러나 본국 사정이 궁금해진 모용황은 고국원왕의 항복을 받지 못한 채 철수하였다. 환도성에 불을 질러 잿더미로 만든 모용황은 고구려의 후방공격을 막기 위해 왕비와 왕대비를 볼모로 잡아가는 한편 왕의 부친 미천왕의 무덤을 파헤쳐 시신을 수레에 싣고 떠났다. 나라가 쑥대밭이 된데다 부왕의 시신마저 탈취당하자 고국원왕은 어쩔 수 없이 연나라에 머리를 숙였고 모용황은 이때부터 고구려의 배후공격 위험에서 벗어나 중원 도모에 주력할 수 있었다.

모용선비 북로군(北路軍)의 신라 정복설

모용황의 군대는 고구려에 대승을 거뒀지만 본국으로 귀환하지 못한 무리가 있었다. 북쪽 길로 진군한 별동대 1만 5천 명이다. 이들 북로군(北路軍)은 애당초 고구려 주력군의 눈을 속이고 손발을 묶기 위한 목적에서 '버리는 카드'로 활용되었다.

1만 5천 명으로 5만 대군과 싸웠으니 패할 것은 당연하다. 자치통감에는 '왕우 등은 북도에서 싸웠다. 패배해서 모두 죽었다(會王寓等戰於北道, 皆敗沒)'는 기록만 남아 있다. 이 말은 별동대 1만 5천 명 가운데 모용황의 본진으로 합류한 사람이 없었다는 뜻이다. 아무도 귀환하지 않으니 전황정보(戰況情報)가 없었고, 결국 '싸우다가 모두 죽은 모양이다'라고 판단해 '개패몰(皆敗沒)'이라는 극히 짧은 기록만 남긴 것이다.

그러나 기동력 높았던 기병대가 모두 전사했다고 판단하기는 힘들다. 별동군 1만 5천 명은 자신들이 바둑으로 치면 사석(捨石), 즉 버리는 돌로 취급받고 있었음을 알고 참전하였다. 왕에게 버림받았다는 불만과 패배할 것이 분명하다는 불안감 속에 전투에 임한 별동부대가 전원이 전사할 정도로 열심히 싸웠을지는 회의적이다.

이들의 시신 발견 기록이 전해지지 않는다는 점에서 필자는 이들 북로군이 어디론가 도주했을 개연성을 주목하였다.[12] 모용선비 별동부대 1만 5천 명 가운데 살아남은 상당수 무리들은 동해안루트를 이용해 신라·가야로 진출하였을 가능성이 제기된다. 동해안루트는 별다른 천연의 장애물이 없는 만큼 고대시절부터 열려 있었다. 신석기시대만 하더라도 함경도와 부산의 유물에는 공통점이 많다.

선비족 모용씨가 경주 땅으로 진출했다고 하더라도 '불과 수천 명으로 신라를 정복하고 왕위를 차지할 수 있었을까?' 하는 의문이 들 수 있다. 결론부터 말한다면 충분히 가능했다. 모용씨가 들어왔을 때 '신라'는 없었고 사로국(斯盧國)이 맹주가 된 진한(辰韓)연맹이 존재했을 것이다. 3세기경 삼한지역을 여행한 사람들의 견문을 기록한 것으로 보이는 진수(陳壽)의 삼국지 위서 동이전(三國志 魏書 東夷傳)에 따르면 변한(弁韓) 12개국과 진한(辰韓) 12개 나라는 섞여 살았고 변진한 24국의 총 가구수는 4~5만 호였다 하니 진한연맹 12개국은 2~3만 호쯤 됐을 것이다. 그렇다면 진한의 병력은 어느 정도 됐을까? 1가구에 1명을 병사로 차출한다면 최대 3만 명 정도로 추산할 수 있다. 342년(또는 341년)경의 사정도 비슷했다고 보면 모용씨 군단보다는 월등히 많은 병력을 보유하고 있었던 셈이다. 하지만 예나 지금이나 병사

---

12. 위의 책, pp63~66.

의 숫자가 전쟁의 승패를 가르는 유일한 변수는 아니다. 무기 수준과 사기, 전투 편제 등이 복합적으로 작용하게 마련이다.

우선 무기 수준과 전술면에서 보면 진한연맹과 모용씨 군대 간에는 현격한 차이가 있었다. 삼국지는 '진한은 보병전에 능하다(便步戰)'고 기록하고 있다. 기병도 있을 수 있지만 보병 위주의 편제였음을 알 수 있다. 반면 기마족이었던 모용선비는 기병전 체제를 채택하고 있었을 것이다. 기동력과 충격력에서 보병은 기마병의 맞수가 되지 못한다. 특히 AD 300년 이후 선비족 등 기마족은 무사는 물론 말까지도 철갑으로 무장한, 개마무사(鎧馬武士) 또는 철기(鐵騎)로 불리는 중장기병 체제를 도입하고 있었다. 진한의 보병들로서는 어찌해 볼 도리가 없는 적과 맞닥뜨린 셈이었다. 게다가 부족국가로 이뤄진 진한연맹에서 일시에 대군을 동원했을 가능성도 많지 않다. 그러므로 수천 명으로 추산되는 모용선비 기마군단이 보병전 단계의 진한연맹 소국들을 잇달아 정복하는 데는 그리 오랜 세월이 걸렸을 것 같지 않다.

화약무기가 등장하고 포병전술이 개발되기 이전까지 대초원지대 유목민족의 기마전술은 사실상 무적이었다. 태어나면서부터 말을 타기 시작한 기마족의 기동력과 전투의지를 농경민족들이 도저히 따라잡을 수가 없었던 것이다. 이 때문에 기마족은 비록 소수였지만 자신들보다 몇십 배 많은 인구를 지닌 농경국가를 언제나 정복해 지배할 수 있었다. 유라시아 역사의 한 측면은 기마족에 의한 농경족의 정복사라 해도 과언이 아니다. 동양에서는 흉노, 선비, 돌궐, 유연, 거란, 몽골, 여진족 등이 백만 안팎의 종족으로 수천만의 한족(漢族)을 차례차례 지배했다. 중앙아시아로 눈을 돌려보면 14세기에 칭기즈칸의 후예 티무르(Timur)가 소수의 정예군단을 이끌고 광대한 정착지대를 정복해 티무르제국을 건설하고 있으며, 타타르, 우즈베키스탄 등도 소수의 기마족이 우세한 전투력으로 다수의 정착민을 정복해 이룬 나라들이다. 16세기에는 몽골족의 피를 이어받은 바부르(Babur)가 지금의 우즈베키스탄에서 불과 수만의 군대를 이끌고 남정(南征)하여 수천만 명이 살던 인도대륙을 정복해 무갈(Mughal)제국을 세웠다. 흉노가 훈(Hun)이란 이름으로 동유럽을 정복한 사실도 잘 알려져 있지만 종족 자체는 소수였다. 이렇듯 중국이나 인도, 유럽 등 많은 인구와 잘 정비된 통치체제를 갖추고 있었던 고도의 농경국가들도 기마족에 굴복하는 마당에 진한연맹과 같은 낮은 발전단계의 부족국가가 모용선비의 말발굽에 대항하기란 사실상 불가능했을 것이다.

4세기 당시 진한연맹에 비해 볼 때 모용씨 군단은 파괴력 큰 군사기술을 보유한 데다 더 높은 단계의 국가운영체제를 경험했던 만큼 별 어려움 없이 영남일대를 장악했다고 판단된다. 모용선비의 진출은 오히려 신라의 발전을 앞당겼다고 여겨지는데, 내물왕 이후 신라가 고대국가로 급성장하는 배경도 상대적으로 선진적이었던 모용선비의 집권에서 찾을 수 있겠다.

신라로 들어간 기마족은 신라의 토착군대를 점차 북방형 중장기병으로 변모시켜 나갔던 모양이다. 흘해이사금 36년(AD 345)에 강세(康世)를 이벌찬(伊伐飡)으로 삼았다는 기사가 나오는데 이전과 다른 전략을 구사하는 무장이다. 이듬해(흘해 37년, AD 346) 왜병이 금성을 포위 공격하자 강세는 성문을 굳게 지키다가 적이 양식이 떨어져 물러가자 '강한 기병〈勁騎〉'를 이끌고 추격하여 쫓아버린다. 강세는 더 이상 출현하지 않는데 흘해이사금에 이어 집권한 내물마립간과 군사전술 면에서 유사한 면이 많다. 적의 기세가 강할 때는 어설프게 싸움에 임하지 않고 성문을 닫고 지키다가 적이 피로해질 때 빠른 기병으로 승부를 내는 방식이다.[13]

김상은 이런 점을 근거로 강세와 내물, 양자가 동일인물일 가능성을 제기하는데 취할 만한 견해이다. 342년(또는 341년) 신라로 진출한 모용선비 별동대의 지도자가 345년 '강세'라는 이름으로 이벌찬에 오른 뒤, 356년 마립간에 등극하여 권력을 쥔다면 시간 흐름에 부합하는 정치적 성장의 궤적이 된다.

부연하면 필자의 '모용선비 신라정복설'이 부여계 진출설과 배치되는 것은 아니다. 오히려 양립할 여지가 많다. 모용선비의 침공군 예하(隷下)에는 부여계 후예가 포함됐을 가능성이 다분하기 때문이다. 특히 고구려 주력군의 눈을 속이기 위해 투입된 북로군 1만 5천 명은 순수한 모용선비족보다는 우문(宇文)선비나 단(段)선비, 한인(漢人), 부여계 등 비주류의 비율이 높았다고 짐작된다.

앞에서 언급한 북로군 관련 '개패몰(皆敗沒)' 기록을 다시 살펴보자. 패전의 기록치고는 너무 소략하지 않은가? 1만 5천 명이 모두 패하여 죽었다면 처절한 패배가 분명할 텐데 구체적인 전투 양상에 대한 언급이 전혀 없는 것은 자연스럽지가 않다. 이는 1만 5천 군단 가운데 아무도 귀환하지 않았기에 관련 정보가 없었음을 의미하는 한편, 전연 지도부 입장에서 '북로군의 개패몰'이 별다른 타격이 아니었음을

---

13. 김상, 삼한사의 재조명, 북스힐, 2004, pp342~348.

시사한다. 다시 말해 남로군을 환도성으로 진입시켜서 고구려 주력군을 박살내고 왕도를 점령하는 데 성공한 만큼 1만 5천 명의 생사문제는 큰 관심사가 아니라는 뉘앙스가 다분하다. 여기서 '개패몰한 1만 5천 군단'의 실체가 짐작된다. 바둑에 비유하면 상대의 대마(大馬)를 잡기 위해 희생하는 사석(捨石), 버리는 돌이 분명하다. 그런 만큼 1만 5천 북로군은 전연(前燕)의 군인 가운데 모용선비 핵심귀족집안의 자제들이 아니고 부용세력인 부여계·단선비·우문선비 등 방계집단으로 구성된 비주류 잡색군(雜色軍)임을 강하게 시사하는 것이다.

7장에서 나루지만, 경주로 진입했던 모용선비는 어떤 연유에서인지 분열한 것으로 짐작된다. 김해와 함안 등지에서 확인되는 기마민족 계통의 유물과 인골의 특징이 부여의 그것과 유사하다는 일부 주장이 타당하다면 경주보다 더 남쪽, 가야 일대로 진출한 기마족의 출자는 찾을 수 있을 것 같다. 모용선비 북로군에 편제된 부여포로의 후예들이 그 주인공은 아닐까? 다만 부여계를 비롯한 비(非)모용부 출신도 모용선비 전연(前燕)의 문화에 융화된 만큼 선비국인(鮮卑國人)의 일원으로 분류해야 한다는 것이 필자의 논지이다.

경주지형과 동해안루트

경주는 동해안 일대에서는 보기 드문 '넓은 분지'이다. 강원도를 종단한 태백산맥은 경상도에서도 그 기세가 죽지 않고 곧장 내리닫는다. 그러다가 경주에 이르러서 넓은 평원을 형성하면서 험준한 산세가 많이 부드러워진다. 토함산 등 중간규모의 산세를 형성하며 잠시

호흡을 가다듬은 뒤 마지막으로 청도와 울산과 양산에서 이른바 영남알프스를 형성한 다음 산세가 한층 낮아지며 부산으로 치닫는다. 경주분지는 태백산맥의 기세가 완화되는 지점에 생성된 평원지대인 셈이다.

태백산맥 동편으로는 고대부터 동해안루트가 존재하고 있었다. 신석기시대 함경북도 웅기와 부산 동삼동의 토기가 유사한 것은 동해안루트가 일찍

모용선비 북로별동대 남하 추정로 = 동해안루트

부터 열려 있었다는 증거이다. 삼국시대에는 고구려와 신라를 잇는 해안길로 기능하였다. 동해루트는 당나라의 역사가 이연수(李延壽)가 편찬한 북사(北史) 신라전에도 흔적이 느껴진다. AD 246년 '관구검이 고구려를 침략했을 때 고구려인 가운데 일부가 망명하여 신라를 이루었다'는 북사의 기록은 AD 342년(또는 341년) 고구려군과 싸우던 모용황의 군대 일부가 신라로 진출했다는 추정을 뒷받침해준다. 북사를 통해 고구려와 신라를 잇는 망명로가 있었음이 확인되는데 지형적으로 볼 때 험준한 산악루트보다는 동해안 해변루트였을 것으로 짐작된다. 고국원왕의 아우 '고무(高武) 왕자'의 군대에게 패배한 모용선비 기병대 1만 5천 명의 탈출로 역시 해안루트가 분명하다.

AD 342년(또는 341년) 겨울, 한 무리의 기마군단이 동해안루트를

타고 남하한다. 오른쪽은 태백산맥, 왼쪽은 동해바다였기에 길은 외줄기였고 도주하던 무리로서는 북쪽에서 추적하는 고구려 군대를 피해 남쪽으로 정신없이 달릴 수밖에 없었을 것이다. 어느새 험준한 태백산맥의 산세가 느슨해지면서 넓은 평야가 나타났다. 바로 경주분지였다. 고구려군은 더 이상 추격하지 않는다. 기마군단은 이곳에서 새로운 터전을 닦기로 결심했을 것이다. 태백산맥의 기세가 꺾이면서 '처음으로 나타나는 큰 벌판(사로국)'에 기마민족이 진출한 것은 동해안 루트와 경주땅의 분지형 지세에 따른 '우연 속의 필연'으로 풀이된다.

사실 기마민족을 비롯하여 북방족의 한반도 진출은 지형의 영향을 적잖이 받았다고 여겨진다. 북방에서 출발한 족속이 한반도 남부로 진입할 경우 서부보다 동부가 더 용이하였고 그래서 더욱 활발하였다. 일찍이 진(秦)나라의 유민들이 진한 땅으로 도피해갔는가 하면 고조선의 유민들도 서라벌 일대로 집중 진출했다. 관구검의 침공기에는 고구려 백성들이 남쪽 신라로 남하한 기록도 발견된다. 필자가 내세우는 모용선비 신라·가야 진출설은 사료에는 나오지 않지만 고고학적으로 신라·가야 영역에서 마구류와 각배, 유리구슬 등 북방산 물산이 다수 출토되고 있다. 한마디로 한반도의 동쪽에서 북방 기마족의 진출 색채가 뚜렷한 것이 특징이다.

이는 우연의 결과가 아니라 한반도의 지형 탓으로 설명할 수 있다. 우선 평야지대인 서해안 일대에는 선주족의 인구밀도가 높아 진입과정에서 충돌이 불가피하다. 반면 산지인 동쪽은 상대적으로 인구밀도가 낮아 후발족의 진입이 용이하다. 또 동해안루트는 남북방향으로 이동하는 데 장애가 적은 편이다. 양양 남대천 정도의 작은 장애물이 존재하지만 약간만 상류로 올라가면 하천폭이 좁고 깊이도 얕아 인마가 통행하는 데 지장이 없다. 강원도 영서지방을 비롯한 백두대간의 서쪽 사면 역시 오르내림이 계속되어 다소 힘은 들겠지만 말을 탄 무리가 이동하는 데 별다른 장애가 되지 않는다. 동서로 흐르는 하천이 더러 존재하지만 상류지역인 만큼 강폭이 좁고 얕아서 별다른 장비 없이도 통행이 가능하다.

반면 한반도 서부는 압록강과 청천강, 대동강, 예성강, 임진강, 한강, 금강, 동진강, 만경강 등 동서방향으로 흐르는 물줄기가 즐비해 일거에 남하하기가 용이하지 않다. 서쪽은 하천 폭이 넓어지는 하류부(下流部)인 탓에 선박이나 뗏목이 없이는 인마가 건널 수 없다. 말을 실을 정도의 배를 구하기란 지역적 연고가 없는 외부인에게 결코 쉬운 일이 아니다. 이런 이유로 해서 중부 이남의 서부지역, 즉 충청·호남에서는 영남보다 북방족의 진출이 불편했을 것으로 여겨진다.

예외가 있다면 위만에 축출된 고조선의 준왕(準王) 세력이다. 후한서(後漢書) 동이열전에 "당초 조선왕 준이 위만에 피했을 때 남은 무리 수천 명을 이끌고 바다로 달아나 마한을 공격하여 깨트리고 한왕이 되었다.(初 朝鮮王準爲衛滿所破 乃將其餘衆數千人走入海 攻馬韓 破之 自立 爲韓王)"라는 기록이 있다. 준왕 집단은 한 국가의 왕실그룹이었기에 예외적으로 수천 명이 여러 선박을 이용해 서해를 타고 남하할 수 있었고 마한을 일거에 공략하였던 것이다. 한반도 서부는 예로부터 해상교통이 활성화되었던 만큼 해양력을 갖춘 외부세력이 활발히 도래(到來)하였을 것으로 여겨진다. 예컨대 양쯔강(揚子江) 하류 등 중국 강남지역 사람들이 영산강유역 등지로 진출하였을 개연성은 다분하다.

신라로 들어간
선비족 모용씨

기마민족의 신라 진출을 동의한다면 다음 단계는 문제의 기마족을 특정하는 일이다. 기마민족설을 주창한 에가미 나미오(江上波夫) 도쿄대(東京大) 교수는 일본열도를 정복한 기마족으로 삼한의 연맹장 진왕(辰王), 즉 목지국의 왕을 주목하였다. 에가미는 목지국을 변한지방으로 상정했지만 목지국은 마한의 대표주자로서 천안지역에 비정된다. 또 삼국지(三國志)에 마한은 3세기까지 '소나 말을 타는 법을 모른다(不知乘牛馬)'라고 기록돼 있다. 말도 탈 줄 모른다고 관찰됐던 충청도 목지국의 왕이 4세기에 기마족으로 돌변할 가능성은 희박해 보인다. 4세기 초(313년경)에 이뤄진 낙랑군과 대방군의 멸망을 관련짓는 시각도 제기되었다. 하지만 낙랑과 대방군은 한족계로서 기마족으로 분류하기는 어렵다. 낙랑과 대방이 멸망한다고 해서 한반도 남부에 기마민족이 출현할 이유는 없는 것이다.

285년경 모용선비에 괴멸적인 타격을 입은 부여 후예나 346년 또다시 모용선비의 침공을 받은 부여계로 보는 시각도 있지만 부여의 유신(遺臣)들이 '집단적으로' 한반도 남부로 진입할 계기를 제시하지 못하고 있다. 필자는 한반도의 고분에서 선비족 문화가 검출되는 점을 근거로, 2장에서 언급하였듯이 AD 342년(또는 341년) 고구려를 침공한 모용선비의 일파로 본다. 1999년 출간한 『신라 법흥왕은 선비족(鮮卑族) 모용씨(慕容氏)의 후예였다』는 이 같은 논리를 충분히 피력하였다. 책을 출간한 이후 나의 가설을 지지하는 고고학적 발굴이 없지 않았다. 2012년 김해 대성동고분에서 모용선비 계통의 기마유물이 대량으로 발굴된 것이 한 사례이다. 이번 3장은 1999년 이후의 고고학적 성과를 기반으로 '모용선비 신라 진출설'을 조금 더 정비한 내용이라고 할 수 있다.

선비족(鮮卑族)과 모용부(慕容部)

선비족(鮮卑族)의 유래는 명확하지 않다. 원래 동호(東胡)의 일파로 흉노의 지배를 받아왔다. '후한서(後漢書)'에는 선비산(鮮卑山)에서 살았다고 해서 선비족이라는 말이 유래했다고 쓰여 있지만 막막하기는 마찬가지이다. 선비는 본래 '학식이 뛰어나고 세상 이치에 밝은 사람'을 가리키는 유목민족의 말이었다. 아마도 선비족이 종족명으로 선비를 선택한 것은 이런 좋은 뜻이 깔려 있었을 것이다.(우리말 선비〈士〉도 유목민족 단어 본래의 의미와 같이 학식이 뛰어나고 세상 이치에 밝은 사람들 지칭하고 있으니, 필시 선비족이 한반도로 진입하면서 갖고 들어온 단어라고 짐작된다.)

그러나 중국인들이 한자명을 정하면서 '낮을 비(卑)'라는 천시의 글자를 끌어왔으니 오랑캐에 당한 고통을 앙갚음하기 위한 의도이다. 한인들이 흉노(匈奴)와 몽골(蒙古) 등 주변 유목민족의 족속명을 선정할 때는 반드시 '흉칙할 흉(匈)'이나 '어리석을 몽(蒙)' 등의 나쁜 의미를 지닌 한자를 찾아 붙였다.

족속의 유래야 어찌됐든 선비족은 중국 역사서에 등장한 초기에는 시시한 종족이었다. 위서(魏書)에는 선비가 동호족(東胡族)의 한 갈래로서 언어와 풍습은 오환(烏桓)과 같으며 BC 200년경, 흉노족의 영걸 묵특선우(冒頓單于)에게 패해 요동 변방으로 밀려났다고 전하고 있다. 서방의 흉노에 밀려 내몽골지방을 떠나 동쪽으로 쫓겨간 선비는 한동안 요동일대의 천덕꾸러기로 세월을 보냈다. 고구려를 계속 약탈하자 유리왕이 재위 11년(BC 9)에 부분노(扶芬奴)를 시켜 선비족을 정벌하고 속국으로 만들었다는 기록이 삼국사기에 전한다. 유리왕이 토벌한 선비는 선비족의 작은 지파로 여겨진다.

흉노에 쫓겼다가 고구려에 얻어터지는 등 초라한 문제아로 전전하던 선비족이 중국 정사(正史)에 급부상하는 계기는 AD 91년 후한의 지시를 받아 남흉노, 정령(丁零) 등과 함께 북흉노 정벌에 동원되면서부터이다. 당시 흉노는 남북으로 나뉜 상태였는데 남흉노는 후한에 항복하여 속국으로 지낸 반면 북흉노는 자주성을 견지한 채 한과 적대적인 관계였다. 북흉노는 남쪽은 남흉노, 북방은 정령, 동쪽은 선비에 포위된 형국이었는데 후한 조정에서 남·동·북 3방면의 종족을 꼬드겨 북흉노를 공격하도록 사주한 것이었다. 선비는 91년 북흉노를 패퇴시키는데 후한은 그 대가로 북흉노가 유목하고 있던 토지를 선비에게 주었다. 이때 북흉노의 토지에서 생활하던 10만여 락(落)의 흉노인이 선비로 귀속됐다는 기록이 후한서에 전한다. '락'은 유목민족의 텐트를 지칭하는 단어로서 1가구를 의미한다. 원래 선비족의 인구는 40만 명 정도로 추산되는데, 10만여 락이면 1락에 5인 정도로 계산해도 50만 명에 이르니 선비족은 이때 2배 이상 커지는 중대한 발전을 이룩한 것이다.[14] 선비족은 이때부터 강해지거니와 필자는 선비족 가운데 절반 이상이 본래 흉노족이었다는 사실을 중시한다. 모용선비를 비롯한 선비족의 인종과 문화가 흉노와 깊은 관련을 맺지 않을 수 없는 것이 바로 이 대목에서 비롯되기 때문이다.

AD 2세기 중엽 단석괴(檀石槐)라는 뛰어난 지도자가 출현하면서 선비족은 더욱 강성해져 후한까지 압박하였다. 단석괴가 영도한 선비는 147~156년 사이에 남으로는 중국 북부, 북으로는 시베리아 예니세이강 중상류의 정령(丁零), 동으로 부여, 서로는 오손(烏孫)에 이르는 흉노의 옛땅을 대부분 점령함으로써 동서 1만 4천 리, 남북 7천 리의 대국을 이루었다. 단석괴의 선비는 흉노의 전성기 위상을 대체한 셈이다.(단석괴(檀石槐)는 AD 2세기의 영걸로서 단군(檀君)보다 2500년가량 후대의 인물이지만 단군신화가 생겨난 원천이라는 일부 주장도 있다.[15] 단석괴의 영웅담이 한반도로 전승되면서 2500년 전의 신화로 편집됐을 것이란 가설이다. 두 군왕의 이름에 '박달나무 단(檀)'이라는 동일한 글자가 쓰인 점은 흥미로운 사실이다.) 그렇지만 단석괴가 죽은 뒤 선비는 또다시 분열해 그 힘이 약화되었다.

---

14. 쑨진지, 임동석 역, 동북민족원류, 동문선, 1992, pp104~105.
15. 김효신, 상고사연구자료집, 새남, 1992, pp817~824.

단석괴 시절의 선비에는 크게 3개 부족이 있었다. 자치통감(資治通鑑)에는 "후한 환제(桓帝 재위 147~167) 때 선비족의 단석괴가 그 땅을 동·중·서 3부로 나누었고 중부대인(中部大人)은 가최(柯最), 궐거(闕居), 모용(慕容) 등이었다."는 기사가 전한다. 선비의 나라가 커지자 정치의 효율을 기하기 위해 3부체제로 나눴음을 알 수 있다.

그리고 100년의 세월이 흘러 AD 265년 건국된 진(晋)나라 시대가 되면 선비족은 탁발(拓跋)과 우문(宇文), 모용(慕容), 단(段) 등의 여러 부족으로 나뉜다. 단석괴 시대에 비해 부족수가 늘고 그 이름도 동·중·서의 방위표시가 아니라 구체적인 부족칭호를 내걸고 있는 것이다. 단석괴라는 중심인물이 사라진 후 선비족의 분열이 시작됐음을 알 수 있다. 선비족 내부에는 복잡한 근원을 지닌 부족들이 있었고 그들 간에는 문화나 풍습, 인종 등에서 약간의 이질성이 존재하였다고 볼 수 있다.

모용씨는 선비족의 일파로서 '모용'은 부족의 이름이기도 하고 부족장의 성씨이기도 하다. 선비족은 추장의 성씨나 이름을 부족명으로 하는 관습이 있었다. 모용부(慕容部)라는 부족명은 추장의 이름 내지 성씨에서 유래한 것이다. 앞서 자치통감에 단석괴가 선비족을 3부로 나눌 때 중부대인에 '모용(慕容)'이라는 인물이 있었음을 언급하였다. 당초 모용은 단석괴 휘하에서 세력을 키워나간 추장의 이름이었던 것이다. 모용이란 인물이 유명세를 갖고 있던 상황에서 그 후손들이 위대한 선조의 이름을 자신들의 성(姓)과 부족의 명칭으로 삼았다고 여겨진다.

범(汎)선비족 사회에서 모용부는 빠르게 발전하였다. 모용을 뒤이

막호발 시대의 모용부

은 모용부족의 추장계보는 분명하지 않다. 다만 막호발(莫護跋)이란 인물이 AD 220~230년 사이에 모용부의 추장으로 활동한 기록이 나온다. '모용'이란 인물이 단석괴 시대인 160년대에 활동한 데 반해 막호발은 60년가량 뒤에 출현하므로 '모용의 손자' 정도로 짐작된다. 막호발 시절에 모용부는 선비족 가운데서 가장 유력한 부족으로 성장한다. 당시 오환족이 중원으로 옮겨가 요서(遼西)가 비자 막호발은 요서 지방으로 옮겨가 '극성(棘城)의 북쪽'에 나라를 세운다.(극성은 현재 중국 요녕성 금주(錦州) 진저우로 비정된다.) 유목민족이 근거지를 옮기는 일은 흔히 있지만 '극성의 북쪽'은 원래 단석괴의 도읍이었다는 점에서 모용부를 중심으로 대선비국(大鮮卑國)을 재건하려는 막호발의 웅지를 읽을 수 있다.[16] 막호발은 요서에 웅거하면서 위나라 조정이 요

---

16. 지배선, 중세 동북아사 연구-모용왕국사, 일조각, 1986, p21.

동의 공손씨(公孫氏)를 토벌할 때 참전해 전공을 세운다. 이에 위나라는 막호발에게 솔의왕(率義王)이란 왕호를 내리니, 중국 정사(正史)에 모용부라는 부족명이 비로소 채록되었다.

막호발을 뒤이어 아들 목연(木延)이 모용부의 추장이 되었다. 목연은 AD 246년 위나라 유주자사 관구검이 고구려를 정벌할 때 공을 세워 좌현왕(左賢王)에 올랐다.[17] 여기서 좌현왕이라는 직제를 주목할 필요가 있다. 위나라가 목연에게 좌현왕이라는 왕호를 붙여 준 것은 목연이 달라고 요청한 결과라고 보아야 한다. 좌현왕은 원래 흉노의 직제로 선우에 뒤이은 2인자를 뜻한다. 흉노는 선우를 정점으로 좌현왕·우현왕 체제를 갖고 있었는데 모용선비에 같은 직제가 발견되는 셈이다. 이는 모용부가 원래 북흉노의 한 일파였다가 선비족에게 정복된 10만여 락(落)에 포함되거나, 그렇지 않다고 하더라도 흉노의 정치체제나 풍습을 대폭 수용하고 있음을 뜻한다. 이 점은 뒤에서 다룰 모용선비의 인종적 특징과 관련 있으므로 매우 중요한 대목이다. 어쨌든 목연은 고구려와의 싸움 덕분에 범선비족의 좌현왕, 2인자 위치에 오르게 된 것이다. 목연 때 재미를 본 탓인지는 몰라도 목연의 손자 모용외와 증손자 모용황, 고손자 모용수가 대를 이어 고구려를 침공하였다.

목연의 아들은 섭귀(涉歸)이다. 진나라는 섭귀에게 '선비선우(鮮卑單于)'를 봉하였다. 진나라가 책봉한 것으로 돼 있지만 실상은 섭귀가 선비족의 1인자를 자처하며 선비선우를 칭하자 진이 어쩔 수 없이 이를

---

17. 북사(北史) 권93, 모용외전.

인정한 것이다. 선우(單于)는 최고지도자를 뜻하는 흉노족 단어, 섭귀가 선우를 자칭한 데서 모용씨가 흉노족과 밀접한 관련이 있음을 거듭 확인할 수 있다. 아울러 섭귀가 선비선우라고 자칭하였고 진나라가 인증서를 내린 것은 모용부가 범선비족 가운데 최강의 부족이었음을 의미한다. 섭귀의 시대부터 모용부가 선비족의 패권을 장악하였음을 알 수 있다. AD 280년을 전후한 시기이다.

모용씨(慕容氏) 왕조의 등장

모용부는 AD 283년, 섭귀의 아들 모용외(慕容廆)가 추장이 되면서 국가의 모습을 갖춰나갔다. 모용외부터는 분명히 모용을 성씨로 하고 있음을 주목할 필요가 있다. 즉 막호발에서 목연, 섭귀에 이르기까지 성씨가 따로 없던 모용부의 추장 집안이 모용외 시대부터 선조 모용의 이름을 성씨로 채택해 쓰기 시작한 것이다. 한족의 성씨문화에 자극받은 탓으로 풀이된다. 즉 유목민족의 추장 수준에서 중원식 국가체계를 갖춘 왕조(王朝)가 등장한 셈이다.

모용외가 요하유역을 근거로 선정을 펴서 백성들의 생활을 안정시키자 난을 피해 망명해 오는 한족과 유목민족의 숫자가 늘어나 모용부의 힘은 갈수록 강성해졌다. 아울러 모용씨 왕조는 활발한 정복전을 통해 한족과 다른 부족들을 흡수하며 몸집을 급격히 불렸다. 모용외는 경쟁상대인 단(段)부족과 우문(宇文)부족을 격파하면서 선비족을 통일시켜 나갔다. 모용부는 이때쯤 100만 명이 넘는 인구를 거느린 것으로 추정되는데 선비족의 여타 부족은 물론이고 흉노족 등 다른 유목종족, 그리고 일부 한족까지 포함한 연합세력이었다.

　모용왕조의 흥기는 고구려를 비롯한 한민족에게 좋은 기회를 제공하였다. 대륙과 만주·한반도를 연결하는 길목인 요서지방을 모용씨 세력이 절단하자 한반도에 설치돼 있던 낙랑과 대방 등 군현이 중원과의 연계를 잃고 그 힘이 약화되었다. 고구려와 백제는 이 기회를 놓치지 않고 AD 313년, 나란히 두 군(郡)의 명줄을 끊어 그 땅을 차지하였다. 그러나 모용부의 성장속도는 매우 빨라 한민족도 그 영향을 받기 시작하였다. 모용외는 295년 부여를 침공하여 부여왕 의려(依慮)를 자살하게 만들고 부여 백성 1만여 명도 포로로 잡아갔다. 의려의 왕자 의라(依羅)를 비롯한 부여 왕족들은 이웃 옥저로 달아났다가 이듬해 복귀하였다. 모용외는 취미가 고구려 침공이었다고 할 정도로 제집 안방 드나들 듯 고구려를 침공하였다. 고구려 봉상왕이 "모용씨는 병마가 정강해 여러 차례 우리의 강역을 침범하니 어찌하면 좋으냐?(慕容氏兵馬精强 屢犯我疆場 爲之奈何)"고 탄식했다는 기록이 있다.[18] 모용외는 자신의 아비를 선비선우에 봉한 진(晉)나라를 침공했다가 패했지만 오히려 선비대도독(鮮卑大都督)으로 승진한다. 진나라는 골치 아픈 모용부를 토벌하기보다는 벼슬을 주어 살살 달래는 것이 상책이라고 여겼기 때문이었다. 진의 이런 태도는 모용외의 간을 키운 미봉책이었다. 자신감이 커진 모용외는 거리낌 없이 사방으로 힘을 뻗쳤다. 진을 뒤이은 동진(東晉) 역시 모용외를 무시할 수 없어 요동군공(遼東郡公)에 봉하였다. 모용외는 이처럼 독립적인 세력을 이루었지만 끝내

18. 삼국사기 고구려본기 봉상왕 5년(AD 296) 8월조.

왕호를 붙이지는 못하였다.

모용씨가 왕위에 오르고 정식으로 건국하기는 모용외의 아들인 모용황(慕容皝 297~348) 대에 이르러서다. 모용황은 자신의 영역이 춘추전국시대 연(燕)나라와 겹친다는 점에서 AD 337년 국호를 '연(燕)'이라 칭하고 왕위에 올랐다. 중국사에서는 모용황의 연나라를 뒤에 출현하는 모용수(慕容垂)의 후연(後燕)과 북연(北燕), 남연(南燕) 등과 구분하기 위해 전연(前燕)이라고 지칭한다. 모용황은 농경과 유목을 장려하는 등 선정을 펴는 한편 활발히 외정에 나서 동으로는 만주 길림성, 서로는 베이징(北京)·산서성 일대에 이르는 국가로 성장시켰다. 이 모용황은 AD 342년(또는 341년) 고구려를 침공하여 쑥대밭으로 만든 장본인이다.

모용황의 뒤를 이어 왕위에 오른 아들 모용준(慕容儁)은 스스로를 황제라고 칭하였다. 이때가 전연의 절정기이니 북중국의 동쪽 절반이 모용준의 지배하에 놓였다. 모용준에 이어 그 아들 모용위(慕容暐)가 황제위에 오르는데, 모용위 시대 전연은 245만 호에 약 천만 명의 인구를 거느린 대국이었다. 용렬했던 모용위가 숙부인 모용수의 전공을 시기하여 죽이려 들자 모용수는 자식들을 거느리고 서방에 위치한 저족(氐族)의 나라 전진(前秦)으로 도피하였다. 모용수의 망명에 용기백배한 전진의 황제 부견(符堅)은 AD 370년 전연을 공격하였다. 수도인 업(鄴)은 함락되고 모용위가 사로잡혔다. 337년 모용황이 나라를 세운 지 33년 만에 전연은 멸망하였다.

모용수는 부견 휘하에서 기회를 엿보다가 AD 383년, 비수대전(淝水大戰)에서 전진의 87만 대군이 동진의 10만 군대에게 패배한 대혼

란을 이용하여 독립을 시도하였다. 이듬해 384년 스스로 연왕(燕王)이
라 칭하고 나라를 세우니 바로 후연(後燕)이다. 후연은 흥할 때는 영토
가 하북평야와 남몽골, 요동에까지 이르렀지만 같은 선비족 탁발씨(拓
跋氏)가 세운 북위(北魏)를 공격하다 패전하여 건국 23년 만인 407년
멸망하였다.

곧바로 모용운(慕容雲 고구려 귀족의 후예로서 원래 이름은 고운(高
雲))이 후연의 잔당을 모아 왕조를 열었지만 2년 만인 409년 측근에
의해 살해되고 장군 풍발(馮跋)이 천황(天王)에 올라 도읍을 용성(龍城)
에 정하니 북연(北燕)이라 부른다. 북연은 436년 탁발선비(拓跋鮮卑)의
북위군에게 용성을 함락당해 멸망한다. 왕위를 이은 풍발의 동생 풍
홍(馮弘)은 고구려로 망명하지만 장수왕은 북위의 공격을 우려하여 풍
홍을 죽였다. 이처럼 모용씨가 세운 전연과 그 뒤를 이은 후연, 북연
등은 한국사에도 깊은 영향을 미쳤다.

'백색(白色) 기마족'의 신라행 방증

범(汎)선비족의 패권을 장악하여 명성을 떨친 모용선비는 다른 부
족과 인종적으로 구분이 되었던 모양이다. 무엇보다 피부색이 흰색인
것이 특징이었다. 이 때문에 모용씨는 '백부선비(白部鮮卑)'라는 별칭
을 얻었다.[19] AD 384년 서연(西燕)이라는 단명왕조를 세운 모용충(慕
容沖)이 전진(前秦)의 수도 장안(長安)을 압박해오자 황제 부견(苻堅)이

---

19. 신동준, 삼국지 다음 이야기1, 을유문화사, 2014, p388.

통곡하며 이렇게 말했다고 전해진다.

　"내가 일찍이 왕맹(王猛)의 말을 듣지 않고 저 백로(白虜)들을 살려뒀다
　가 이 수난을 당하는구나."

　왕맹은 부견의 심복인데 죽음에 이르렀을 때 "전진의 적은 선비족
이니 제거하시라."는 유언을 남겼다고 한다. 부견이 경멸적인 '포로
로(虜)' 자를 써가며 모용충의 군대를 백로(白虜), 즉 '하얀 오랑캐'라고
비하한 사실에서 모용선비가 백색피부의 소지자였음을 거듭 확인할
수 있다.

　한자성씨 모용(慕容)은 '사모할 모(慕)'에 '얼굴 용(容)' 잘생긴 얼굴
이란 의미를 지녔다. 모용의 본래적 의미는 선비족 단어에 기원을 두
고 있을 것인데 지금으로서는 알 길이 없다. 필자는 '별〈星〉'이나 '황
금〈金〉' 등의 빛나는 물체를 뜻하는 단어였을 것으로 짐작해 본다. 모
용한(慕容翰)에서 비롯했을 개연성이 있는 성한왕(星漢王)이나(성한왕
의 유래에 대해서는 이어지는 4장에서 상세히 언급한다.) 훗날 성씨를 모
용에서 김(金)으로 바꾼 점 등에서 추정해 보는 것이다. 어쨌든 한자문
화에 눈을 뜬 시절에 모용선비 왕실에서 자신들의 성씨를 굳이 '사모
할 모(慕)'에 '얼굴 용(容)'이라는 특이한 글자로 정한 것은 나름의 이
유가 있을 것이다. 기실 모용씨 가운데는 빼어난 미남자(美男子)가 적
지 않았다. 위에서 언급한 모용충은 전연의 2대 군주 모용준의 4남으
로, 용모가 아름다워 여자뿐만 아니라 남자들도 좋아했다고 한다. 어
린 시절 모용충은 부견의 용양(龍陽), 즉 남색(男色) 상대이기도 하였

다. 필자가 모용씨의 후예라고 여기는 신라김씨 왕실의 용모도 범상치 않았다. 일본서기는 AD 647년 열도를 찾은 김춘추에 대해 "용모가 아름다웠으며 담소를 잘했다.(春秋美姿顔善談笑)"고 기록하고 있다. 이듬해 당나라를 찾은 김춘추에 대해 당태종이 '용모가 훌륭하다'고 평가했다는 기록이 삼국사기에 나온다.

> "이찬(伊湌) 김춘추(金春秋)와 그의 아들 문왕(文王)을 당(唐)에 보내 조공하였다. (당)태종(太宗)이 광록경(光祿卿) 유형(柳亨)을 보내서 교외에서 춘추를 맞이하여 위로하였다. 이윽고 (궁성에)다다르자 태종은 춘추의 용모가 영특함을 보고 후하게 대우하였다.(遣伊湌金春秋及其子文王 朝唐 太宗遣光祿卿柳亨 郊勞之 旣至 見春秋儀表英偉 厚待之)"[20]

신라 지배층의 얼굴은 1장에서 언급하였던 '국보 91호 기마인물형 토기의 주인공'과 당나라 염립본(閻立本)이 그린 왕회도(王會圖)의 신라사신, 그리고 당나라 장회태자(章懷太子) 이현(李賢 AD 654~684)의 묘소에 묘사된 신라 외교관의 그림 등에서 짐작할 수 있다. 하나같이 윤곽이 뚜렷한 것이 특징이다. 비록 적은 사례지만 신라 지배층 가운데 '모용(慕容)할 만한' 외모의 소유자가 적지 않았음을 시사받게 된다.

피부가 흰색이라는 대목에서 모용선비에 백인종 DNA가 포함됐을 개연성이 엿보인다. 선비족에 백인계통의 피가 섞일 수 있었던 것

---

20. 김부식, 이병도 역주, 삼국사기 上, 신라본기 진덕왕 2년(AD 648)조, 을유문화사, 1997, p123, p138.

은 흉노와의 관련성 때문이다. 앞에서 '선비가 북흉노를 공격하였을 때 흉노인 10만 락(落 유목민족의 텐트를 의미하니 1락은 1가구)이 선비족에 귀속되었다'는 AD 91년의 기록을 되짚어 보자. 10만 락은 50만 명 정도로 추산되는데, 이후 선비족의 절반은 원래 흉노계였다고 볼 수 있다. 흉노는 몽골과 투르크 계통이 주력이지만 이란인 등 백인계도 상당수 포함돼 있었다. 예컨대 5세기 중엽부터 약 1세기 동안 중앙아시아를 호령했던 '하얀 얼굴의 훈족(White Huns) 에프탈(Ephthalites)'은 백인계 흉노족의 개연성이 있다. 흉노는 유라시아 대초원의 동서를 활발히 옮겨 다닌 탓에 그 휘하에 황인종과 백인종, 황백 혼혈종족이 적지 않았다. 실제로 흉노인의 무덤을 발굴하면 몽골로이드와 유럽인종이 같은 무덤군 내에 매장돼 있기 일쑤여서 흉노의 다인종·다민족성을 실감할 수 있다.[21]

범(汎)흉노족에 백인계통(또는 황백 혼혈종족)이 존재했다는 명백한 증거가 갈족(羯族)이다. 흉노 방계인 갈족은 중앙아시아에서 동진한 이란계로서 심안고비다수(深眼高鼻多鬚), 즉 '눈이 깊고 코가 높으며 수염이 많은' 외모가 특징이었다. 319년 석륵(石勒)이라는 갈족의 지도자가 후조(後趙)를 세워 화북지방을 지배하였다. 석륵에 이어 석홍(石弘), 석호(石虎)로 이어진 후조왕실은 사람들을 예사로 죽이는 등 기행을 일삼던 끝에 350년 한족(漢族) 출신인 염민(冉閔)에게 멸망당한다. 권력을 잡은 염민은 한족을 선동하여 모든 갈족을 죽이라고 명하니 '살호령(殺胡令)'이었다. 살호령으로 갈족 20만 명이 학살당하면서

---

21. 중앙문화재연구원, 흉노고고학개론, 진인진, 2018, pp272~274.

고구려 각저총 벽화 서역인 역사(力士)

중국사에서 사실상 사라졌다. 이때 고비다수(高鼻多鬚), 즉 코가 높고 수염 많은 사람은 무조건 갈족으로 간주하여 죽였으니 한족 중에서도 코가 높고 수염이 많다는 이유로 낭패를 본 사람이 적지 않았다고 한다.(살호령 와중에 살아남은 갈족은 사방으로 흩어졌을 터인데 일부가 고구려에 진출했을 수도 있다. 5세기 조성된 고구려 각저총의 벽화에 씨름을 하는 서역인이 나온다. 매부리코에 콧날이 높다. 갈족의 후예일 가능성이 제기된다.) 갈족의 특징이 '고비다수'였다면 백로(白虜)라는 별칭을 얻은 모용선비는 '백색피부'로 유명하였다.

거듭 말하지만 모용부의 백색피부는 흉노와의 친연성을 시사한다. 다만 모용선비에 대한 묘사에서 고비다수(高鼻多鬚)의 표현은 없다는 점에서 갈족처럼 이란계 흉노인은 아니고 '밝은 피부의 몽골로이드'라고 여겨진다. 그런데 '피부색 밝은 몽골인종'으로는 카자흐스탄과 우즈베키스탄 등지의 중앙아시아인이 대표적이다. 황백 혼혈인종의 특징이 강한데 두 족속을 굳이 비교하면 카자흐인이 우즈벡인보다 몽골로이드의 면모가 조금 더 진하다. '밝은 피부의 몽골인종'과 관련하여 1장의 후반부에서 언급한 파지릭의 여사제 '얼음공주'를 상기할 필요가 있다. 얼음공주의 피부는 백인종을 연상시키는 하얀색이었지만 외모는 몽골인종의 특성이 더 강하였다. 이런 맥락에서 '백색피부의 모용선비'는 얼음공주의 고향, 중앙아시아에 원류를 둔 족속으로서 현대의 카자흐인·우즈벡인과 연결되는 황백 혼혈인종으로 추정할 수 있을 것 같다.

이런 견지에서 카자흐인의 골격과 DNA가 한국인과 유사하다는 발견은 대단히 의미심장하다. 2001년 발표된 '한국인 머리뼈의 비계측적 특징(Non-metric traits of Korean skulls)'이란 제목의 논문이 중요하다. 가톨릭대학교 해부학과 박대균 교수와 건국대 의과대학 고기석 교수 등 8인의 공동저자가 현대 한국인의 머리뼈 196례를 대상으로 39가지 항목의 비계측변이를 조사한 결과는 놀라웠다. 지리적으로 가까운 중국이나 일본인보다 카자흐 민족과 몽골인, 부리얏 사람들의 MMD(mean measure of diversion) 값이 적게 나와 한반도인과 더 가까운 친밀도를 나타낸 것이다. 특히 카자흐족과의 MMD값은 0.0178로 한국인과 가장 가깝게 나타났다. "한국인과 두개골 구조가 가장 닮은 사람은 카자흐 민족이다."라는 뜻밖의 결론을 얻게 된 것이다.[22] 한반도와 수천 km 떨어진 카자흐스탄인들이 한국인과 가장 닮았다는 의학연구결과를 설명하기 위한 논리들이 분분한데, 필자는 '백부선비'의 한반도 진출을 뒷받침하는 해부학적인 증거라고 판단한다. 참고로 한국인의 피부색이 동아시아인 가운데 가장 밝은 사실도 '백색 기마민족 진출설'과 연결될 수 있는 방증이다.

이즈음에서 '백색 기마족의 한반도 진출을 인정하더라도 소수에 불

---

22. 박대균 외, 한국인 머리뼈의 비계측적 특징(Non-metric traits of Korean skulls), 해부생물인류학 14권 2호, 대한체질인류학회, 2001년 6월, pp117~126.

과할 텐데 그들의 DNA가 전체 한국인에게 영향을 미칠 수 있을까?' 하는 의문이 제기될 수 있다. 그러나 기마민족은 비록 소수였지만 신라·가야의 지배층이 됐음을 감안해야 한다. 고대 지배층의 인구생산력이 피지배층보다 월등하다는 것은 모든 문화권의 공통된 현상이다. 그런 점에서 한반도인에게 유전된 기마민족의 DNA 총량은 결코 적지 않을 것으로 사료된다.

그 원류가 어떠하든 '백색 기마족' 모용선비가 정치체로 등장한 이후 유독 부여와 악연이 깊었다. 두 차례 반복된 부여의 파국적인 재난은 모두 모용선비가 초래한 것이다. 인접한 영역에서 전쟁을 벌인 사이인 만큼 선비족과 부여족은 서로가 상대를 배워가며 닮아갔다고 봐야 한다. 두 족속이 생산한 각종 문물에서 상당 수준의 유사성은 앞으로도 계속 확인될 것이 틀림없다. 그런데 문제의 문물이 한반도 남부로까지 진출할 역사적 계기를 어떻게 찾느냐에 따라 한반도산(産) 기마유물의 출자문제를 정확히 규명할 수 있을 것이다. 4세기 당시, 동아시아의 초강국으로 굴기하던 모용선비와 나라를 잃고 몰락하던 부여족 가운데서 자국의 문물을 타국으로 확산시킬 역량은 어느 쪽이 더 우세했을까? 다분히 전자(前者)이다. 이는 문물전파의 일반원리이다. 문화전파 능력은 국력과 정비례하는 법이다.

AD 4~5세기 한반도 남부와 일본열도에서 발견되는 기마문물에는 선비족의 특성이 진하게 남아 있다. 4세기 중반 이후 조성된 것으로 파악되는 경주의 적석목곽분과 김해 대성동 91호분에서 화려한 로만글라스가 출토돼 눈길을 끌었다. 동지중해 지역에서 생산된 로만글라스는 중앙아시아 초원지대를 거쳐 신라, 가야로 유입되었을 것이다.

김해의 로만글라스는 삼연(三燕)의 금동제 말장식구, 청동제 그릇들과 함께 출토됐다는 점에서 전연(前燕)에서 들여왔을 것으로 발굴자들은 추정하였다.[23]

전연·후연·북연의 삼연은 모용선비족이 세운 나라들이다. 경주의 로만글라스 출처로는 신라가 내물왕 시절 5호16국의 하나인 전진(前秦)에 사신을 보낸 점을 감안하는 시각들이 우세하지만 필자는 삼연과의 관련성에 더 주목하는 입장이다. 경북대 박천수 교수는 김해의 로만글라스가 삼연(三燕)에서 신라를 거쳐 가야로 유입되었을 것으로 추정하였는데 동의할 만한 견해이다.

신라·가야 영역에서 모용선비 계통의 유물이 쏟아지고 있는데도 '부여의 유물과 비슷하다'는 논리를 내세우며 '부여족 남하설'에 연연하는 것은 정답이 아니다. 필자는 곧장 모용선비에 주목하는 입장이다. 모용선비 남하설은 필자가 1999년 출간한 책 『신라 법흥왕은 선비족 모용씨의 후예였다』에서 처음 제기한 바 있다.

모용씨 시조신화와 신라·가야 시조신화의 유사성

모용씨가 신라 지배층이었다는 또 다른 증거로 모용씨 시조신화와 신라의 시조신화-건국신화가 유사한 점을 들 수 있다. 신라 박혁거세의 개국신화와 김알지 천강신화, 그리고 금관가야 수로왕의 탄강신화부터 살펴보자. 삼국사기와 삼국유사에 기록된 각 신화의 내용은 대

---

23. 서동인, 미완의 제국 가야, 주류성, 2017, p397.

체로 다음과 같다.

〈박혁거세 신화〉

3월 초하루에 진한(辰韓) 6부의 조상들이 각각 자제들을 이끌고 알천(閼川) 언덕에 모여 덕(德)이 있는 자를 왕으로 삼아 나라를 세우고 도읍을 정하려고 하였다. 이에 그들이 높은 곳에 올라 남쪽을 내려다보니 양산(楊山) 아래 나정(蘿井) 우물가에 번갯불 같은 이상한 기운이 하늘에서 땅으로 비치고 있었다. 또 백마(白馬) 한 마리가 꿇어앉아 절을 하는 모습이 보였다. 그곳을 찾아가 보니 자색(紫色) 알 한 개가 있었고 말은 사람을 보자 길게 울고는 하늘로 올라갔다. 알을 깨뜨려 어린 사내아이를 얻었는데 모습이 단정하고 아름다웠다. 모두 놀라고 이상히 여겨 동천(東泉)에서 목욕을 시키니 몸에서 광채가 나고 새와 짐승들이 춤을 추었다. 이윽고 천지가 진동하고 해와 달이 청명하였으므로 아이를 혁거세왕(赫居世王) 또는 불구내왕(弗矩內王)이라 이름 짓고 위호(位號)를 거슬한(居瑟邯) 혹은 거서간(居西干)이라 하였다.[24]

〈김알지 신화〉

탈해왕 9년(AD 65) 3월에 왕이 밤중에 금성(金城) 서쪽 시림(始林) 숲속에서 닭 우는 소리를 듣고 날이 밝자 호공(瓠公)을 보내어 살펴보도록 하였다. 호공이 시림에 가 보니 금색 궤짝이 나뭇가지에 걸려 있고 흰 닭이 그 아래서 울고 있었다. 왕이 궤짝을 가져오게 하여 열어 보니

---

24. 일연(一然), 최호 역, 삼국유사 1권 기이(紀異) 혁거세조, 홍신문화사, 1995, pp34~35.

작은 사내아이가 들어 있는데 용모가 수려하였다. 왕이 기뻐하며 하늘이 아들을 내려준 것이라 하여 거두어 길렀으니 아이가 자라나면서 총명하고 지략이 뛰어나 이름을 알지라 하였다. 또 금독(金櫝 금궤짝)에서 나왔기에 성을 김씨라 하고 처음 발견된 시림을 고쳐 계림(鷄林)으로 이름 짓고 국호(國號)로 삼았다.[25]

〈김수로왕 신화〉

개벽한 이후 이곳에는 나라의 호칭이 없었고 군신(君臣)의 칭호도 없었다. 다만 '간(干)'이라고 부르는 9명의 추장이 백성들을 다스리고 있었다. 모두 100호 7만 5천 명이었다. 후한 광무제 18년(AD 42) 3월에 하늘에서 "구지봉(龜旨峰)의 땅을 파면서 '거북아 거북아, 머리를 내밀어라. 내밀지 않으면 구워서 먹겠다.'라는 노래를 부르며 춤을 추라."는 소리가 들려왔다. 9간이 그렇게 하자 하늘에서 붉은 보자기에 싸인 황금상자(金合子 금합자)가 내려왔다. 상자 안에는 해같이 둥근 황금알 6개가 들어 있었다. 사람들은 놀라고 기뻐하며 알들을 향해 수없이 절을 했다. 보자기에 싸서 아도간(我刀干)의 집으로 가져갔다. 이튿날 무리들이 다시 모여 황금상자를 열어 보니 6개의 알은 사내아이들로 변해 있었는데 용모들이 준수하였다. 가장 먼저 태어난 아이는 수로(首露)이며 대가락(大駕洛 금관가야)의 왕이 되었고 나머지도 각각 5가야의 왕이 되어 모두 6가야가 되었다.[26]

---

25. 김부식, 이병도 역주, 삼국사기 상(上) 탈해이사금 9년조, 을유문화사, 1997, p28.
26. 일연, 최호 역, 삼국유사 2권 기이(紀異) 가락국기(駕洛國記), 홍신문화사, 1995, pp152~153.

다음은 모용씨의 시조신화이다.

"건라(乾羅)는 모용외의 12대 조상이다. 그가 나타날 때에 금은으로 된 갑옷을 입고 금은으로 안장을 한 백마를 타고 하늘에서 내려왔다. 선비족이 이를 신령스럽게 여겨 군장으로 추대하였다.(乾羅者慕容廆之 十二世祖也 著金銀襦鎧乘白馬金銀鞍勒 自天而墜 鮮卑神之 推為君長)"[27]

우선 건라(乾羅)란 이름이 신라(新羅), 가라(加羅)와 비슷한 점이 예사롭지 않다. 앞서 밝혔지만 선비족은 위대한 추장이나 조상의 이름을 '부족의 명칭'으로 삼는 관습이 있었다. 그렇다면 국호로 삼지 못할 이유가 없다. 신라(新羅)는 '새로운 건라(乾羅)'라고 풀이하면 딱 떨어진다. 또 건라의 신화는 박혁거세의 개국신화와 김알지 천강신화, 금관가야의 수로왕 신화와 유사하다.

다만 모용씨 시조 건라의 신화가 짧고 담담하다면 박혁거세 신화와 김알지 설화, 수로왕 설화는 내용이 극화(劇化)돼 있다는 차이가 있을 뿐 지도자(왕) 본인이 하늘로부터 하강하는 현상, 백마의 출현, 흰색 분위기(흰닭이나 흰말의 등장), 몸통을 금은 갑옷으로 보호한 건라와 황금궤짝이나 황금상자, 황금알로 보호된 사내아이 등 신화의 모티프가 상통하고 있음을 알 수 있다.(천제(天帝)의 아들 해모수와 하백(河伯)의 딸 유화가 만나 큰 알을 낳았는데 알을 깨고 나온 사내아이가 주몽이라는 고구려 건국신화와는 다소 결이 다르다. 난생(卵生)이란 점은 동일하지

---

27. 태평어람(太平御覽).

만 건라와 혁거세, 알지, 수로는 주인공이 직접 하늘에서 내려오는 반면 주몽은 외할아버지가 천제로 묘사돼 있다는 점에서 차이가 난다. 황금색과 흰색의 분위기도 주몽신화에서는 출현하지 않는다.)

BC 1세기 혁거세 신화와 AD 1세기 수로왕 신화는 AD 4세기에 진출한 모용씨와 시기적으로 무관하지 않느냐는 지적을 할 수도 있겠지만 후대에 창작-채록됐을 가능성이 다분하다. 혁거세 신화만 하더라도 삼국사기와 삼국유사를 제외하면 중국 정사서(正史書)에 기록된 사례가 없다. 부여와 고구려, 백제의 시조신화가 일찍부터 중국 역사서에서 발견되는 것과 대조적이다. 아마도 신라·가야 김씨(모용씨) 왕실 내에 '백마천강 신화'가 전승돼 오다가 AD 6세기 진흥왕 시절 '국사(國史)'를 편찬할 즈음에 개국시조 박혁거세와 김알지 설화에 적당히 배분했을 가능성이 다분하다. 수로왕의 개국신화 역시 후대의 신화가 시조 설화로 소급됐을 개연성을 생각할 수 있다.

모용씨 보요관(步搖冠)과 신라·가야 금관

모용 부족 명칭의 유래에 관련해 모용부의 한 추장이 걸을 때 관의 장식이 흔들리는 것을 좋아해서 부족사람들에게 그런 관, 즉 보요관(步搖冠)을 쓰게 하니 걸을 때 흔들린다는 뜻으로 보요(步搖)라 했으며, 이 보요가 와전돼 '모용'이 되었다는 설이 있다. 모용 부족 기원설로는 설득력이 약해 보이지만 모용 부족이 보요관을 즐겨 썼다는 사실은 알 수 있다. 걸음을 걸을 때 흔들린 것으로 보아 새 깃이나 나뭇가지 등의 길다란 장식을 달았을 것이다. 모용선비의 영역이던 삼연의

모용선비의 황금제 보요관

고분에서는 황금으로 나뭇가지와 잎새 모양을 만든 보요관들이 다수 확인된다.

　여기서 신라·가야의 금관 또는 금동관을 살펴보자. 조우관(鳥羽冠)이나 수목형(樹木型) 입식(立飾)들은 걸음을 걸을 때 흔들리도록, 즉 '보요(步搖)하게' 제작돼 있다. 모용부의 큰 특징이 보요관을 착용한 데 있다면 신라와 가야의 관모도 같은 선상에서 파악할 근거가 충분하다.

　이 밖에도 모용씨의 나라에서 활약한 사람들의 묘에서 발견된 장신구와 유리그릇 등 각종 출토물이 신라와 가야, 나아가 일본의 고분에서 발견되는 것과 유사한 점이 많아 선비족 모용씨가 신라-가야-왜국으로 진출하는 흔적을 확인할 수 있다. 나는 신라 김씨왕뿐만 아니라 금관가야 김씨왕, 나아가 5세기 초 일본열도에 거대한 고분을 조성하는 숭신왕조의 왜왕들도 선비족 모용씨의 일파로 보고 있다.(이에 대해서는 2부와 3부에서 상세히 언급한다.)

　AD 42년 하늘에서 김해 구지봉으로 수로왕(首露王)이 하강해 155년을 다스렸다는 가락국기 기록은 후대(AD 4세기 모용선비)의 시조신화가 일정 부분 소급됐다고 짐작한다. 신찬성씨록(新撰姓氏錄)이란 일본의 옛 책에는 수로왕으로 보이는 임나(=가야) 개국시조의 성명을 모류지(牟留知)로 적고 있으니 신라 법흥왕의 성명 모즉지(牟卽智)와 통한다.

4장

모용선비에서
신라김씨로

　모든 왕실이 그러하듯 신라 김씨왕족 역시 자신들의 선조와 관련하여 여러 기록들을 남겼다. 삼국사기와 삼국유사라는 문헌상 기록을 보면 신라김씨 시조는 김알지(金閼智)이다. 석탈해왕 9년(AD 65)에 하늘에서 계림숲으로 하강한 인물로 그려져 있다. 그런데 역사서가 아닌 금석문(金石文)에는 신라김씨의 중시조로 시종일관 '성한왕(星漢王)'이 등장한다. 삼국사기와 삼국유사에는 '성한(星漢)'이라는 이름이 없다. 다만 김알지의 아들 '세한(勢漢)'이 성한과 발음이 유사한 정도이다.

　도대체 성한은 누구인가? 김알지의 다른 이름인가 아니면 알지의 아들 세한(勢漢)을 말하는가? 신라 김씨왕실은 왜 느닷없이 성한을 시조라고 밝히고 있을까? 성한왕은 중요하면서도 베일에 깊숙이 가려져 있다. 성한의 실체를 추적하는 일이야말로 신라김씨의 비밀을 밝혀줄 핵심열쇠이다. 나는 동양고대사에서 '전연(前燕)'으로 불리운 모용선비 제국의 왕자 '모용한(慕容翰)'이 신라 김씨왕실의 선조인 성한왕일 가능성에 주목한다.

모(慕)씨는 모용씨(慕容氏)

신라 김씨왕족이 모용선비라는 결정적인 증거는 있을 수 없다. 김씨왕들은 기존의 신라인들과 힘을 합쳐 새 나라를 건설하는 입장이었던 만큼 '우리는 대대로 신라땅에서 살아온 사람들이다'라는 기록을 남기는 게 정상이지 '원래는 모용선비였는데 석씨왕을 몰아내고 왕권을 잡았다'는 기록을 남길 리 만무하다. 하지만 김씨왕실의 기원이 모용선비임을 알게 해주는 약간의 단서는 있다. 신라 법흥왕에게는 두 개의 성명이 있다. 삼국사기 법흥왕 조의 기록을 그대로 옮겨본다.

"법흥왕이 즉위하니 이름은 원종이다. 책부원구란 옛 책에는 성은 모(募), 이름은 태(泰)라 했는데, 태는 유사(遺事 책 이름) 왕력(王曆)에는 진(秦)이라 돼 있다. 지증왕의 원자로서 어머니는 연제부인이요 왕비는 박씨, 보도부인이다.(法興王立, 諱原宗『冊府元龜, 姓募名泰, 泰, 遺事王曆作秦』, 智證王元子, 母延帝夫人, 妃朴氏 保刀夫人)"28

김부식은 삼국사기를 저술하면서 법흥왕 김원종의 성과 이름을 모태(募泰) 또는 모진(募秦)으로 괴상하게 적고 있는 고기록의 출처를 밝혀두었다. 김씨로 알고 있는 법흥왕의 성과 이름을 이런 식으로 표기

---

28. 김부식, 이병도 역주, 삼국사기 上, 을유문화사, 1997, 신라본기 법흥왕 2년(AD 648)조, p89, p107.

하고 있는 사례는 삼국사기뿐만 아니고 중국의 다른 역사서에서도 쉽게 찾아볼 수 있다.

요사렴(姚思廉)이란 당나라 학자가 쓴 양서(梁書)에는 신라 법흥왕이 즉위 8년, AD 521년 중국 강남에 자리잡고 있는 양나라에 사신을 보내 조공을 바친 사정을 기록하면서 신라왕의 성은 모(募)요 이름은 진(秦)이라고 적고 있다. 그 뒤 당나라 학자 이연수가 편찬한 남사(南史)란 역사책에는 법흥왕의 성을 모(募), 이름을 태(泰)로 기록하고 있다. 진(秦)과 태(泰)는 글자 모양이 비슷하기 때문에 양서의 기록을 남사에서 옮겨 적다 오기한 것으로 보인다.

또 다른 중국역사서 통전(通典)에는 법흥왕의 성명을 모진(慕秦)으로 적고 있다. 양서와 남사에서는 법흥왕의 성을 '모을 모(募)'로 쓴 데 반해 통전에서는 '사모할 모(慕)'를 쓴 것이 차이점이다. '사모할 모(慕)'와 '모을 모(募)' 발음이 같고 글자 모양도 극히 비슷한 탓에 옮겨 적다 혼동이 생긴 것으로 여겨진다. 법흥왕 김원종의 성명이 모진(慕秦≒募秦)이라니… 지금껏 한국의 역사학자들은 도저히 있을 수 없는 일로 치부해왔다. 이병도 박사는 그의 '삼국사기 역주'에서 "어떤 오해로 인한 것인 듯하다."고 풀이한 바 있다.[29]

그러나 중국 역사서에서 발견되고 있는 '모진'은 법흥왕의 성명이 맞는 것으로 드러났다. 법흥왕의 성을 '모(MO)'로 적고 있는 사례가 국내에서도 발견됐기 때문이다. 1988년 경북 울진군 봉평리에서 발견된 '봉평 신라비'는 법흥왕 즉위 11년, AD 524년에 세운 비석이다.

---

29. 위의 책, p89.

울진 봉평 신라비

여기서는 법흥왕을 모즉지(牟卽智)로 적고 있으니 모(牟)는 성이요 즉(卽)은 이름, 지(智)는 존칭이다. 봉평 신라비에는 모두 35명의 이름이 나오는데, 국왕 모즉지를 비롯해 갈문왕(葛文王 왕족) 모심지(牟心智), 비문을 적은 모진사리공(牟珍斯利公), 비문을 조각한 모리지(牟利智) 등 4명의 이름이 '모(牟)'로 시작되고 있다. 그렇다면 모(牟)를 성(姓)으로 보는 것이 자연스럽다. 성씨를 쓰지 않고 이름만 기록했다면 이렇게 여러 사람이 같은 글자로 시작할 리 없다. 참고로 비문을 적은 모진사리공이나 비문을 새긴 모리지 등도 고대에는 하층민이 아니고 식자층(識字層)으로 보아야 한다.

'보리 모(牟)'는 '사모할 모(慕)'와 무관하지 않느냐는 지적이 제기될 수도 있겠지만 문제될 것이 없다. 고대 비(非)중국의 지명이나 인명 등은 한자로 딱 떨어지지 않는 만큼 발음이 같거나 비슷한 글자로 혼용되는 경우는 매우 흔하다. 예컨대 가야는 加耶, 伽倻 또는 加羅(가라), 駕洛(가락) 등으로 다양하게 기록되고 있다. 그러므로 '사모할 모(慕)'를 대신하여 '보리 모(牟)' 자를 쓰는 것은 용납가능하다.

중국 역사서의 모진(慕秦)과 봉평 신라비의 모즉(牟卽) 또한 이런 맥락에서 파악할 수 있다. 즉 중국역사서의 법흥왕 성명 모진(慕秦≒募

秦)은 봉평 신라비의 모즉(牟卽)과 글자 모양은 다르지만 발음은 '모(MO)'로 동일하다. 결국 중국사서와 봉평의 비석이 공통적으로 보여 주고 있는 것은 봉평 신라비를 세운 524년까지는 법흥왕이 '미스터 김(Mr. KIM)'이 아니라 '미스터 모(Mr. MO)'였다는 사실이다.

모두루와 모용선비

참고로 1935년 10월, 고구려의 수도였던 길림성(吉林省) 집안현(集安縣)에서 모두루(牟頭婁)라는 사람의 무덤이 발견됐다. 모두루의 무덤은 먹으로 쓴 묘지명(墓誌) 덕분에 유명해졌다. 벽에 먹으로 쓴 묘지(墓誌)는 세로가 10자씩, 가로가 약

모두루 묘지명

80행으로 모두 800여 자에 달한다. 대부분 지워지고 현재 250자 정도만이 판독가능하다. 묘지명에 따르면 모두루의 선조는 북부여 출신으로 그는 조상의 공적 덕분에 광개토왕 시대에 고향인 북부여의 수사(守事)로 파견되었는데 대왕이 타계한 소식을 듣고 멀리서 비통해하였다는 내용이다. 신라 법흥왕 모즉지(牟卽智)와 마찬가지로 '보리 모(牟)'로 시작하는 모두루라는 인물의 묘지명 가운데 필자의 관심을 끄는 대목은 제23행에 나타나는 '모용선비(慕容鮮卑)' 4글자이다. 앞뒤 글자가 판독이 되지 않아서 정확한 정보를 파악하기는 힘들지만 모두루와 모용선비의 관련성을 내포하는 작은 단서라고 필자는 주목한다.[30]

---

30. 池內宏(이케우치 히로시)·梅原末治(우메하라 스에지), 박지영·복기대 옮김, 통구(通溝), 주류성, 2019, pp101~104.

또 법흥왕은 지증왕의 큰아들로서 신라 김씨왕조의 뚜렷한 자손이니, 결국 법흥왕 이전까지의 김씨왕들의 성(姓)이 상식과 달리 '모(MO)'였다고 믿지 않을 수 없다. 사실 법흥왕 때까지 중국 역사서에서 신라왕의 성을 '김(金)'으로 기록한 사례는 없다. 신라 왕성을 김으로 적고 있기는 법흥왕을 뒤이은 진흥왕 때부터이다. 진흥왕이 재위 25년(AD 564) 북제(北齊)에 사신을 보냈을 때 북제서(北齊書)는 신라왕의 성명을 김진흥(金眞興)으로 적고 있다. 중국 사서에서 신라왕성을 김씨로 기록한 것은 이때가 처음이다. 또 수서(隨書)에서 '문제 14년(AD 594, 신라 진평왕 16년) 신라왕 김진평(金眞平)이 사신을 보냈'고 기록하는 등 564년 이후에는 신라 왕성을 김(金)으로 분명히 적고 있다.[31]

법흥왕의 성씨가 모씨라고 하더라도 모(慕)와 모용(慕容)이 직접적인 관련이 없을 수도 있지 않느냐는 반론이 나올 수도 있지만 모=모용으로 볼 수 있는 단서는 충분하다.

첫째, 신라로 들어간 모용씨가 혼동을 피해 모씨라는 단성을 썼을 가능성이 있다. 참고로 모용씨는 두 가지 종류가 있으니 하나는 모용(慕容)이요 또 하나는 모여(慕輿)이다. 모용황의 부하장수 가운데 모여니(慕輿埿)란 인물이 고국원왕의 모친과 왕비를 사로잡아갔다는 기사가 삼국사기에 나오는 것을 비롯해 절충장군 모여근(慕輿根)과 모여개(慕輿蓋) 등 '모여'란 성씨를 가진 인물들을 모용씨 왕국에서 여럿 찾아볼 수 있다. 모여(慕輿)씨 역시 모용(慕容)씨와 비슷한 귀족이었다. 같은 모용(慕容)씨지만 한자로 표기하면서 모용(慕容)과 모여(慕輿)로 나

---

31. 장한식, 한국 김씨의 혈관에는 흉노의 피가 흐른다, 월간조선 1999년 9월호.

넌 데 대해 구구한 억측이 많지만 선비족의 말이 한문으로 꼭 맞아떨어지지 않았기 때문으로 풀이된다.(글자와 발음이 전혀 다른 '모용(慕容)'과 '모여(慕輿)'가 같은 성씨라는 사실은 그냥 흘려보낼 수 없다. 이 대목에서 니은(ㄴ)이나 이응(ㅇ)으로 끝나는 단어의 발음이 뭉개지는 경상도 사투리 발음체계가 예사롭지 않게 여겨진다. 한 예로 '수민'이라는 이름의 경우 경상도에서는 '수민이'와 '수미~이' 2가지로 발음된다. 또 '기동'이라는 이름을 지칭할 때도 '기동이'라는 정확한 발음과 '기도~이'라는 이응이 뭉개진 발음이 혼용된다. 니은과 이응 받침이 뭉개지는 현상을 성씨 '모용'에 적용할 경우 '모용'과 '모요~이(또는 모여~이)' 2가지 발음이 병존하게 된다. 모용(慕容)과 모여(慕輿)가 동일하다는 모용선비 성씨 풀이는 도무지 이해할 길이 없어 보이지만 경상도 사투리의 발음체계로 접근하면 뜻밖에도 설명이 된다. 모용선비의 신라·가야 진출가설을 뒷받침하는 작은 흔적이 아닐까? 언중(言衆)의 발음습관은 천년의 세월이 흘러도 변함없이 지속되는 부분이 있다.)

어쨌든 모용씨를 한자로 표기하면 모용(慕容)이 되기도 하고 모여(慕輿)가 되기도 했으니 혼동의 소지가 있다. 간단히 모(慕)로 표기하면 더욱 분명한 성씨가 될 수 있기 때문에 두 글자 복성(複姓)을 한 글자 단성(單姓)으로 쓸 수 있다는 말이다. 복성을 단성으로 표기하는 것은 흔히 있는 일이었으니 그 예는 백제에서 쉽게 찾아볼 수 있다. 수서(隋書) 백제조에 나오는 백제의 8대 귀족 성씨 가운데 사(沙)씨는 원래 사타(沙咤) 혹은 사택(沙宅)씨였고, 진(眞)은 진모(眞慕), 목(木)은 목협(木劦)이라는 복성이었지만 모두 단성으로 표기하고 있다. 복성은 부를 때나 표기할 때나 효율성이 떨어진다.

더구나 당시 신라는 복성이 아니라 단성을 쓰는 문화였다. 박(朴)-석(昔)-이(李)-정(鄭)-손(孫)-설(薛) 등 유력귀족의 성씨가 모두 단성이었다. 이런 맥락에서 복성인 모용(慕容) 또는 모여(慕輿)를 단성 모(慕)로 표기하는 것은 매우 자연스런 일이다. 중국에서 계속 거주한 '모용씨'가 훗날 모(慕)라는 단성으로 바꾼 사실도 참고가 된다.(이 점은 필자가 2004년 중국 시안〈西安〉의 역사박물관에서 확인하였다.)

　결론적으로 삼국사기와 중국 역사서, 봉평 신라비를 토대로 할 때 법흥왕은 우리의 상식과 달리 '미스터 모(MO)'였고 이는 모용(慕容)씨에서 유래하였을 개연성이 충분하다. 또 법흥왕이 신라 중고대(中古代) 김씨왕실의 적통이었다는 점에서 이전의 왕들도 성을 모(慕)로 썼을 것이란 결론에 이르게 된다. 중국 역사서에서 신라왕의 성씨를 김(金)으로 적기 시작한 것이 진흥왕 시대부터라고 한다면 법흥왕이나 진흥왕 때 비로소 김씨 성을 썼다고 봐야 한다. 나는 법흥왕이 모용(慕容)씨 성을 김(金)으로 바꿨다고 보는데 이 점은 뒤에서 다룬다.

신라김씨 중시조(中始祖) 성한왕(星漢王)의 비밀

신라김씨 왕실의 조선(祖先) 의식과 관련한 문건으로는 제30대 문무왕의 비문(碑文)이 중요하다. 문무왕 비석은 여러 조각으로 나뉘어 세상에 출현하였다. 1796년(정조 20년) 경주부윤 홍양호(洪良浩)가 큰 조각 2개를 발견하여 탁본을 떴다. 그 후 큰 조각들은 사라졌지만 다행히 탁본이 청나라에 들어가 해동금석원(海東金石苑)이라는 책에 실렸다. 해동금석원에서는 탁본이 넉 장인 점을 들어 제1·2·3·4석으로 호칭하여 4개의 비편으로 보았다. 탁본들은 현재 서울대학교 규장각에 보관돼 있다. 비석의 조각들은 다시 사라졌다가 1961년 경주시 동부동 주택에서 홍양호가 발견한 큰 조각 2개 중 1개가 재발견되었다. 이에 따라 해동금석원의 제1석과 제4석은 비의 상부(上部) 앞면과 뒷면에 해당되며, 제2석과 제3석은 비의 하부(下部) 앞면과 뒷면에 해당됨을 확인할 수 있었다.

신라 문무왕 비문

신라 문무대왕릉 비편

문무왕 비문에서 가장 주목되는 부분은 '투후제천지윤 전칠엽(秅侯祭天之胤 傳七葉)'과 '십오대조 성한왕(十五代祖 星漢王)'의 구절이다. "(문무왕의 조상은)투후로 하늘에 제사지냄이 7대를 이어졌고…15대조인 성한왕이다.(秅侯祭天之胤傳七葉…15代祖星漢王)"라는 내용이다. 이 대목은 신라김씨의 조상 내력에 대한 인식을 보여주는 자료로 평가된다. '투후(秅侯)'는 흉노의 왕자로서 한나라에 투항한 김일제(金日磾)가 무제(武帝)로부터 받은 산동성 지역의 제후명(諸侯名)이란 점에서 신라김씨 왕실이 자신들의 선조를 흉노계로 인식하고 있었다는 증거로 해석되었다.

묘비 조각이 발견된 또 하나의 비석, 신라 42대 흥덕대왕묘비에는 흥덕왕(興德王)이 태조 성한(星漢)의 24대손이라는 문구가 적혀 있다. 이들 비석 외에 9세기 신라인으로서 당나라에 건너가 살다가 타계한 김씨부인의 묘지명 역시 유명하다. '대당고김씨부인묘명(大唐故金氏夫人墓銘)'이라고 부른다.(864년에 작성됐다가 1954년 시안(西安) 교외에서 출토된 묘지명으로 현재 중국 시안시 비림박물관에 소장 중이다.) 이 묘지명에 다음과 같은 구절이 나온다.

> "태싱천자(太上天子)께서 나라를 태평하게 하시고 집안을 열어 드러내셨다. 이름하여 소호씨금천(少昊氏金天)이니 이분이 곧 우리 집안이 성씨를 받게 된 세조(世祖)이시다.(太上天子有國泰宗陽號少昊氏金天卽吾宗受氏世祖)… (중략)… 먼 조상 이름은 일제(日磾)이시니 흉노 조정에 몸담고 계시다가 서한(西漢)에 투항하시어 무제(武帝) 아래서 벼슬하셨다. 명예와 절개를 중히 여기니 황제께서 그를 발탁해 시중(侍中)과 상시(常侍)에 임명하고 투정후(秺亭侯)에 봉하시니 이후 7대에 걸쳐 벼슬함에 눈부신 활약이 있었다.(遠祖諱日磾自龍庭歸命西漢仕武帝愼名節陟拜侍中常侍封秺亭侯自秺亭已降七葉軒緻燉煌繇)"

김씨부인의 묘지명에서 '투정후(秺亭侯)' 운운하는 부분은 문무왕비와 유사하다. 즉 문무왕비의 투후제천지윤 전칠엽(秺侯祭天之胤 傳七葉)이 '투정후 벼슬을 7대에 걸쳐 하였다'는 의미임을 짐작하게 된다.

문무왕의 선조라고 기록된 김일제가 한나라로 가게 된 사연은 흥미롭다. 한나라와 흉노와의 전쟁이 계속되던 무제 시절, 흉노는 한나라 장수 위청(衛靑)과 곽거병(霍去病)에 밀려 패배를 거듭하였다. 특히 BC 121년 봄 고비사막 남쪽인 농서(隴西 지금의 감숙성 남부)에서 약관 20살의 표기장군(驃騎將軍) 곽거병에게 결정적인 타격을 입었다. 곽거병은 1만여 기병을 이끌고 천리길을 북상하여 흉노 혼야왕(渾邪王)의 근거지인 언지산(焉支山)을 강타하였다. 이때 흉노인 8,960명이 죽거나 포로가 되었다. 곽거병은 또 휴도왕(休屠王)이 다스리던 초원을 공격하여 제천금인(祭天金人)을 노획하여 무제에게 바쳤다. 제천금인은 흉노가 하늘에 제사를 올릴 때 모시는 금동제 신인상(神人像)이다. 흉노 입장에서는 가장 귀중한 상징물을 빼앗긴 셈이다.

흉노의 황제격인 '이치사(伊稚斜) 선우(單于)'는 혼야왕과 휴도왕을 송환하여 패전책임을 묻고자 하였다. 이에 혼야왕은 선우가 자신들을 죽일 것이라며 휴도왕에게 차라리 한에 투항하자고 제의했다. 처음에는 동의했던 휴도왕이 막상 곽거병이 접근하자 항복의사를 번복하였다. 이에 곽거병군과 혼야왕은 휴도왕과 부하 등 8천 명을 살해하고는 족속 4만 명의 항복을 받아냈다. 이때 휴도왕의 부인과 두 아들이 곽거병의 포로가 되었는데 장남이 신라김씨의 조상이라는 김일제로 당시 14살이었다.

포로가 된 김일제는 처음에는 황궁의 마구간에서 말 키우는 노비로 일하다가 무제의 눈에 띄어 마구간을 감독하는 마감(馬監)으로 임명되었으며 이어 시중과 부마도위, 광록대부라는 고위직에 오르게 된다. BC 88년, 47살의 김일제는 '망하라(莽何羅)'라는 자가 황제를 암살하려는 것을 격투 끝에 막아낸 공으로 거기장군(車騎將軍)이 되고 무제로부터 김(金)씨 성을 하사받았다. 김이란 금을 뜻하는데 김일제의 아버지 휴도왕이 금인(金人)을 가지고 하늘에 제사지냈기에 성을 김이라 했다고 한다. 이로써 김일제는 역사상 최초로 김씨 성을 가지게 되었다.

문무왕비와 흥덕왕비, 김씨부인묘지명은 신라김씨 왕실의 시조의식을 알려주는 근거자료가 된다. 이들을 바탕으로 한국김씨의 선조를 흉노왕자 출신 김일제로 보는 주장이 잇따른 것도 사실이다. 하지만 신라김씨의 이 같은 뿌리의식은 관념상일 뿐 실제 김일제에게서 비롯됐을 가능성은 거의 없다는 냉정한 평가도 많다.

필자 역시 일찍부터 문무왕비와 김씨부인묘지명을 주목하였다. 흥미로운 이 가설에는 신뢰하기 힘든 부분도 있지만 일정한 역사적 진실이 담겨 있다고 여긴다. 나는 신라김씨의 조상이라는 소호금천씨나 김일제 이야기는 김씨가 왕권을 장악한 이후 가문역사를 오래된 것으로 분식한 사례로 판단한다. 소호금천씨 부분은 전설이니 거론할 필요도 없고 김일제 후손설도 신뢰성을 높게 두기는 어렵다.

두 비명의 골자는 1세기경, 왕망(王莽)이 세운 신(新)나라에 충성했던 김일제의 후손들이 신이 망하고 후한이 들어서자 정치적 탄압을 피하기 위해 신라가야로 진출(AD 42년 가야 수로왕의 개국 신화, AD 65년 김알지의 계림 하강 신화)하였으며, 그 후손들이 힘을 키워 3백년 뒤에 신라의 왕위를 차지하였다는 내용이다. 1세기에 신라에 진출한 세력이 3백년간 '옛 정체성(흉노족의 정체성)'을 굳게 유지한 끝에 4세기 중반에 왕권을 차지할 가능성은 얼마나 될까? 전혀 없다고 할 수는 없더라도 매우 희박하다고 보아야 한다. 어떤 족속이든 3백년의 세월이 지나면 그 사회에 동화되기 마련이다. 신라김씨 또한 예외가 아닐 것이다.

그런데 신라 영역에서 흉노계 묘제인 적석목곽분이 등장하는 것은 4세기 중엽 마립간시대부터이다. 현재까지의 고고학적 발굴성과로는 신라 영역에서 1세기~4세기의 적석목곽분은 발견되지 않았다. 만약 신라김씨가 흉노계 김일제의 후손이라는 비명(碑銘)을 그대로 인정한다면 김씨왕실은 3백년간 조상의 전통묘제를 숨기고 있다가 왕권을 잡은 뒤에 비로소 옛 전통을 되살렸다는 말이 된다. 신뢰하기 힘들다. 4세기에 출현한 적석목곽분은 당대에 신라로 진입한 세력의 작품으로 보는 것이 옳다. 숭실대 최병현(崔秉鉉) 명예교수의 생각도 비슷하다.

"신라 적석목곽분을 둘러싼 고고학적, 역사적 상황들을 종합하여 볼 때 신라 적석목곽분은 결코 내부의 선행묘제(先行墓制)가 복합되어 이뤄진 것은 아니었으며 기마문화를 배경으로 한 북방아시아 목곽분 문화의 직접 도래에 의해 돌발적으로 출현한 것이었고 그것은 3세기 말, 4세기 초부터 일어난 동아시아 기마민족 대이동의 와중에서 한 여파가 밀려온 결과였다고 생각할 수밖에 없는 것이다."[32]

즉 북방 기마민족의 일파가 3~4세기 유목민족 대(大)남하 시기에 한반도로 들어와 경주에서 토착정권을 점령하고 김씨왕조를 세웠다는 시각이다. 필자의 가설과 기본적으로 일치한다. 김일제의 후손이

---

32. 최병현, 신라고분연구, 일지사, 1992, p415.

알지(閼智) - 16대조
세한(勢漢)〈열한(熱漢)〉- 15대조
아도(阿道) - 14대조
수류(首留) - 13대조
욱보(郁甫) - 12대조
구도(仇道) - 11대조
말구(末仇) - 10대조
내물(奈勿) - 9대조
미사흔(未斯欣) - 8대조
습보(習寶) - 7대조
지증왕 - 6대조
입종(立宗) - 5대조
진흥왕 - 4대조
진지왕 - 3대조
용춘(문흥왕) - 2대조
태종 무열왕 - 1대조
문무왕

문무왕 이전의 신라 김씨왕실 계보

신라로 진출했다는 문무왕 비문의 기록은 김씨왕조의 유구함과 선조의 위대함을 강조하는 상징적인 문구로 해석하면 족하다. 이에 반해 문무왕의 15대조라는 성한왕(星漢王)은 나름의 실체적 근거가 있다고 여긴다. 15대조라면 그리 오래되지 않은 조상이다. 게다가 왕실 족보에서 15대조 정도의 기록은 신뢰성이 높게 마련이다. 이런 점을 감안하면 신라 김씨왕조의 실질적인 중시조(中始祖)는 '성한'이고 김일제와 소호금천씨는 관념상의 상징조(象徵祖)라고 판단된다. 성한왕 이야기가 중요한 이유는 '모용선비 신라정복설'을 지지하는 간접증거가 담겨 있기 때문이다.

문제의 핵심은 '성한왕(星漢王)은 누구인가?'이다. AD 65년 석탈해왕 때 하늘에서 계림 숲으로 하강했다는 김알지(金閼智)로 보는 설도 있고 삼국사기에 세한(勢漢), 삼국유사에 열한(熱漢 세한과 비슷한 글자로 오기한 것 같다.)으로 기록된 김알지의 아들이라는 주장도 있다. 문무왕의 동생 김인문의 비석에는 성한왕이 '태조 한왕(太祖 漢王)'으로 기록돼 있다. 학계의 중론은 성한왕이 세한을 의미한다고 본다. 삼국사기에 기록된 신라김씨 왕실의 계보를 거슬러 올라가 보면 세한은 '15대조 성한왕'이라는 문무왕릉비의 묘사와 일치한다.

문무왕의 15대조 세한을 신라김씨의 중시조인 성한으로 간주할 경우, 16대조이자 계림(鷄林)으로 하강한 알지(閼智)는 누구일까? 알지는 신라김씨의 시조를 상징한다고 본다. 신라에서 시조신화는 박혁거세와 석탈해, 김알지 3종이 있는데, 혁거세와 알지 신화를 김씨의 시조신화라고 볼 수 있다고 3장에서 이미 언급하였다. 혁거세는 박씨이고 시기적으로도 BC 1세기이니 언뜻 김씨와 무관해 보이지만 신라왕실 내에 '시조 백마천강 신화'가 전승돼 오다 AD 6세기 진흥왕 시절 국사(國史)를 편찬할 즈음에 개국시조 박혁거세와 김알지 설화로 적절히 배분했을 가능성을 제시하였다.

박혁거세·김알지 신화는 대체로 '하늘에서 붉은 알이나 황금궤짝이 내려왔고 그 안에 사내아이가 들어 있었는데, 그 아기가 왕이나 시조가 되었다'는 내용이다. 황금궤짝이나 알이 사내아기를 보호하는 장치이다. 사내아이의 천강을 알려주는 전령사로서 백마와 흰닭이 출연하고 있다. 3장에서도 언급하였지만 신라의 시조신화는 모용씨 시조신화와 사뭇 유사하다.

"건라(乾羅)는 모용외의 12대 조상이다. 그가 나타날 때에 금은으로 된 갑옷을 입고 금은으로 안장을 한 백마를 타고 하늘에서 내려왔다. 선비족이 이를 신령스럽게 여겨 군장으로 추대하였다.(乾羅者慕容廆之十二世祖也 著金銀褥鎧乘白馬金銀鞍勒 自天而墜 鮮卑神之 推為君長)"[33]

---

33. 태평어람(太平御覽).

하늘에서 내려오는 현상, 백마의 출현, 흰색 분위기(흰닭이나 흰말의 등장), 몸통을 금은 갑옷으로 보호한 건라와 황금궤짝(황금상자) 속에 보호된 사내아이 등 신화의 모티프가 상통하고 있는 것이다. 이런 점을 감안하면 김씨왕실 족보에서 '알지(閼智)'는 모용씨 왕조의 건라(乾羅)에 비견되는 '전설상의 시조' 역할인 셈이다. 알지의 실존성은 굳이 따질 이유가 없다는 뜻이며 신라 김씨왕실의 실질적인 중시조는 성한(星漢)이라는 의미이다.

성한왕이 문무왕의 15대조라는 위의 계보 자체를 부정할 필요는 없지만 실제는 더 짧았을 개연성이 다분하다. 즉 김씨의 신라 진입이 문무왕으로부터 15대 조상까지 거슬러가지 못할 수도 있다는 말이다. 박씨왕족과 석씨왕조를 의식하지 않을 수 없었던 김씨왕실로서는 가문의 역사를 가능한 장구하게 늘려야 할 필요성이 있었던 점을 감안할 때 그러하다. 특히 12대조 욱보(郁甫)와 13대조 수류(首留), 14대조 아도(阿道)의 3대는 어떤 업적이나 활동상도 기록돼 있지 않다는 점에서 가공(架空)의 조상일 가능성을 배제할 수 없다. 아울러 각 세대별 격차가 실제보다 확장돼 있다는 느낌이 든다. 이 점은 뒤에서 상술한다.

'비운의 왕자' 모용한(慕容翰), 그가 성한왕인가?

나는 모용선비국가 전연(前燕)의 군주 모용황의 이복형인 모용한(慕容翰)을 주목한다. 그가 성한왕(星漢王)일 가능성이 도출되기 때문이다. 이렇게 보는 근거는 다음과 같다. 첫째, 모용한은 고구려 침공 당시 북로군의 파견을 주창한 기획자이니 1만 5천 별동대의 신라진입 가설과 원초적인 관련성이 있다. 둘째, 모용한은 국왕인 모용황에게 제거당할 운명을 예감하고 있었다고 여겨지는 만큼 아들과 측근들을 머나먼 땅으로 피신시켜야 할 필요성이 다분하였다. 셋째, 모용한과 성한, 명칭상의 유사성이다. 성씨인 모용을 제외하면 외자 이름 '한(han)'이 모용한의 실체를 표현한다. 성한왕에서도 실제 의미 부분은 '한'이다. 성한(星漢)의 이칭으로 생각되는 세한(勢漢), 열한(熱漢), 태조 한왕(太祖 漢王)이라는 여러 표현에서 흔들림없이 지속되는 부분은 '한'이다. 그런데 모용한의 '한(翰)'과 성한의 '한(漢)'은 글자는 다르지만 소릿값은 같다. 모용선비식 이름을 한자로 표현하는 과정에서 소릿값이 같은 다른 글자를 썼다고 볼 수도 있다. 넷째 성한왕과 모용한 모두 AD 4세기 인물로 상정되는 만큼 시기적으로 겹쳐진다.(성한을 4세기 인물로 보는 이유는 뒤에서 기술한다.)

모용한은 모용선비 왕조의 태조(太祖) 격인 모용외(慕容廆)의 서장자(庶長子)였다. 그는 성정이 웅호(雄豪)하고 권략(權略)이 뛰어났기에 부친의 신임을 받았다. 100보 떨어진 곳에 세워둔 칼을 화살로 맞힐 정도로 명궁(名弓)이었다. 중국 한족과 마찬가지로 기마민족 사회에도 적자와 서자의 차별이 컸다. 만약 모용한이 적자였다면 왕위는 그의 차지가 되었을 가능성이 높다. 뛰어났지만 서자였기에 모용한은 힘든 삶을 살았다. 적자로서 훗날 새로운 군주가 되는 모용황의 질시를 많이 받았고 결국은 그에게 죽임을 당하였던 것이다.

AD 333년 모용외가 죽고 모용황이 왕위에 오르자 모용한은 새 군주에게 용납되지 못할 것을 예상하여 단씨(段氏)선비의 땅으로 달아났다. 다른 형제인 모용인(慕容仁)과 모용소(慕容昭)도 모용황과 대결하다 죽임을 당하였다. 그러나 모용한은 아비가 이룩한 모용선비 나라에 미련이 컸다. 338년 단씨선비가 모용황에게 패전하자 두 아들과 함께 모용황의 휘하로 귀순하였다.(모용한에게 장성한 아들이 최소 2명은 있었음을 기억할 필요가 있다.) 이후 모용한은 모용황의 정치참모로 활동하는데 꾀가 많은 인물로 그려져 있다. AD 342년 10월(또는 341년 11월), 전연(前燕)이 고구려를 침공할 당시 군대를 양분하되 주력군을 험한 남로에 배치하여 고구려군의 허를 찌른 작전은 모용한의 머리에서 나왔다.

약간의 추정과 상상을 포함해서 상황을 재구성해보자. 우선 고구려 침공 때 '남북로 병진작전'을 구상한 모용한은 군주(모용황)에게 적대하며 단씨부족으로 달아났다가 귀환한 지 3~4년밖에 되지 않은 탓에 정치적 입지가 탄탄하지 못했을 것임을 짐작할 수 있다. 그런 모용한이 군대를 양분하는, 과감하고도 위험한 작전을 주창하는 만큼 책임이 큰 입장이다. 모용한은 모용황이 이끄는 주력군의 일원으로 4만 군사와 함께 남로로 진군하였다. 그런데 고구려를 유인하기 위해 보낸 북로별동대는 패배할 것이 분명한 탓에 누구나 가기를 꺼려 한다. 그런 만큼 북로별동대에는 모용한과 가까운 인물이 다수 참전해야 제안의 진정성을 인정받고 작전을 추진할 명분이 생긴다. 인간사의 운영법칙은 예나 지금이나 별로 다를 바 없다.

별동대 대장인 '장사(長史 벼슬이름) 왕우(王寓)'는 모용한의 측근이고 모용한의 아들(들) 역시 북로전투에 나섰을 것으로 추정해 본다. 만약 모용한이 스스로 북로로 가겠다고 나섰다면 가뜩이나 외눈을 뜨고 있는 모용황의 의심을 키우는 어리석은 행보이다. 자신은 왕을 호종

하되 아들과 측근을 북로로 보낸다면 군주인 모용황은 모용한이 제안한 작전의 진정성을 신뢰할 수 있다. 모용한 자신은 왕의 곁에 남고 아들과 측근들은 모용황으로부터 분리하는 고육지계를 썼다고 추정하는 것이다.

동생왕 옆에서 열심히 일했던 모용한이지만 344년 모용황에게 제거돼 죽는다. 지략이 뛰어나고 눈치가 빨랐던 모용한은 고구려를 침공할 당시(341년 또는 342년)에 이미 자신의 미래운명을 짐작하고 있었다고 사료된다. 소년시절부터 적자(嫡子)인 모용황의 견제를 받았던데다 모용황이 왕위에 오른 직후 그와 대결했던 전력이 화를 부를 게 분명했던 까닭이다. 자치통감에 기록된 모용한의 최후 모습이다.

"(모용한은)건원(建元) 2년(AD 344) 우문귀(宇文歸)와 싸우다 화살에 맞아 오랫동안 누워 지냈다. 차츰 병이 낫게 되자 집안에서 말을 타고 몸 상태를 시험하였는데 어떤 사람이 '모용한이 몰래 말타기를 익히니 비상한 일을 꾸미는 것으로 의심된다'고 왕에게 고하였다. 모용황이 평소 그를 꺼렸으므로 마침내 사사(賜死)하였다. 모용한이 죽음에 임해 사자(使者)에게 말했다. '나 모용한은 당초 왕에게 의심을 품고 바깥으로 달아났으니 그 죄가 죽음으로도 갚지 못할 만큼 크지만 나의 해골을 적(賊)에게 맡길 수 없어 귀순하였다…(중략)…오늘의 죽음은 내가 죄를 씻고 다시 태어나는 것이다…(중략)…나는 항상 스스로 맹세하길 더러운 오랑캐를 없애버려 위로는 선왕(先王)의 유지(遺旨)를 이루고 아래로는 산해(山海)의 질책에 사죄할 뜻을 품었다. 이 뜻을 이루지 못하고 죽어 여한이 있지만 운명이니 어찌하겠소?' 하며 고개를 들어 약을 먹고 죽었다."

그런데 모용한을 사사(賜死)할 때 아들들을 연좌해 처벌했다는 기록
이 없다. 연좌제가 시퍼렇게 살아 있던 시절이다. 모용황이 배다른 형
을 죽이면서 장래에 부담이 될 조카들을 그냥 놔둘 리 없다는 점에서
특이한 대목이다. 모용한의 아들들이 어디론가 사라졌기 때문으로 보
면 의문이 해소된다.

시간을 2~3년 되돌려 모용선비의 나라 전연(前燕)이 고구려를 침공
하던 시절로 가보자. 머잖아 왕에게 제거될 운명을 예감한 모용한이
아들(들)을 북로로 보냈을 소설적 개연성을 떠올려 본다. 자신은 장차
해를 피하기 어렵지만 자식만은 구하겠다는 의도에서 모용한은 아들
들(모용한의 아들은 최소 2명이다.)을 북로별동대로 보낸다.(341~342
년에는 모용한은 50대 중반이었고 아들들은 30대 초중반의 장년으로 짐
작된다. 10대 중반 나이의 손자가 동행하였을 수도 있다.) 모용한은 아들
과 측근들에게 당부한다. "나는 결국 왕에게 용납되지 못할 것 같다.
내가 죽게 되면 너희들도 무사하지 못할 것이다. 이번에 고구려군과
적당히 싸우다가 곧바로 남쪽으로 몸을 피하여 새로운 땅에서 집안을
일으키라." 모용한의 아들(들)도 아비의 뜻을 알고 마침내 북로별동부
대에 참전한다.

기마민족이라고 해서 모용선비를 야만적인 부족으로 여긴다면 오
산이다. 중국과 접촉하며 강력한 제국을 형성했던 모용선비 왕실은
주변의 고구려와 부여, 오환족 등을 '오랑캐'라고 표현할 정도로 수준
높은 국가운영 능력을 지닌 상태였다. 모용한의 경우 무예가 출중하

였을 뿐만 아니라 유학(儒學)을 공부한 문무겸전의 인물이었다. 그랬기에 모용선비는 삼국지 동이전의 기록이나 고구려와의 교류접촉 등을 통해 한반도 남부의 상황을 파악하고 있었을 것이다. 고대에도 지배층은 넓은 세상을 알고 있었다. 모용한은 처음부터 아들·측근의 신라 진출을 염두에 두고 '군대를 남로-북로로 양분하는 작전'을 꾸몄을 수도 있다. 우여곡절 끝에 신라를 장악한 모용선비 집단에서 볼 때 모용한은 곧 '하늘의 별과 같은 존재〈星漢王〉'였고 중시조로 추앙했을 것이다.(밤하늘에 빛나는 별〈星〉은 금(金)과도 이미지가 연결된다. 훗날 모용선비가 '모용(慕容)'이란 복성(複姓)을 버리고 단성(單姓) 김(金)을 성씨로 삼은 데는 그만한 이유가 있을 것이다. 모용부족의 단어 '모용'은 선비족 말로 황금이나 별을 뜻했을 가능성도 있다.)

소설적 상상만이 아니다. '성한왕은 문무왕의 15대조'라는 구절이 핵심이다. 당시 왕실사람은 통상 10대 후반나이에 결혼하여 자녀를 생산하던 시절임을 감안할 때 15대조라면 약 300년 앞선 세대여야 한다. 왕의 대수로 15대 차이가 아니라 핏줄로 15대 조상이다.(문무왕의 12대조인 욱보와 13대조 수류, 14대조 아도의 3대는 어떤 활동상도 기록돼 있지 않은 점에서 가공의 조상일 수 있다고 앞에서 언급한 바 있다. 그럴 경우 성한왕은 문무왕의 15대조가 아니라 12대 안팎의 조상일 수도 있다.)

세대 간의 생물학적 연령 차이로 접근하는 것이 옳다. 문무왕은 626년 출생하였다. 모용한의 출생연도는 분명하지 않다. 다만 아버지 모용외가 269년생이고 3남인 모용황이 297년생이니 서장자인 모용한은 290년경에 태어난 것으로 봐야 한다. 그렇다면 문무왕과는 330

여 년의 세월이 격한다. 330년 차이라면 한세대당 평균 22세가 되니 15대 간격으로도 큰 문제는 없다.

문무왕 비문을 근거로 역산하면 문무왕의 15대조라는 신라김씨의 시조 성한왕은 4세기 초중반에 활동한 인물임이 드러난다. 모용선비의 고구려 침공과 시기적으로 맞아떨어진다. 위에서 제시한 4가지 이유로 필자는 성한왕이 모용한일 가능성을 타진해 보는 것이다.

석탈해왕 때인 AD 65년 계림숲에 출현했다고 돼 있는 김알지(金閼智)나 그 아들인 세한(勢漢 또는 열한(熱漢))이 문무왕의 15대조가 되기는 힘들다. 김알지가 신화상의 가공인물일 가능성이 있는 만큼 실제 생존시기를 짐작하기 힘들지만, 삼국사기 기록대로라면 문무왕과 600년 가까운 시대차이가 난다. 600년간 15대가 이어졌다면 세대당 평균 40년 차이인데 설득력이 낮다. 600년 전의 인물이면 25~30대 조상이라고 봐야 합리적이다. 결국 문무왕 비문은 한나라 무제의 신하 김일제를 신라김씨의 선조(先朝)로 삼고 있으면서도 '문무왕은 성한왕의 15대손'이라는 구절을 통해 신라김씨의 중시조(中始祖)인 성한왕이 AD 1세기가 아니라 4세기의 인물이라는 결정적인 정보를 실토한 셈이다.

참고로 문무왕 비문을 보면 김수로왕도 (외가)15대조라고 돼 있다. 그러면 수로왕(首露王)과 성한왕은 거의 동시대 인물임을 알 수 있다. 여기서도 수로왕 개국 시기가 AD 42년으로 문무왕 재위시절과 약 600년 차이가 나는 것은 선뜻 믿기 힘들다. 거듭 말하지만 600년이면 15대가 아니라 약 30대가 소요되는 기간이기 때문이다. 수로왕이 문무왕의 외가 15대조가 맞다면 수로왕의 실제활동 시기는 후대로 내려야 한다. 필자는 이 기록을 토대로 하여 문무왕의 외가 15대조인 '수로왕'이 가야국주(加耶國主)가 된 시기는 AD 342년인데 5갑자, 즉 300년 앞당겨 AD 42년으로 기록한 것이 아닌가 추정한다.(10장 pp233~234 참고).

만약 342년경에 김해로 진출해 금관국(金官國)을 개창한 사람이 수로왕을 자처하였다면 341년(또는 342년) 고구려를 침공한 모용선비 군단 가운에 일부가 신라를 거쳐 가야로 진출했다는 가설과 시기적으로 부합한다. 수로왕이 AD 42년 나라를 열었다고 기록한 가락국기(駕洛國記)는 342년경 김해로 진입한 모용선비 장군의 행적과 그 이전부터 전승돼 온 구야국(狗倻國) 개국시조의 기사를 적당히 혼용해 기록했다면 설명이 된다. 수로왕 이전에도 구야국을 비롯한 김해소국의 역사가 진행돼 왔지만 수로를 시조로 여기는 사람들(구체적으로는 김유신의 조상들이다.)이 가야사를 기술하면서 구야국 시기의 역사는 탈락됐다고 하겠다.

모용(慕容)씨에서 김씨로 창씨개명(創氏改名)

이제는 모용씨가 언제 어떻게 해서 김씨로 성을 바꿨는지 알아볼 차례다. AD 521년 법흥왕이 사신을 보냈을 때 중국 정사서에서 신라왕의 성을 '사모할 모(慕)' 내지 '모을 모(募)'로 적고 있고 그로부터 3년 뒤인 524년 봉평 신라비에는 법흥왕의 성을 '보리 모(牟)'로 적고 있다고 할 때 적어도 524년까지는 신라왕의 성이 모(慕)였다고 볼 수 있다. 그런데 564년 진흥왕이 사신을 보냈을 때 중국측은 왕의 성을 김(金)으로 적고 있으므로 모(慕)에서 김(金)으로의 성씨 변화가 일어난 때는 524~564년 사이 40년간으로 좁혀진다. 법흥왕은 514년 등극해서 540년까지 왕좌를 지켰고 진흥왕은 540년부터 576년까지 재위하였다. 따라서 신라 왕성(王姓)의 변화는 법흥왕 시절일 수도 있고 진흥왕 재위기간일 수도 있다. 그러나 법흥왕은 모진과 김원종 두 개의 성명이 전해지는 반면, 진흥왕은 김(金)으로 시작하는 이름뿐이므로 법흥왕 시절에 창씨개명이 단행됐다고 보는 것이 자연스럽다.

모(慕)씨란 기마민족의 성을 버리고 중국식 김씨 성을 취한 배경은 순장의 금지(법흥왕의 아버지 지증왕 때 일), 율령제 실시, 불교공인 등을 통해 기마족의 나라 신라를 농경문화민족으로 바꾸고자 했던 법흥왕의 개혁정책에서 찾아볼 수 있다. 모용씨에서 김씨로의 성씨 변화는 엄청난 사건인데 전혀 기록이 없다는 데 대해 의문이 들 수 있다. 이에 대해 나는 법흥왕이 숨지고 5년이 지난 진흥왕 6년(AD 545) 이사부와 거칠부 등 왕실종친이 주축이 되어 꾸민 역사서 '국사(國史)'에 혐의를 둔다. 국사는 신라 김씨왕실의 정통성을 반석 위에 두고자 했던 일종의 통치이념서이다. 이런 책을 통해 신라 김씨왕실은 하늘이 보낸 선택된 종족이며 신라 초기부터 대대로 살아온 것처럼 역사를 조작(?)했다고 본다. '국사'는 그 책이 전해지지 않아 구체적인 내용을 알 길이 없지만 삼국사기 등에 그 기록이 전해졌다고 볼 때 역사 날조의 증거들은 수없이 찾아볼 수 있다.

가장 대표적인 것이 엉성한 왕의 계보이다. 몇 가지 사례를 들어보자. 모용씨(≒김씨) 세력에 의해 타도된 것으로 짐작되는 마지막 석씨왕이 '흘해이사금'이다. 그는 아버지 석우로(昔于老)가 AD 249년에 죽고 61년이 지난 310년에 즉위하는데 그때부터 46년을 왕위에 있었다고 돼 있다. 석우로가 살았을 때 '우리 집안을 일으킬 아이다'라고 칭찬했다니 아버지 석우로가 숨질 때 적어도 열 살은 됐을 것이다. 그렇다면 왕위에 오른 310년에 흘해는 70세쯤 됐을 것인데 46년간이나 왕위에 있었다니 선뜻 믿기 어렵다. 내물왕은 미추왕의 조카이자 사위인데 미추왕은 284년에 숨진다. 그 사위 내물왕은 402년에 숨진다. 장인과 사위의 사망 연대가 1백18년이나 차이날 수는 없다. 또 제3대 왕과 14대 임금은 둘 다 유리(儒理), 또는 유례(儒禮)로 이름이 똑같다. 삼국사기 저자 김부식조차도 '두 임금의 이름이 같으니 어느 편이 옳은지 모르겠다'고 불평할 정도다. 왜 그럴까? '국사'를 편찬한 김씨 왕족이 자신들의 조상이 석씨(昔氏) 왕실을 몰아낸 사실을 숨기려고 석씨 임금으로 이어지는 계보 한가운데 미추왕을 끼워넣다 보니 이 같은 엉성한 왕력(王曆)이 나왔다고 여겨진다. 즉 성씨를 모(용)씨에서 김씨로 바꾼 법흥왕이 숨진 뒤 얼마 되지 않아 신라 김씨왕실은 자신들의 뿌리를 감추는 일종의 '알리바이 조작 작업'을 펼쳤으니 바로 국사의 편찬인 것이다. 이 때문에 김씨의 뿌리가 모용씨였다는 사실은 철저히 인멸됐을 것이다. 다만 중국의 몇몇 역사서와 경주에서 멀리 떨어진 울진 봉평리의 돌비석 정도에서 김씨의 뿌리가 모(용)씨였다는 단서가 남아 있을 뿐이다.

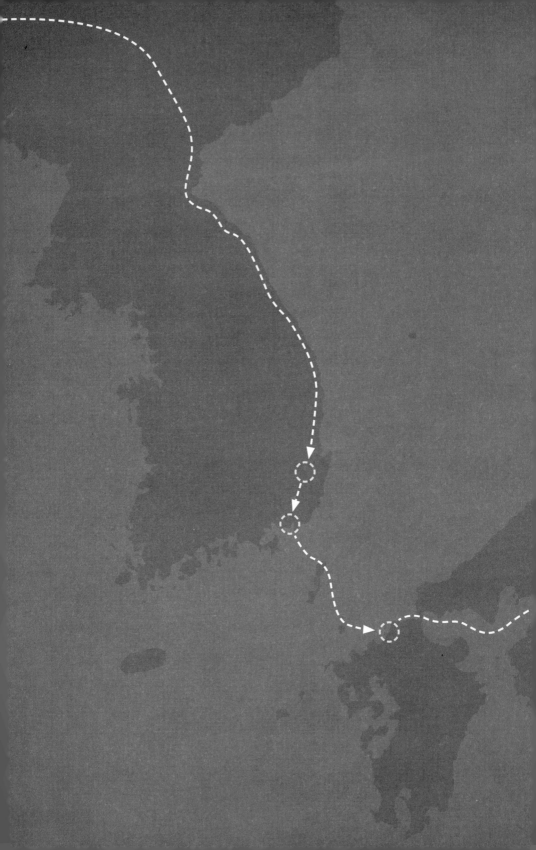

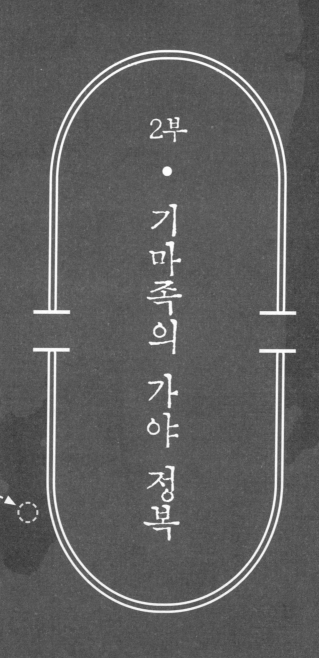

2부

기마족의 가야 정복

● 韓日 古代史 再建築

신라를 정복한 모용선비는 경주 인근에만 머무르지 않는다. 우세한 군력을 한반도 남부일대에 활발히 투사하기 시작하였다. 적석목곽분을 조성한 신라 마립간시대와 비슷한 시기에 가야권역에서도 북방형 기마문화의 흔적이 수없이 포착된다. 가야권의 기마문화는 경주의 신라권에 비해 결코 약하지 않다. 철제마갑(馬甲)과 마주(馬胄)의 실물은 안라와 다라 등 가야소국에서 활발히 발견된다.

　가야권역에 기마문화를 이식시킨 주인공은 누구인가? 이들은 신라를 정복한 모용선비와 어떤 관련성을 맺고 있는가? 2012년, 김해 대성동고분의 출토물이 모용선비 유물로 확인된 사실은 이런 질문에 대한 답변으로 부족하지 않을 것이다. 2부에서는 기마민족의 가야권 진출 문제를 폭넓게 추적해 본다.

5장
4세기 가야권역의
북방문화

　내물마립간 집권기 이후 신라의 급속한 발전상은 공지의 사실이지만 신라의 영역은 별로 늘어나지 못하였다. AD 4세기 중엽 이후부터 6세기 초 법흥왕이 집권하기까지 신라의 판도는 영남 동부지역에 한정돼 있었다. 당시 신라의 북쪽과 서쪽은 강대국 고구려와 백제의 영역이니 신라가 비록 힘을 키웠다고 해도 벅찬 상대였을 것이다. 그런데 신라 남서부의 가야는 고만고만한 소국 정치체였는데도 신라는 이들을 손쉽게 흡수하지 못하였다. 그 이유가 뭘까?

　해답은 간단하다. 가야권역 소국들의 군력이 신라 못지않았기 때문이다. 가야 일원에서 폭넓게 확인되는 4~5세기 기마문화는 가야소국들의 무장 수준과 군사운영능력이 만만찮았음을 웅변한다. 신라 마립간시대와 비슷한 시기 가야권역 기마문화의 원천은 모용선비의 문화로 지목된다. 결국 신라와 같은 뿌리에서 나왔고 동일한 수준에 도약하였으니 가야 기마군대의 실력이 신라에 크게 뒤질 이유가 없다.

　신라·가야에 뒤이어 일본열도에서 발견되는 북방형 기마문화 역시 선비족의 그것과 상당한 관련성이 확인된다. 문헌증거도 놓칠 수 없다. 광개토대왕 비문을 보면 가야와 왜는 사실상 '동일한 세력'으로서 AD 4세기 말부터 신라와 수차례 전쟁을 벌이는 등 앙숙관계이다. 이는 모용선비의 분열과 전쟁으로 표현할 수 있겠는데 어쨌든 가야와 열도에 진출한 무장집단이 신라 조정에 크게 적대적이었음을 의미한다. 모든 사건의 이면에는 그만한 이유가 있게 마련이다.

4세기 가야권에 등장한 북방형 고분

가야고분을 연구한 학자들은 AD 4세기에 혁명적 변화가 발견된다고 말한다. 3~4세기에 걸쳐 조성된 김해 대성동고분(大成洞古墳)과 부산 복천동고분(福泉洞古墳) 등 가야권의 고분에는 두 가지 유형이 존재한다. 하나는 고조선·낙랑의 문화전통을 잇는 토광목곽묘 계통이고 다른 하나는 시베리아의 파지릭(Pazyryk)고분이나 몽골북부의 노인울라(Noin-Ula)고분과 같은 북방 유목민족풍의 목곽묘 유형이다.[34]

편의상 이를 낙랑형과 북방유목형 묘제로 이름 붙인 채, 신경철 부산대 교수의 연구성과를 인용해보자. 우선 낙랑형고분은 묘광의 깊이가 얕고 폭이 넓은 특징이 있다. 목곽은 통나무가 아닌 판재로 조립된 것으로 보이며 순장의 흔적이 없고 중국제 거울 등 낙랑계통의 유물이 다수 발견되고 있다. 이로 미뤄볼 때 AD 3세기까지 김해의 금관가야(구야국)는 낙랑·대방과 철무역 등을 하며 중국문화의 영향을 깊이

---

34. 신경철, 최근 가야지역의 고고학적 성과-3·4세기의 제문제, 가야사론, p104.

받고 있었던 것으로 보인다.

반면 4세기 이후의 북방유목형 고분은 낙랑형에 비해 깊고, 길이에 비해 폭이 좁으며 주곽과 부곽이 발견되고 순장의 흔적이 포착된다. 주곽의 경우 묘광 네 모서리에 통나무 기둥이 확인되며 목곽은 통나무로 조립된 것이 특징이다. 김해 대성동(大成洞) 1호분과 11호분에서는 순장된 것으로 보이는 말 이빨 등이 출토되었다.

분명 4세기 이후의 금관가야고분은 신라 경주의 적석목곽분과 유사한 묘제이다. 신경철은 이 같은 북방유목형 가야고분이 시베리아 고분과 동일한 양식이라고만 기술할 뿐 가까이 있는 경주의 신라고분과 같은 계통이라고 보지 않는다. 신경철은 신라의 적석목곽분은 이전 시기의 것을 계승발전한 자생묘제로 판단하는 반면 대성동의 가야고분은 부여계통으로 간주하면서 경주와 김해 양자를 의식적으로 구분하는 듯하다.

그런데 가야고분에서 경주의 적석목곽분과 유사한 형태를 취하고 있는 경우는 여럿이다. 경남 합천군 쌍책면 성산리 구릉지대에서 발굴된 4~5세기 가야시대 고분인 옥전고분(玉田古墳)에서도 적석목곽분 형태의 고분이 확인된다. 봉분의 지름이 20m쯤 되는 9개의 대형봉토분 가운데 5개가 내부가 적석목곽묘로 된 고분이다. 옥전고분의 목곽묘는 묘역 중앙에 대형 목곽 2개를 길게 붙여놓은 다음 목곽 주위를 할석과 찰진 점토를 섞어 보강하고 주곽과 부곽 사이에도 같은 방법으로 보강하였다. 그 위로는 흙으로 대형봉토분을 조성하였다. 규모는 경주의 적석목곽분에 미치지 못하지만 기본구도는 신라고분과 별 차이가 없다.

학계에서는 이 무덤이 합천지역에 자리잡았던 다라국(多羅國) 지배층의 고분으로 본다. 그러면서 합천이 신라의 영향권 내에 포함됐음을 보여주는 한 단서라고 말한다. 그러나 합천지역이 신라로 편입된 것은 AD 562년 대가야가 멸망한 이후의 일이다. 경주에서 가까운 고령의 대가야가 멸망하기 전에 더 서쪽에 위치한 합천지역이 먼저 병합됐을 리 없다. 삼국사기 진흥왕 조에는 대가야가 멸망하고 3년이 지난 뒤인 565년 합천지역에 대야주(大耶州)를 두었다고 기술하고 있으니 다라국은 이때쯤 멸망해 신라의 한 주(州)로 편입된 것으로 보인다.

더욱이 562년 이후라면 신라 경주에서도 적석목곽분이 사라진 이후이다. 따라서 옥전고분의 적석목곽분은 신라에 멸망하기 이전 시기에 조성된 것으로 보아야 한다. 실제로 옥전고분의 연대는 6세기가 아니라 4~5세기로 추정된다. 이는 경주에 진출한 세력과 마찬가지로 적석목곽분을 쓰던 한 일파가 진흥왕에 정복되기 훨씬 이전에 합천 일대로 진출한 증거로 풀이해야 옳다.

경남 창녕군 교동고분(校洞古墳)에서도 적석목곽분을 확인할 수 있다. 창녕읍 교동 12호분은 분명히 적석목곽분의 형태를 따르고 있으며 장신구와 무기, 마구류 등이 경주의 그것과 동일한 모양이다. 창녕지역이 일찍부터 신라의 영향 아래 들어갔다는 주장도 있지만 진흥왕 순수비가 발견된 점으로 미뤄 6세기 진흥왕 시절에 신라영역에 본격 편입됐다는 것이 정설이다. 진흥왕 시대라면 경주에서는 이미 적석목곽분이 사라진 이후이다. 그러므로 교동고분의 주인공은 창녕지역이 신라에 포함되기 이전에 이곳에 진출하여 묻힌 기마족 지배층으로 볼 수 있다.

또 하나 유의할 점은 북방계 묘제들이 앞서 조성된 낙랑형 묘제를 의도적으로 파괴한 그 자리에 조성되었다는 사실이다. 새 무덤을 쓰기에 앞서 묘역을 정비하다 실수로 옛 무덤을 손상시킨 정도가 아니라 김해 대성동과 김해 양동리, 울산 하대유적 등 낙동강 하류유역에서 광범위한 선행분묘를 파괴하였던 것이다.[35]

단일 지배층이 계속 이어지는 상황에서 조상의 무덤을 파괴하면서 새 무덤을 쓰는 경우는 없다. '선행분묘 파괴현상'은 낙랑형 묘제와 북방형 묘제를 쓴 주인공들의 기원이 달라졌음을 의미한다. 거친 공격성향을 지닌 외부세력이 가야땅에 대거 진출하여 이전의 지배층을 몰아냈음을 말해주는 또 하나의 놓칠 수 없는 대목이 바로 기존분묘 파괴현상이다. 4세기 가야땅의 지배층이 바뀌는 거대한 비밀을 고분들은 말없이 웅변하고 있는 셈이다.

2012년, 대성동고분에서 확인된 모용선비 유물

2012년 8월 8일, 김해 대성동고분박물관은 '제7차 발굴조사 결과'를 발표하였다. 내용은 충격적이었다. "4세기 금관가야의 고분에서 북방 선비족의 문물이 쏟아졌다."는 것이 결론이었다. 당시 여러 매체가 대대적으로 보도하였는데, 한반도 동남단 김해에서 중국 동북지방에서 출토되는 것과 동일한 모용선비계 유물이 발견된 경위를 놓고 비상한 관심을 피력하였다. 당시의 신문기사를 인용한다.

---

35. 신경철, 최근 가야지역의 고고학적 성과-3.4세기의 제문제, 가야사론, p111.

김해 가야 고분에 북방 선비족 유물이?

4세기 동북지방 선비족 유물 출토
"중국 이주민이 가야문화 성립 주도"
"해상교역의 산물일 뿐" 의견 맞서

'가야 미스터리' 재점화

고구려·백제·신라와 삼국시대 역사를 이끌었던 한반도 동남쪽 가야의 선조들은 어디서 왔을까. 최근 경남 김해 대성동고분군에서 4세기께 금관가야시대 대형 고분 2기가 새로 발굴되면서 학계에서 가야인의 뿌리를 둘러싼 수수께끼가 새 화두로 떠올랐다.

김해 대성동고분박물관에서 지난 8일 설명회를 열어 공개한 두 고분 유적(88호, 91호분)은 시내 중심부의 고분군 북동쪽 구릉에 있다. 단연 주목되는 건 두 고분 꺼묻거리(부장품)들이 명확하게 '국적'이 다르다는 점, 91호분에서는 4세기대 중국 동북지방에서 전연·후연·북연(삼연)왕조를 세웠던 유목민인 모용선비족의 마구와 말방울, 동분(청동 대야), 동완(청동으로 만든 바닥 둥근 그릇) 등 금속공예품들이 쏟아졌고, 특유의 장법인 순장 인골도 발견됐다.

반면 88호분에서는 고대 일본에서 주로 사용한 청동창 등의 무기류와 방패 장식 등만 주로 나왔다. 특히 91호분에서 나온 4세기 선비 계통의 금속공예품들은 국내에서 처음 나온 것으로, 동시대 선비족 유적인 중국 동북지방 랴오닝성 차오양의 위안타이즈(袁台子 원태자) 벽화묘와 허난성 안양시 샤오민툰(孝民屯 효민둔) 154호묘 유물들과 거의 같아 학자들을 놀라게 했다. 왜 랴오닝성과 무려 2,000㎞ 가까이 떨어진 한반도 동남쪽 끝 김해에서 선비족 유물들이 발견됐을까.

일단 박물관 쪽은 중국·일본 교역을 맡은 지역유력자들 무덤으로 추정했지만, 학계에서는 가야문화의 뿌리를 놓고 여러 논란이 일 전망이다. 선비족 계

대성동고분 모용선비 유물

경남 김해 대성동고분군의 91호분에서 국내 처음 출토된 4세기 모용선비족 계통의 금속제 유물들. 청동그릇(동완), 청동대야(동분), 통형동기 등이 보인다.(김해 대성동고분박물관 제공)

통 이주민들이 육로·해상으로 이동해 가야문화 성립을 주도했을 것이란 설과, 해상교역교류의 산물로 한정된다는 설이 맞서는 모양새다.

옛 사서에는 가야인의 원류에 대한 기록이 없다. 다만, 1990년대 대성동고분군 29호분에서 북방 부여 유목민문화 계통의 동복(청동항아리)과 순장 흔적 등이 확인되면서 신경철 부산대 교수 등이 부여인 원류설을 펴기도 했다.

어쨌든 이번 발굴에서 한반도 다른 곳엔 없는 4세기 이른 시기 선비계 유물들이 대거 확인돼 가야지역이 북방 유목민족과 신속하고 긴밀한 경제·문화 네트워크를 유지했다는 사실이 입증된 것은 중요한 성과라 할 수 있다. 송원영 김해시학예사는 "그동안 가야는 김수로왕과 허황옥 왕비 신화처럼 북방세력과 남방세력의 연합정권일 것이라는 설이 많이 제기돼 왔는데, 예상 밖의 선비계 유물 발굴로 북방 선비족과의 연관관계를 푸는 것이 학계의 새로운 숙제로 떠오르게 된 셈"이라고 말했다.

4~5세기 선비족이 중국 동북 요서지역에 세운 삼연은 우리 고대사와도 인연이 적지 않다. 고구려 광개토대왕의 주된 정벌 대상이었고, 고구려인 후예가 삼연 중 하나인 북연의 왕에 등극해 고구려 우방이 되기도 했다. 삼연의 말갖춤(마구) 문화는 5세기 이후 황남대총 등 신라고분과 가야의 마구 유물 등에도 영향을 끼친 것으로 알려져 있다.

_ 노형석 기자, 2012년 8월 12일자 한겨레신문

대성동 91호분의 모용선비 유물에 대한 학술논쟁은 그로부터 2년

대성동고분에서 출토된 로만글라스

뒤에 본격화되었다. 2014년 4월, 국립김해박물관에서 제20회 가야사 국제학술회의가 열렸다. '금관가야의 국제교류와 외래계 유물'로 명명한 학술대회의 핵심은 대성동 91호분 로만글라스(Romanglass)의 유입경로였다. 91호분의 로만글라스는 2012년 6월부터 9월까지의 '대성동고분군 7차 학술발굴조사' 때 출토된 금관가야의 유물이다. 발굴 당시에는 유리병 손잡이 조각의 형태로, 5㎝ 정도만 남아 있는 상태였다. 참고로 로만글라스란 지중해를 내해로 유럽과 서아시아, 북아프리카에 걸쳐 형성된 '거대제국 로마의 영역에서 제작된 유리제품'을 일컫는데 신라와 가야에서 발굴된 유리용기는 대부분 로만글라스이다.

학술대회에서 대성동고분박물관의 송원영 학예사는 "대성동 91호분 로만글라스의 출토는 중국 삼연(三燕)과 가야의 교류를 의미한다."고 강조한 반면 박천수 경북대 교수는 "삼연에서 신라를 거쳐 전해졌다."고 반박하였다. 이에 대해 조준걸 중국 길림대 교수는 "삼연에서 고구려를 거쳐 전해졌을 가능성이 있다."는 색다른 주장을 펼쳤다.

3인의 주장은 미세하게는 다르지만 대성동 91호분의 로만글라스 출발지가 중국 삼연이라는 데는 일치하였다. 삼연은 모용선비족의 고향이다. 다만 금관가야가 모용선비와 직접교류한 결과인지, 신라를 경유한 유입인지, 고구려가 연결통로였는지 놓고 학자들 간의 해석이 엇갈렸을 뿐이다.

　대성동고분박물관의 보고서나 학술대회에 앞서 필자는 1999년에 출간한 『신라 법흥왕은 선비족 모용씨의 후예였다』에서 신라김씨와 마찬가지로 가야의 김씨왕실 역시 모용선비 출신이라는 주장을 펼친 바 있다. 가야권역에서 발견되는 북방형 유물의 출자(出自), 즉 뿌리를 모용선비를 제외하고 따로 상정할 길이 없다는 '상식적인 판단'에 근거한 가설이었다.[36] 그로부터 10여 년이 흐른 2012년 대성동고분의 유물 출자가 삼연, 즉 모용선비에서 비롯됐음이 학술적으로 공식화되자 필자는 감개무량하였다. 당연히 대성동고분의 출토물 관련한 뉴스에 깊은 흥미를 보였다. 나의 생각은 대략 이런 것이었다.

　　'금관가야 출토물에서 모용선비 유물이 확인되는 것은 당연하다. 언젠가는 공식화되었을 사안이 이제야 인정받은 것이다.'

　필자는 이 뉴스를 접하면서 한국의 고대사학계가 모용선비의 유물 출자를 어떻게 설명할지 예상해 보았다. 미리 말한다면 나의 예상은 빗나가지 않았다. 가야땅에서 모용선비 계통의 유물이 쏟아졌는데도 불구하고 학자들은 필자가 제기한 '모용선비 군단의 신라·가야 진출 가능성'은 애써 외면하였다. 선비족(鮮卑族)이 직접 도래한 결과가

---

36. 장한식, 신라 법흥왕은 선비족 모용씨의 후예였다, 풀빛, 1999, pp109~128.

아니라 통상적인 교섭의 흔적으로 보아야 한다는 주장이 학계 대세였다. '외부 세력 진입설'을 불편해하는 한국 역사학계의 풍토로 볼 때 당연한 반응이다. 인간집단의 이동설을 인정하는 소수파들도 선비족이 아니라 부여족이 남하한 증거라는 특이한(?) 주장을 제시하였다. 이제 국내 고대사학자들이 내세운 논리를 상세히 검토할 차례가 되었다.

대성동 선비족 유물이 '평화로운 교류'의 증거?

4세기 가야땅에서 북방계 모용선비 유물이 쏟아지는 현상에 대하여 한국의 주류학계는 적잖은 고민에 빠졌음이 분명하다. 필자의 '선비족 신라·가야 진출설'을 인지한 학자가 없지는 않았을 것이지만 문자로 인용한 경우는 일절 없었다. 어쨌든 한반도 남단 김해에서 모용선비 계통이 분명한 기마유물이 발굴되었으니 마냥 침묵하거나 외면하기는 어렵다. 주류학계에서 나름의 타당성을 가진 학설을 제시하기까지는 또다시 수년이 흘렀다. 그동안 이런저런 해석들이 제기됐지만 모두 소개할 수는 없다. 그중에서 가야가 서진(西晉)에 이어 전연(前燕)의 조공책봉체제에 포함된 증거라는 논리가 그나마 그럴싸해 보인다. 다소 길지만 백진재 양산시청 학예연구사의 논지를 소개해 본다.

"즉 이미 한이군(漢二郡)이 쇠퇴하고 있는 입장에서 낙랑·대방군의 소멸로 인한 기존의 4세기 가야제국의 변동에 대하여 있는 그대로 수긍할 수 없는 상황이다. 뿐만 아니라 대성동 고분군 제7차 조사과정에서 4세기대 목곽묘인 대성동고분군 91호분과 88호분이 확인되었는데 중국·동북지역의 금동제 마구류나 진식대금구(晉式帶金具 서진시기에 형성된 대금구, 즉 금속제 허리띠꾸미개를 말한다.) 등과 같은 위세품이 다량으로 출토되었다. 이와 같은 고고자료의 존재는 오히려 4세기대 가야제국이 왜와 같은 특정지역과의 교류만 이루어진 것이 아니라, 폭넓은 지역과의 다채로운 교류관계가 이루어졌음을 보여준다고할 수 있을 것이다…(중략)…그러나 이와 같은 위세품의 존재는 단순히 물자의 교류보다는 집단과 집단사이의 정치적 이해관계가 수반되어야 나타나는 현상일 것이다. 이에 본고에서는 4세기 전반 가야제국의 대외교섭시기를 크게 2시기로 구분하고 그 역사적 배경과 교섭양상을 밝혀보고자 한다.

Ⅳ기(313~369) : 가야-모용선비(전연)-백제-왜
Ⅴ기(370~392) : 가야-동진-후연-백제-왜

Ⅳ기는 313년 고구려의 낙랑군 침공으로부터 369년 전연(前燕) 멸망직전까지의 시기이다. 해당시기 가야제국과 중국·동북지역과의 교류관계를 보여주는 문자기록은 없다. 물질자료를 통해서 그간의 대외교섭 추이를 살펴보았을 뿐이다. 이에 본고에서는 낙랑·대방군의 소멸과 관련된 일련의 기사를 중심으로 당시 가야제국의 대외교섭을 유추해 보고자 한다.

'요동사람 장통(張統)은 낙랑·대방 이군(二郡)을 점거하고 고구려왕 을

불리(乙弗利 미천왕)와 서로 공격하길 몇 년을 계속하면서 해결하지 못했다. 낙랑사람 왕준(王遵)이 장통에게 유세하여 그 백성 1천여 가구를 인솔하고 모용외(慕容廆)에게 귀부하니 모용외는 그를 위하여 낙랑군을 설치하고 장통을 태수로 삼고 왕준을 참군사로 삼았다.[37]

…(중략)…장통 세력은 낙랑·대방군이 전통적으로 수행하던 한국(韓國)사회와의 대외교섭 업무를 담당하였을 것이다. 앞서 모용선비에 귀화한 1천여기의 유민들 중 낙랑·대방군 내에 식자층이 포함되어 있을 가능성이 높다. 또한 그중에서 전통적으로 한이군과 한국사회의 교섭을 담당했던 인물들이 존재하였을 것이다…(중략)…그렇다면 요서 대릉하 유역에 위치한 낙랑군(모용외가 장통의 귀부를 환대하면서 평양 근처에 있던 옛 낙랑을 대릉하 유역으로 옮겨 설치한 새 낙랑군을 말한다.)은 밀접한 관계에 있었던 대방군의 고지(故地 대방고지는 대체로 황해도 방면으로 비정된다.)를 통해 한국사회와 대외교섭을 추진하였을 것이다. 특히 대릉하 유역에서는 라마동유적, 북구묘, 삼함성묘 등과 같은 삼연(三燕) 관련 고고자료가 집중적으로 확인되는데, 아마도 이 지역에 있었던 낙랑군(모용외가 설치한 새 낙랑군)은 모용선비계통 마구류 등과 같은 위세품을 토대로 가야제국과 대외교섭을 추진하였다고 생각한다. 본고에서는 대성동 91호분을 주목하고자 한다. 대성동 91호에서는 운주, 마령, 마면 등과 같은 마구가 다량 출토되는데, 모두 전연과 관련성이 깊은 유물로써 심재용의 편년안에 따르면 4세기 2/4분

---

37. 자치통감 권88 진기(晉紀)10 민제(愍帝) 건흥 원년.

기(AD 325년~350년)에 해당한다…(중략)…

다음 가야제국과 모용선비의 대외교섭은 353년 모용준(慕容儁)의 칭제를 기점으로 일대 전환기를 맞이하게 되었다고 생각한다. 전연황제 모용준은 스스로 제위에 오른 354년 31명의 왕과 3명의 공을 책봉하였고 355년 고구려와 전쟁 관계를 종식하고 고국원왕을 낙랑공으로 봉하는 등 전연을 중심으로 한 책봉조공관계를 확립한다. 본고에서는 가야제국 또한 전연을 중심으로 한 책봉조공관계 속에 포함되었을 것으로 추정한다. 이를 증명할 문자자료는 현재까지 확인되지 않았다. 다만 모용준의 354년 칭제를 기점으로 대성동고분군에서는 중국·동북지역 유물이 증가됨을 주목하여야 한다. 한편 이렇게 유입된 중국·동북지역의 위세품은 대성동 29, 91, 88호분 등 모두 대성동 고분군 내 대형묘에 부장되는데 이를 전연의 신분표상제도가 가락국에도 수용되고 있다고 본 견해가 있다.[38] 그러나 이것은 전연을 중심으로 한 책봉체제 속에 가락국 또한 포함되었음을 의미하는 전거자료라고 생각한다. 즉 가락국과 전연의 정치적 교섭물의 상징으로 이해할 수 있으나 가락국 내부 계층화의 산물로 보기는 어렵다고 생각한다…(중략)…한편 전연은 가락국과 교섭을 통하여 철을 확보하였을 것으로 보인다…"[39]

---

38. 심재용, 금관가야의 외래계 위세품 수용과 의미, 영남고고학74, 2016.
39. 백진재, 4~5세기 전후 가야와 주변정세, 인제대 가야문화연구소. 김해시, 가야기마인물형 토기를 해부하다, 주류성, 2019, pp165~171.

백진재 학예연구사의 논지는 '밑줄 친 부분'이 핵심이다. 가야제국(諸國)이 모용선비의 나라 전연(前燕)을 황제국으로 하는 조공책봉체제에 포함되었다는 가설이다. 이런 시각에서 대성동 91호분과 88호분에서 발견되는 삼연(三燕)계 유물들은 가야가 모용선비 황제국의 책봉을 받으면서 사여(賜與)받은 위세품이라고 해석한다. 한국사학계에서 늦게나마 전연·후연이라는 모용선비제국(帝國)과 한반도 남부의 교섭 가능성을 인정하고 거론한 사실에서 반가운 마음이 앞선다. 그렇지만 가야에서 출토된 모용선비 유물의 근거를 '평화로운 교섭의 흔적'으로 한정하려는 백진재의 가설은 선뜻 동의하기 어렵다.

고구려는 전연과 국경을 접한 데다 342년(또는 341년) 모용황의 대군에 나라가 결딴날 정도의 타격을 입었고 고국원왕 부친(미천왕)의 시신까지 탈취당한 처지였으니 조공책봉체제에 들어가는 것은 당연하다. 하지만 머나먼 남쪽 땅에 위치한 가야가 전연의 책봉을 받았을지는 의문이다. 조공책봉설이 맞으려면 장통(張統)과 왕준(王儁)이 한국과의 교섭업무를 수행하였음이 확인되어야 하고, 그들이 모용 외에 귀순하면서 가야제국을 전연의 고객으로 계속 확보하였음이 증명되어야 한다. 하지만 윗글의 표현처럼 '이를 증명할 문자자료는 전무(全無)'한 것이 현실이다. 가야가 중원왕조와 맺은 조공책봉 사례는 AD 479년 하지왕(荷知王)이 남제(南齊)에 사신을 보내어 본국왕(本國王)의 칭호를 받은 사례가 유일하다. 만약 가야가 479년 이전부터 중국에 조공하고 책봉을 받았다면 남제서에는 그런 사실이 언급됐을 것이다. '조공을 바치는 오랑캐의 이력'은 황제국에게 매우 중요한 정보이기 때문이다. 하지만 하지왕의 견사조공 기록에서 예전의 책봉이야기는 발견되지 않는다.

문제는 또 있다. 만약 가야제국이 모용선비의 조공국이 되었다면 가야보다 지리적으로 가까운 백제나 마한소국들도 전연의 조공책봉체제에 들어갔어야 마땅하다. 그런데 가야에서 출토되는 모용선비 유물들이 백제나 마한영역에서는 발견되지 않는다. 백진재는 가야는 철(鐵) 생산국이어서 모용선비의 조공책봉체제에 포함될 수 있었을 것으로 설명하지만 다분히 자의적이다.

아울러 가야권역에서 발견되는 북방형 마구류와 무기류, 각종 위세품의 양(量)과 종류도 하사품으로 보기에는 지나치게 많다. 앞으로도 계속 확인될 것이다. 고대의 조악한 물류체계를 감안하면 머나먼 모용선비제국에서 사여받았다기보다는 가야에서 자체생산하고 자체소비했다고 판단하는 것이 합리적이다. 결론적으로 '모용선비 조공책봉체제 포함설'의 입지는 매우 협소해 보인다.

대성동고분과 부여 계통설

대성동고분 조영세력을 '외부에서 이주한 인간집단'으로 설명하는 학자들은 역사학계의 다수파가 아니다. 자생론이 주류인 국내 사학계에서 '외부 인간집단 이동설'은 크게 환영받지 못한다. 이런 분위기 탓인지 '이동설'을 내세우는 학자들은 모용선비 유물을 보고도 모용선비와 곧장 연결하지 못한다. 한민족 계열인 부여(扶餘)와의 관련성을 애써 강조한다.

2012년 8월의 발표가 있고 약간의 시일이 흐른 뒤 이동설 논자들은 '대성동고분의 모용선비 유물은 실제로는 부여족의 산물'이라는 주장을 펼치기 시작하였다. 국내 학자들이 앞장서서 대성동 유물은 부여계라는 주장을 펼친 것이 아니라 중국학자의 입을 빌렸다는 것이 특징이다. 첫 계기가 논문이 아니라 방송다큐멘터리였다는 점도 특이하다. 필자가 몸담고 있는 방송사인 KBS는 2012년 10월 18일 '역사스페셜-대성동 가야고분의 미스터리' 편을 방영하였다. 역사스페셜의 얼개는 다음 3가지로 정리된다.

①대성동고분 91호분은 요녕(遼寧 랴오닝)성 라마동(喇嘛洞)고분과 유사하다.
②라마동(喇嘛洞)고분은 선비족무덤으로 알려져 있지만 요녕성 고고학연구소 텐리쿤(田立坤) 교수는 부여의 무덤이라고 주장한다.
③따라서 대성동고분의 매장자들은 부여계 후예로 보아야 한다.

2012년 10월의 역사스페셜 방영 내용은 대체로 다음과 같았다.

대성동고분 91호분과 중국 라마동고분의 유사성

김해 대성동 고분 91호분에서 출토된 부속품들은 주로 말(馬)과 관련이 있다. 같은 무덤에서 발견된 3구의 시체는 순장 풍습을 보여주고 있다. 모두 북방 유목민족의 고유문화로 중국 선비족의 무덤에서 이와 유사한 형태를 확인할 수 있다는 것이 현재 학계의 정설이다. 과연 가야인과 선비족은 무슨 관계일까? 역사스페셜 제작진은 선비족의 발원지인 중국 알선동과 라마동으로 향했다. 제작진을 통해 최근 발굴된 대성동 유물을 처음 확인했다는 요녕성 고고학연구소의 텐리쿤(田立坤) 교수는 뜻밖에도 다른 해석을 내놓았다. 기존의 학설을 뒤엎는 파격적인 주장이었다.

라마동　　　　　　　대성동

라마동고분군 유물과 김해 대성동고분군 유물 비교

대성동 고분에 묻힌 자들은 부여인인가?

대성동고분과 유사성을 보이는 중국 라마동고분군은 지금껏 선비족의 무덤이라고 알려져 왔다. 그러나 톈리쿤 교수는 라마동고분군이 부여인의 무덤이라고 주장한다. 그렇다면 라마동과 유사한 대성동고분의 주인공 역시 부여인이 아닐까? 2~3세기경 전성기를 맞은 부여는 지금의 중국 길림성과 흑룡강성 일대인 중국 평원의 대부분을 차지하고 있었다. 그러나 3세기 말부터 선비족에 밀려 세력이 약해지기 시작한다. 이때 부여인이 한반도 남단으로 내려와 지금의 김해에 정착해 가야의 지배층이 되었을 가능성이 크다.

역사스페셜을 통해 텐리쿈의 학설을 소개한 이후, 신경철 교수를 비롯하여 그동안 부여계 남하설을 주창해 온 국내 고대사학자들은 대성동고분에서 출토된 선비족 계통의 유물들이 사실은 부여족의 생산물이라는 주장을 공공연히 펼치기에 이르렀다. 국내 고대사학계의 이런 주장이 지닌 문제점은 이어지는 6장에서 상세히 언급한다. 다만 분명하게 모용선비의 문물이 출토된 상황에서도 '부여계가 남하하여 조성한 고분이다'라는 결론을 내린 국내 사학계의 성급함과 용맹성(?)에 대해서는 미리 지적하지 않을 수 없다.

가야권 북방유물이 증언하는 진실

4~5세기 가야고분의 유물 가운데 핵심은 기마용구와 무구류이다. 김해 대성동고분과 동래 복천동고분 등 대형목곽묘에서 몽골발형갑주(蒙古鉢形甲冑 사발모양 투구로서 '종장판투구'라고도 한다.) 등 북방계 유물과 기마장비들이 대량출토되는 현상은 의미심장하다. 재갈, 등자를 비롯한 마구류는 물론이고 마주(馬冑), 즉 말머리에 씌운 투구와 마갑(馬甲)이 발견된 것은 개마무사(鎧馬武士)가 가야땅을 휩쓸고 다녔다

복원한 '가야 개마무사'(사진 출처 : 금관, 고성규 박사)

는 증거이다. 이들 무구류와 기마용구는 신라나 백제, 고구려와 비교해도 손색이 없다는 것이 학계의 평가이다. 여러 나라로 분립된 가야 소국의 왕권이나 국력으로 보아 불가사의할 정도이다.

특히 금관가야의 영역에서 '선비족 영향을 짙게 받은 유물'이 다수 발굴되는 점은 예사롭지 않다. 대성동고분과 같은 계열인 김해 예안리고분에서 나온 몽골발형갑주의 형태가 선비족의 무덤으로 보고된 중국 길림성 유수현(楡樹縣) 노하심(老河深)유적 고분에서 출토된 것과 흡사하다. 부산 복천동고분과 유수현 노하심유적에서는 같은 계통의 말재갈이 발굴되었다. 이 밖에 청동으로 만든 호랑이형 버클과 오르도스형 동복(銅鍑 청동솥)은 스키타이 계통을 이은 선비족의 대표적인 유물이라는데 이견이 없다. 아라가야 영역이던 함안에서 중장기병의 상징인 마갑(馬甲)이 발견된 것은 북방 기마민족의 철기(鐵騎)전술이 가야 땅에서 구현되었다는 명백한 증거이다.(아라가야의 마갑이 지닌 의미에 대해서는 8장 '모용선비의 가야평정과 새로운 도전'에서 소상히 언급한다.) 부산 복천동과 창녕 교동의 가야고분에서 발견된 각배(角盃)의 의미도 작지 않다. 고구려와 백제에서는 발견되지 않고 신라와 가야지

역에서만 발견되는 유목민족의
술잔인 각배야말로 가야가 신라
와 마찬가지로 대초원지대 기마
민족과 친연성이 깊다는 것을
말해준다.

　가야지역에서 출토된 관(冠)들
도 놓칠 수 없다. 부산 복천동고
분의 금동관과 대구 비산동고분
(飛山洞古墳)의 금동관은 다소 소
박하지만 나무와 사슴뿔을 형상
화하고 있어 그 모티브가 신라

양산 부부총 금동관
외관 높이 32.9cm. 일본 도쿄국립박물관 소장

금관과 동일하다는 것을 알 수 있다. 특히 경남 양산의 부부총(夫婦塚)
금동관과 프랑스 기메(Guimet)박물관 소재 가야 금동관은 출(出)자형
나뭇가지와 녹각형 입식이 신라금관과 마찬가지로 시베리아형이다.

　AD 4세기 이후 김해와 부산, 합천, 창녕 등지의 가야영역에서 시베
리아풍의 목곽분이 발견되는 데다 출토되는 유물 역시 경주의 그것과
마찬가지로 북방계라는 사실은 가볍게 취급할 수 없다. 북방계 유물
에 담긴 진실은 분명하다. 신라 못지않은 기마민족이 가야땅을 누비고
다녔다는 확실한 증거이다. 그렇다면 문제의 기마민족은 누구인가? 그
들의 출자(出自), 뿌리는 어디인가? 복잡하게 생각할 이유는 없다. 이 질
문에 대한 해답은 유물 그 자체에 담겨 있을 것이기 때문이다.

6장
가야 진출 기마민족과 출자(出自) 논쟁

AD 4세기 이후 한반도 남부와 일본열도에서 확인되는 기마문화의 현상을 설명하려는 시도는 지금껏 적지 않다. 그 대표적인 논지가 '기마민족설(騎馬民族說)'이다. 기마민족설은 1949년 일본 도쿄대 에가미 나미오(江上波夫) 교수가 처음 주창한 가설로서 '기마민족 일본정복설'이라고도 한다. 4세기경 퉁구스 계통의 기마민족이 한반도 남부를 거쳐 규슈(九州)에 진출하였고, 다시 동쪽으로 나아가 일본열도를 정복하고 야마토(大和) 국가를 세웠다는 것이 골자이다.

에가미 교수는 열도를 정복한 구체적인 기마민족으로 진국(辰國)을 들고 있고 그 지배자인 천황족이 진왕(辰王)이 되어 한동안 변한(弁韓)을 다스렸다고 보는 만큼 한반도와 무관하지 않다. 기마민족설은 무수한 논쟁을 야기한 주제인 데다 내용이 방대한 만큼 이 글에서 재론할 이유는 없다. 아울러 에가미 교수 본인은 물론이고 여러 학자들이 많은 부분을 수정하였기에 그 실체를 간단히 정리하기도 쉽지 않다.

기마민족설은 역사학계에서 정설의 위상을 확보하지는 못하였지만

'북방족의 남하'라는 기본 틀은 많은 학자들에게 영감을 주었다. 특히 지난 수십 년간의 고고학적 발굴성과가 축적되면서 기마민족설은 일정한 설명체계를 갖췄고 지지세력도 늘어났다. 그런데 문제의 기마민족 출자(出自), 즉 뿌리와 관련해서는 몇 가지 가설이 엇갈린다. 에가미가 퉁구스 계통을 지목한 이후 기마민족 남하설을 지지하는 한국학자 대다수는 부여족을 주목해 왔다. 부여가 고구려와 백제를 출범시킨 한민족의 정통줄기라는 점에서 학계의 호감이 큰 듯하다. 그러나 부여족 정복설은 적잖은 약점을 노출하고 있다.

부여계 가야 남하설

부여계 일파가 AD 3세기경 한반도 남부로 진출한 데 이어 일본열도까지 정복했을 것이란 가설이 제기된 것은 오래되었다. 에가미 교수의 기마민족설을 비롯하여 문정창 박사, 카터 코벨 박사, 신경철 부산대 교수 등이 부여족의 남하설을 지지하였다. 앞의 5장에서 잠시 언급하였지만, 부여족을 포함하여 '인간집단 이동설' 자체는 한일 역사학계에서 제대로 평가를 받지 못하는 것이 사실이다. 일본학계가 특히 그러한데 한반도 출신의 도래인(到來人)들이 고대 일본의 성장을 추동하였다는 학설에 냉소적이거나 신경질적인 반응을 보이기 일쑤이다. 일본학계는 고대일본인 스스로의 힘으로 거대한 역사진전을 이뤄냈다고 자평하면서 도래인의 영향은 극히 제한적으로 규정한다. 국내 주류학계도 별반 다르지 않다. 한반도인 스스로 발전시켜 나간 자생(自生)의 역사를 강조하는 시각에서 외래산(外來産)이 분명한 유물마저 '교류의 결과물'로 해석하기 일쑤이다. 외부인의 도래에 따라 역사 발전이 가속(加速)됐다는 학설은 다분히 경원시한다. 그런 점에서 '외부 인간집단의 한반도 진출'을 주창하는 학자들은 학계의 따돌림 등 상당한 대가를 치르고 있다.

외부세력 이주설은 비주류 소수파의 시각이지만 필자는 기본적으로 동의한다. 한반도 고대사를 면밀히 검토하다 보면 획기적인 단절의 시기가 확인되는데 내재적 발전의 결과라기보다 인간집단 이동의 증거로 해석돼야 하는 경우가 존재하기 때문이다. 굳건한 자생론 풍토에서 '험한 길'을 고수하는 이주론자들의 학자적 용기에 경의를 표하는 입장이지만 그렇다고 학설의 빈틈을 못 본 척 눈감아 주거나 비판을 면제해 줄 수는 없는 노릇이다. 먼저 '부여족 가야 진출설'을 엄밀히 살펴본 다음 필자가 내세우는 모용선비 진출 가능성을 제시하고자 한다.

에가미 교수는 삼한의 진왕(辰王)이 퉁구스계 기마민족이며 변한 땅에 머무르다 열도를 정복했을 것이란 가설을 내세웠다. 에가미 가설을 도약대로 삼아 문정창 박사와 부산대 신경철 교수 등은 일보전진한 부여계 기마민족설을 주창하였다. '통전 부여전(通典 扶餘傳)'에 대략 이런 내용이 나온다.

"부여 의려왕(依慮王)은 마여왕(麻余王)의 아들이다. 6세에 왕위에 올라 중국 진(晉)나라에 사신을 보내 조공하며 친선을 꾀하였다. 285년 강성한 선비족 모용외의 침입을 막아내지 못하여 의려왕은 자살하고 아들 의라(依羅) 등은 옥저로 망명하였다. 이때 부여백성 1만여 명이 모용외에 포로로 잡혀가 노예로 팔렸다."

　문정창 박사는 부여 의려왕의 아들 의라왕(依羅王)을 기마민족 주인공으로 보았다. 의라왕이 옥저에서 김해로 갔다가 다시 일본열도로 진출하여 천황족이 되었다는 가설이다.[40] 그런데 어떤 문헌에서도 의라가 일본으로 진출할 근거를 찾기란 힘들다. 의라는 결국 부여의 국왕으로 복귀하기 때문이다. 즉 의라는 옥저로 망명하였다가 모용외가 물러가자 이듬해인 286년 부하들과 함께 귀국하여 왕위에 올랐다. 나라를 되찾았으나 영토가 축소된 만큼 의라는 모용외에게 빼앗긴 국토를 수복하고자 진(晉)의 동이교위(東夷校尉) 하감(何龕)에게 구원을 요청한다. 하감이 부장(部將) 가심(賈沈)에게 군사를 주어 구원해 주자 의라는 부여국을 수복할 수 있었다. 한반도 남부와 일본열도로 진출한 기마민족의 주체로 '부여 의라왕'을 상정한다면 위의 문헌기록을 통째로 무시해야 하는 부담이 있다.

　신경철의 초기 가설은 문정창의 논리와 유사하다. 신경철은 자살한 것으로 알려진 의려왕이나 도주한 의라왕 등 부여 주력집단의 행방이 사실은 묘연한데, 이들이 동해 바닷길을 타고 김해지역에 도달하여 대성동고분 축조세력이 되었다고 보았다. 그런데 근자에는 신경철 교수의 가설에 변화가 생겼으니 부여족의 남하 계기와 시기가 달라졌다. 먼저 3~4세기 부여역사를 잠시 살펴볼 필요가 있다.

　AD 285년 부여를 침공했던 모용선비는 4세기에도 부여국을 계속

---

40. 문정창, 고대일본사, 한국사의 연장, 1989.

괴롭혔다. 모용외의 아들 모용황은 346년, 세자인 모용준(慕容儁)에게 모용군(慕容軍)·모용각(慕容恪)·모여근(慕輿根) 등 3명의 장군과 1만 7천 명의 기병을 주어 부여를 재공격하게 하였다. 이 싸움에서도 부여는 대패하여 멸망 지경으로 몰렸고 부여왕 현(玄)을 포함한 5만여 명이 포로가 되어 끌려갔다. 모용황은 부여왕 현을 진동장군(鎭東將軍)에 임명하는 한편 자신의 딸을 주어 사위로 삼았다.

예전에는 285년경 망국 위기에 빠진 부여계가 동해루트를 타고 남하해 가야에 도달하였을 것으로 추정했던 신경철이 근지에는 346년 전연(前燕)에 포로로 잡혀간 부여계 가운데 일부가 탈출하여 김해로 진출했을 것이란 논리를 설파했다. 요서(遼西)에 자리잡은 전연에서 김해로 가기 위해서는 서해루트를 이용할 수밖에 없으니, 과거 동해 루트로 남하했을 것이란 가설과는 크게 달라진 셈이다. 어쨌든 신경철의 최근 가설은 342년(또는 341년) 모용황의 고구려 침공으로 모용선비의 신라 진출이 이뤄졌다고 보는 필자의 의견과 시기적으로 거의 일치한다. 부여의 이동을 강제한 배경으로 모용선비의 침공을 꼽는 점도 필자의 '모용선비 신라가야 정복설'과 유사해 흥미롭다.

부여계 가야 진출설을 신봉하는 학자들이 근거로 내세우는 것이 중국 요녕성(遼寧省) 조양시(朝陽市) 라마동(喇嘛洞) 유적이다. 이제 라마동 유적을 소상히 살펴볼 차례가 되었다.

중국 요녕성(遼寧省) 라마동(喇嘛洞) 유적

중국 요녕성(遼寧省 랴오닝성) 서북부에 조양(朝陽 차오양)이란 도시

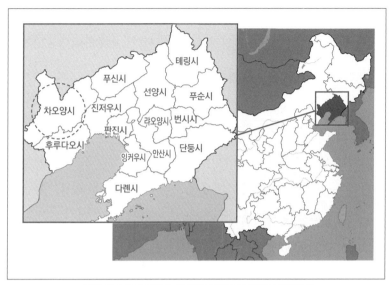

요녕성(遼寧省 랴오닝성) 서북부에 위치한 조양(朝陽 차오양)시

가 있다. 하북성·내몽골과 가까운 곳이다. 동양사에서 흔히 요서(遼西)라고 불린 지역인데 삼연시기(三燕時期) 선비족 모용씨 왕조의 수도인 '용성(龍城)'이 위치하였던 곳이다. 삼연시기란 5호16국 시대에서 모용선비가 세운 전연(前燕 337~370), 후연(後燕 384~409) 왕조와 모용선비 왕실의 양자였던 고구려 출신 모용운(훗날 고운(高雲)으로 개명)이 세운 북연(北燕 409~438)이 중국 북부를 지배했던 기간을 말한다.

조양 일대에서는 1970년대 북연의 재상 풍소불(馮素弗)의 무덤을 발굴한 것을 시작으로 1990년대까지 모용선비 왕조의 여러 고분군을 조사하였다. 조양시 산하에 북표(北票 베이퍄오)라는 현급도시가 있다. 이곳에서 모용선비 왕조의 묘지 가운데 조금 색다른 고분군이 발견되었는데 바로 라마동(喇嘛洞) 묘지이다. 1998년 발굴된 300여 기의 라마동 유적에서는 토기와 농기구 등 생활용품, 창과 환두대두 등 무기류, 등자와 행엽, 말방울, 말안장 등의 마구류를 비롯하여 3,670점에 달하는 부장유물이 쏟아져 나왔다.

라마동 묘지는 경주 황남대총과 김해 대성동고분으로 대표되는 신라가야 고분문화의 원류를 밝힐 수 있을 뿐 아니라 일본열도 기마문화의 원류로 주목받고 있다. 라마동 유적 발굴보고서에는 목곽묘가 중심이 된 15개의 주요 무덤에서 출토된 유물들이 분석·소개됐는데 용무늬가 화려하게 새겨져 있는 금동제 말안장 가리개는 5세기 일본열도에서 제작된 깃으로 알려진 오사카 곤다마루야마(譽田丸山) 고분의 그것과 흡사했다고 한다. 또 문양이 투조(透彫)로 표현된 말재갈의 경판, 환령, 허리띠장식 등은 신라의 적석목곽분 출토품과 유사하였다. 라마동고분을 연구한 요녕성고고학연구소 톈리쿤(田立坤) 교수 등 일부 중국학자들은 무덤의 매장자가 선비족이 아니라 부여인 후예라는 주장을 제기해 주목을 끌었다. 그 근거는 다음과 같다.

첫째, 라마동은 모용선비 정치체에 포함된 유적이지만 모용선비 무덤의 매장유물과 다른 유물구성을 가지고 있고 무덤 구조와 마구, 토기양식 등 여러 면에서 전형적인 모용선비와 차이가 있다.

둘째, 라마동 유적에서 출토된 인골은 형질인류학적으로 같은 시기 요서일대에서 발굴되는 인골들과 다른 특성을 가졌는데, 현대 한국인과 매우 가까운 사실이 확인되었다.(학자들은 이 사실을 근거로 무덤의 주인공이 한민족 계열, 즉 부여인일 가능성이 높다는 결론을 도출하고 있다. 하지만 이런 해석은 순서가 틀렸다. 현대 한국인과 유사하기에 라마동 매장자를 부여인으로 간주하기보다는 역으로 라마동(모용선비 수도)에서 출발한 사람들이 한반도로 남하해 현대 한국인의 조상이 되었기에 양쪽의 인골이 유사하다고 풀이되어야 한다. 즉 라마동 인골의 특성이 현대 한국인과 유사하다는 사실은 모용선비의 한반도 진출설을 지지하는 강력한 방증이 된다.)

셋째, 안정동위원소 분석에 의한 음식물 섭취패턴을 연구한 결과 곡물에 기반한 식생활을 한 것으로 확인돼 육류 섭취가 높았던 선비계 인골과는 다른 특성을 보여줬다. 과거 부여계냐 선비계냐를 놓고 논란이 많았던 길림성 유수현(楡樹縣) 노하심촌(老河深村) 유적의 중층(中層 노하심유적은 시기별로 상·중·하 3층으로 나뉘어 있다.)과 라마동 유적의 유물양상이 유사하면서도 같은 시기 모용선비 유적과 다르다는 점이 라마동 유적을 부여계로 판단한 근거가 되었다.

이런 점을 근거로 하여 톈리쿤(田立坤)은 라마동 유적이 부여계일 가능성이 있다고 언급하였다. 또 길림대(吉林大 지린대) 저우홍(朱泓) 교수는 형질인류학 등 인골분석 결과를 토대로 라마동 무덤을 모용선비 고분으로 보는 중국의 일반학설을 부정하고 부여인으로 추정하였다. 즉 중국의 고고학자들이 먼저 라마동 유적의 유물·유구 양상이 모용선비계와 다르고 부여와 관계가 깊으므로 부여계 유적일 것이라고 주장하였고 형질인류학자가 라마동의 인골을 분석한 결과 선비계와 다르고 현대 한국인과 유사하다는 결론을 내린 것이다.

라마동 유적이 선비계가 아니라 부여계라는 일부 중국학자들의 언급에 대해 기마민족 남하설을 지지하는 한국 고고학자들은 쌍수를 들어 환영하는 입장이다. 부여족의 백제·가야·일본열도 진출을 주장해온 학파에서 특히 희색을 드러내었다.

라마동 부여계의 한반도 남부 정복설 검토

그러나 '라마동 부여인의 한반도 남부 정복설'에는 의문을 제기하지 않을 수 없다. 모용선비 무덤이나 라마동(부여계라고 가정하고)의 고분에서 출토된 것과 유사한 북방계 유물이 쏟아져 나온 김해 대성동고분군은 금관가야 수장급의 무덤이 분명하다. 즉 대성동고분 조성자들이 금관가야를 군사적으로 정복하고 지배집단으로 군림하였다는 뜻이다. 이 대목에서 '타국(모용선비)에 끌려간 부여 포로의 후예들이 무슨 재주로 머나먼 가야땅을 정복할 수 있었을까?'라는 의문이 당연히 제기된다.

사실 라마동에 묻힌 부여계 포로집단이 만리이역(萬里異域) 가야국을 정복할 역사적 계기를 찾기란 쉽지 않다. 대성동고분의 조성세력을 라마동 부여족으로 내세우는 학자들 가운데 포로로 끌려간 부여계가 가야(또는 신라까지)를 정복하였다고 설명할 수 있는 역사적 대형사건을 언급한 경우는 없다. 기껏해야 포로로 끌려간 부여계의 후예나 포로로 잡혀가기를 거부한 일부가 바닷길(서해 또는 동해)을 따라 가야지역으로 탈출해 왔을 것으로 추정하는 정도이다.

AD 3~4세기의 금관가야나 신라가 아무리 허접한 소국이라고 하더라도 철제무기로 무장한 상태였다. 많게는 1~2만 명의 군대를 동원하여 전쟁하는 나라이다. 이 정도 국가라면 소수의 도주자나 이주자들에 의해 왕통이 뒤바뀔 수준은 아니다. 신라·가야의 기존 정치체를 전복시키기 위해서는 배를 타고 도주해간 수십 명이나 수백 명 정도로는 어림도 없다. 한반도 남부에서 확인되는 기마민족 문화의 흔적으로 볼 때 최소 수천 명 이상의 기마군단이 진출하여 일대변혁을 일으켰다고 설명하는 것이 이치에 맞다.

현재까지의 고고학적, 문헌사학적 성과에 근거해 볼 때 AD 342년 (또는 341년) 모용선비의 고구려 침공 외에는 한반도 남부로 대규모 기마민족이 진출할 계기를 찾기란 쉽지 않다. 물론 모용황의 고구려 침공군 예하(隷下)에는 부여계 후예가 포함돼 있었을 가능성이 높고, 정치적 입지가 단단하지 못했을 부여족 후예들이 사석(捨石)부대였던 북로별동대에 편제되었다가 고구려군에 패배하자 남쪽으로 도주했을 개연성은 충분히 상정할 수 있다.(이 점은 다음의 7장에서 상술할 예정이다.)

"라마동 부여계는 모용선비 국인(國人)"

일부 중국학자들이 라마동고분의 매장자를 부여인으로 보는 근거는 "출토된 인골의 형질인류학적 특징이 동시대 요서일대의 인골과 다르고 현대 한국인과 가깝기 때문"이라는 것은 앞의 '중국 요녕성(遼寧省) 라마동(喇嘛洞) 유적' 절에서 이미 언급하였다. 그러나 라마동 인골이 한국인과 닮았으니 혈연적으로 가까운 부여계일 것이라고 풀이하는 해석은 선후관계가 틀렸다. 라마동고분 매장자와 한국인의 유전자가 유사하다는 것은 라마동유적을 만든 종족이 한반도로 이동해 왔음을 뒷받침하는 방증이다. 즉 필자의 '모용선비 한반도 진출설'을 지지하는 근거로 해석돼야 마땅하다.

사실 라마동고분군 조영집단을 '부여인'으로 규정하는 것은 역사발전과정을 감안할 때 단순 종족논리라는 비판을 받을 수 있다. 무덤이 조성된 영역이 부여의 정치체 범위가 아니라 전연(前燕)의 수도 용성(龍城) 한가운데라는 사실을 망각해서는 안 된다. 매장자의 형질인류학적 특징이 부여인이라는 중국학자의 연구결과를 100% 인정하더라도, 이들은 정치문화적으로 이미 모용선비 국인(國人)이다.

모용선비는 복합민족이다. 진서(晋書) 모용황재기(慕容皝載記)에는 AD 345년 모용황의 수하인 기실참군(記室參軍) 봉유(封裕)가 '포로로 잡힌 고구려와 백제인, 우문선비와 단부선비 사람이 용성에 너무 많이 집중돼 있어 염려된다'는 상소를 올렸다는 내용이 전한다. 수많은 부여인들도 용성에 포로로 잡혀가 살았다. 그러므로 용성에서 확인되는 부여인 무덤은 아무리 후하게 해석하더라도 선비족 문화에 융화된 '부여계 선비 집단'의 고분으로 규정해야 마땅하다.

모용선비의 국도(國都)에서 부여계 무덤이 확인됐다는 것은 "AD 285년 모용외가 부여를 공격하자 싸움에 패한 부여왕 의려는 스스로 목숨을 끊고 도성은 파괴되고 부여인 1만여 명이 끌려갔다." "346년 모용준이 부여를 침공해 5만여 명을 포로로 잡아갔다."는 역사기록의 신빙성을 확인해주는 한편, 부여의 후예 가운데 무덤에 화려한 유물을 부장할 정도로 대우받은 경우가 더러 있었다는 정도로 해석하면 족하다. 실제로 부여계 후예가 모용선비 나라에서 고위직을 수행한 사례는 왕왕 발견된다.

당장 346년 모용선비에 패한 부여왕 현(玄)은 모용황의 사위가 되고 진동장군(鎭東將軍)에 임명되었다. 부여왕자로 알려진 여울(餘蔚)은 전연에서 활동하며 벼슬이 산기시랑(散騎侍郎)에 이르렀다.(활동시기로 볼 때 여울은 부여왕 현의 아들 내지 손자로 여겨진다.) 370년 전진(前秦)의 왕 부견(符堅)이 전연을 침공해오자, 여울이 부여·고구려·상당(上黨 산서성 장치시(長治市)) 일대에서 끌려온 인질 500여 명과 함께 수도의 북문을 열고 항복한 기록이 전한다. 여울은 384년 모용황의 아들 모용수(慕容垂)가 후연을 건국하자 그를 도왔고 정동장군부여왕(征東將軍扶餘王)에 봉해졌다. 또 모용수의 아들 모용농(慕容農)을 도운 여화(餘和), 모용수에게 반란을 일으킨 여암(餘巖) 등 부여계로 짐작되는 여씨(餘氏) 성의 인물들이 모용선비의 나라에서 제법 굵은 족적을 남겼다.

라마동고분에서 출토된 토기와 무구류, 마구류 등이 선비족 유물 일반과 다소 차이가 있다고 하더라도 그것은 다민족복합국가인 전연제국(前燕帝國)의 문화적 다양성을 보여주는 증거라고 보아야지 모용선비와 전혀 별종의 유물로 간주하는 것은 매우 위험한 발상이다. 흉노와 스키타이, 몽골 등 모든 유목문화 정치체제가 그러하듯이 선비족은 단일종족이 아니다. 범(汎)선비족에는 인접한 부여계 후예가 당연히 포함돼 있었다고 보아야 한다.

라마동고분의 매장자들이 부여계 포로의 후예이며 유골에서 부여인의 종족적 특징이 확인된다고 인정하더라도 정치문화적으로는 부여국인(夫餘國人)이 아니다. 전연(前燕)의 수도 한복판에 무덤을 조성한 집단은 정치적, 문화적으로 다민족제국 모용선비의 일원으로 간주해야 마땅하다. 선비족 문화에 융화된 '선비화된 부여인'이라는 뜻이다. 이는 월남전에서 베트콩과 싸운 흑인청년이 조상의 뿌리가 닿는 '아프리카군'이 아니라 '미군'으로 분류되는 것과 마찬가지 원리이다.

조양(朝陽 차오양), 즉 전연의 수도 용성(龍城)에서 발견된 고분 유물에서 부여인의 특성이 발견된다고 해서 매장자를 부여인으로 분류하는 것은 코미디에 가깝다. 예컨대 워싱턴 알링턴국립묘지에 묻힌 군인의 DNA에서 서부 아프리카 가나(Ghana)인의 특성이 확인됐다고 해서 그를 미국인이 아닌 가나국민으로 분류하는 것과 무엇이 다른가? 미국이 그러하듯이 모용선비는 다민족복합국가였음을 인식해야 한다. 거듭 말하지만 모용선비제국의 구성원 가운데는 인접한 부여 후예가 상당수 포함돼 있었을 것이고 342년(또는 341년) 고구려 전역(戰役)에도 부여계 참전자가 분명히 존재했을 것이다. 특히 고구려군의 눈을 속이기 위한 사석작전(捨石作戰)의 일환으로 북로에 투입된 1만 5천 명의 별동대 내에는 순수선비족이 아니라 부여계 후예 등 이민족 출신의 비율이 높았을 개연성이 다분하다. 하지만 정치문화적으로는 이들 모두가 '모용선비 국인(國人)'으로 인정해야 마땅하다. 객관적인 정치체(政治體) 구획의 문제를 DNA 연구나 종족분류로 접근하면 설득력이 떨어진다.

그러나 부여계 기마민족의 한반도 남부 진출설을 신봉하는 사람은 여전히 다수이다. 기마민족 일본정복설의 주창자 에가미 나미오(江上波夫)는 1990년의 대성동고분 발굴을 통해 자신이 찾지 못했던 연결고리를 확인했다며 신경철 교수의 논리에 힘을 실어준 바 있다. 부여족이 3세기 말경 동해루트로 진출했을 것으로 봤던 신경철은 4세기 요서땅 라마동을 출발지로 변경하면서까지 부여계 진출설을 강조하였다. 대성동 문물에서 모용선비의 분위기가 물씬 풍긴다는 사실은 신경철 등도 인정한다. 그러면서도 그 선비족 기마문물이 선비족에 정복당한 부여계의 소산(所産)이라는 주장은 굽히지 않는다.

기록이 없는 과거사를 재구성하기 위해서는 약간의 상상력이 필요하다는 데 동의한다. 그러나 부여인 진출설 주창자들의 논리는 답답할 정도로 빈약하다. 나라가 망해 선비족 모용씨에게 붙잡혀 간 부여 왕실이 갑자기 한반도 남단으로 진출할 어떤 계기도 제시하지 못하고 있다. 부여의 망국민들이 선비족의 기마문화로 무장해서는 김해로 진출할 하등의 정치사적 근거를 제시하지 못하고 있는 만큼 자신들의 기존논리를 고수하는 열정은 인정되지만 설득력은 의문스럽다고 하겠다.

라마동의 유물과 유사하다는 것을 근거로 해서 김해유적을 부여계로 단정할 근거는 미흡하다. 거듭 말하지만 모용선비에 정복된 부여인들이 다시 선비족의 문물로 포장한 채 한반도 남부를 정복할 계기를 찾기 힘들다. 만약 부여, 그것도 멸망한 부여국의 후예가 한반도 남부를 정복했다면 그 같은 대형사건에 대한 역사적 단서가 없을 수 없다. 김해유적을 만든 기마민족의 출자(出自)를 부여국에서 찾는 설이야말로 한국역사학계의 집착과 용맹성(?)을 과시한 대표적인 사례일 것이다.(라마동유적의 조성 주체를 부여라고 보는 중국학자는 한국에 소개된 텐리쿤과 저우홍 정도일 뿐 사실은 소수파이다. 중국학자 다수는 라마동유적과 유수 노하심유적을 조성한 집단을 선비족으로 보고 있다. 그리고 텐리쿤 등 중국학자 거의 모두는 선비족은 물론이고 부여와 고구려, 발해역사를 중국사의 일부라고 여기고 있음을 감안해야 한다. 이들은 애당초 부여를 한국사의 영역으로 보지도 않는 만큼 '라마동=부여설'을 강조한 중국학자들의 연구에 한국학자들이 반색할 이유는 없다.)

7장
기마족의 가야 진출과
정치적 분열

기록이 소략하지만 가야의 개국신화를 세밀히 분석해 보면 '건국의 할아버지들'이 AD 4세기에 진입했을 것이란 방증이 포착된다. 4세기에 가야로 진입한 건국주는 기마민족 출신으로 짐작된다. 신라의 마립간시대가 그러하듯이 4세기의 가야에서도 기마문화의 융성함이 관찰되기 때문이다. 가야의 기마문화는 신라에 결코 뒤지지 않는다. 철제 마갑(馬甲)과 마주(馬胄) 등 마구류가 부산 복천동고분과 안라, 다라국 유적지에서 다량으로 발견되었다. 기마문화의 수준과 특징으로 판단할 때 신라와 가야권은 극히 유사하다. 이는 가야를 정복한 기마민족 역시 모용선비와 깊은 연관성을 맺고 있음을 암시한다.

그런데 유사한 문화를 지닌 신라와 가야가 별도의 정치체였다는 사실은 간단한 문제가 아니다. 신라와 가야가 위치한 영남지역은 지경이 넓지 않은 데다 통합을 저해할 만한 지리적 장애물도 거의 없다. 고구려·백제와 비하면 하나의 정치체가 차지하기에도 비좁다. 기마전술이 도입된 4세기 이후에는 영남지역에 하나의 국가만 존재해야 합리적인데도 6세기 후반까지 신라와 가야라는 별도의 정치체가 병존하고 있었다. 좁은 영남에 2개 이상의 정치체가 확인되는 이유는 무엇일까?

필자는 경주로 진출한 모용선비 집단 내에 정치적 분열이 생겨났고 분기한 일파가 신라를 떠나 가야로 눈길을 돌렸다는 가설을 내세운다. 아울러 신라는 상당한 기간 동안 가야를 압도하지 못했다고 해석한다. 그렇지 않고서는 기마전술이 범용화(汎用化)된 6세기 중반까지 영남 일원에 2개(이상)의 정치체가 병존한 이유를 설명하기 어렵다.

가야 개국신화, 4세기 건국의 방증인가?

가야의 건국신화는 2종류이다. 하나는 후한(後漢) 광무제 건무(建武) 18년, AD 42년에 황금색 알에 든 6명의 사내아이가 하늘에서 김해의 구지봉으로 탄강(誕降)하였다는 건국신화이다. 삼국유사 '가락국기'에 대략 이런 내용이 나온다.

"나라가 없던 시절, 가락지역의 주민들이 각 촌락별로 나뉘어 생활하고 있었는데 3월 어느 날 하늘의 명을 받아 9간(九干) 이하 수백 명이 구지봉(龜旨峰)에 올라갔다. 그곳에서 하늘에 제사 지내고 춤추고 노래하자 하늘에서 붉은 보자기로 싼 금빛 그릇이 내려왔는데 그 속에는 태양처럼 둥근 황금색 알이 6개 있었다. 12일이 지난 뒤 이 알에서 남자아기가 차례로 태어났는데 가장 먼저 나온 아기의 이름을 수로(首露)라 하였다. 주민들이 수로를 가락국의 왕으로 모셨고 다른 5인은 5

가야의 왕이 되었다. 수로는 즉위 후 관직을 정비하고 도읍을 정해 국가의 기틀을 확립하였다. 그리고 천신의 명을 받아 바다를 건너온 아유타국(阿踰陀國)의 왕녀 허황옥(許黃玉)을 왕비로 맞이하였다. 157년을 재위하고 (후한)헌제(獻帝) 입안(立安) 4년(AD 199년)에 158세로 타계했는데 아들이 뒤를 이어 거등왕이 되었다."

그런데 또 하나의 개국신화가 존재한다. 조선 성종 12년(1481) 노사신 등이 왕명에 따라 편찬한 지리지(地里誌)인 동국여지승람(東國興地勝覽)의 고령현(高靈縣) 조에 대가야의 건국신화가 담겨 있다. 시조 이진아기(伊珍阿鼓)부터 말왕 도설지왕(道設智王)까지 16세 520년간 존속한 것으로 나온다. 노사신 등은 지금은 전해지지 않지만 당시에는 남아 있던 고기록을 참고해 이런 내용을 옮겨 적었다고 여겨진다.

"최치원(신라 말기의 대학자)의 석이정전(釋利貞傳)에 이르기를 가야산 신정견모주가 천신 이비가지와 감응하여 대가야왕 뇌질주일과 금관국왕 뇌질청예 두 사람을 낳았다. 뇌질주일은 이진아기왕의 별칭이고 (뇌질)청예는 수로왕의 별칭이다.(按崔致遠釋利貞傳云 伽倻山神政見母主 乃爲天神夷毗訶之所感 生大伽倻王惱窒朱日 金官國王惱窒靑裔二人 則惱窒朱日爲伊珍阿鼓王之別稱 靑裔爲首露王之別稱)"

두 개의 건국신화와 관련하여 학자들은 흔히 전자를 김해 금관가야가 주인공이 된 개국신화이고 후자는 고령 대가야를 위주로 한 개국신화라는 시각을 유지한다. 이런 풀이가 크게 틀리지는 않을 것이다.

하지만 2개의 신화가 존재하는 것이 단지 지리 문제만은 아니라고 여긴다. 가야국의 개국이 시기별로 2단계임을 시사하는 측면이 있는 것으로 필자는 판단한다.

삼국유사 가락국기에 기재된 수로왕의 신화가 금관가야만의 개국 신화가 아니라고 보는 근거는 2019년의 발견과 관련이 있다. 당초 수로왕의 건국신화는 대가야와 아라가야 등 다른 가야소국에는 전파되지 않았을 것으로 생각하였다. 그런데 2019년 3월 20일, 경상북도 고령의 대가야박물관은 조금 특이한 발굴성과를 공개하였다. 지산동고분군의 탐방로를 조성하는 과정에서 발견된 아동무덤에서 출토된 흙방울이었다. 고대의 아동 장난감으로 짐작되는 방울들의 지름은 약 5㎝ 크기였다. 방울마다 희미한 그림이 새겨져 있었다. 대동문화재연구원은 방울의 그림을 6개로 분류한 뒤 남성 성기, 거북 등껍데기, 관을 쓴 남자, 춤을 추는 여자, 하늘을 우러러보는 사람, 하늘에서 줄에 매달려 내려오는 자루라고 해석했다. 그러면서 방울그림은 삼국유사 가락국기에 등장하는 수로왕 건국설화와 일치한다고 주장했다.

수로왕 설화와 연결한 단서는 거북 등껍데기 그림이었다. 가락국기에 나오는 구지가(龜旨歌)의 가사 '거북아 거북아 머리를 내밀라. 만일 내밀지 않으면 구워서 먹으리'가 연상된다는 것이었다. 목걸이와 펜던트처럼 보이는 그림은 하늘에서 떨어지는 자루라고 해석하면서 '자루가 자줏빛 줄에 매달려 내려와 땅에 닿았고 자루 안에 담긴 알들이 수로왕과 다른 가야소국의 왕이 됐다'는 설화와 통한다고 보았다. 대동문화재연구원측은 '수로왕의 개국신화가 김해 금관가야뿐만 아니라 고령의 대가야에도 존재했다는 증거'라고 해석하였다.

고령 지산동 고분군 석곽묘에서 발견된 토제방울(수로왕 개국신화와 유사)

흥미로운 발굴성과지만 수로왕의 개국신화가 대가야를 비롯한 가
야전역의 공통설화인지 여부를 판단하기에는 부족하다는 반론이 만
만치 않았다. 하지만 흙방울의 그림들을 통합적으로 판단하면 개국신
화와의 연계설은 제법 설명력이 인정된다. 이 연구결과를 인용한다면
수로왕의 신화는 금관가야만이 아닌 가야권 전체의 개국신화인 셈이
다. 같은 맥락에서 이진아기왕(伊珍阿豉王)의 건국설화 역시 대가야만
이 아니라 '가야권 전체에 전파된 또 하나의 개국신화'라고 볼 여지가
생긴다. 즉 가야산신 정견모주와 천신 이비가지의 소생으로 대가야왕
뇌질주일과 금관가야왕 뇌질청예가 나란히 출현한다는 점에서 대가
야뿐만 아니라 금관가야 등 가야권 전역에 통용됐을 수 있음을 암시
한다.

이런 점을 감안하면 2개의 건국신화는 금관가야-대가야라는 두 지

역으로 구획되기보다는 시대에 따라 구분될 가능성이 제기된다. 보다 분명하게 말한다면 AD 1세기의 개국신화와 4세기의 건국신화가 가야권역에 혼재되어 전승됐다는 시각이다. 이는 곧 금관가야와 대가야가 공통적으로 경험한 대형 정치이벤트가 최소 2차례 존재하였음을 암시한다. 전체 가야권이 공동경험한 1세기의 대형사건은 한마디로 설명하기가 어렵지만, 4세기의 사건으로는 기마군단의 진출을 상정해 볼 수 있다.

동국여지승람 고령현조에는 대가야가 시조 이진아기(伊珍阿鼓)부터 말왕 도설지왕(道設智王)까지 16세 520년간 존속한 것으로 나온다. 대가야는 AD 562년에 멸망하였으니, 520년간 이어졌다는 동국여지승람의 기록을 따르면 대가야도 금관가야와 같은 42년에 건국된 셈이다. 그런데 이 기록은 액면 그대로 믿기 어렵다. 520년 동안에 16세가 전해졌다고 하면, 520년÷16=32.5 부자간 평균 나이 차가 32~33세라는 결론이다. 꼭 불가능한 것은 아니고 특정 부자간에는 30년이 넘는 경우가 더러 있을 수 있지만 평균적으로 보면 너무 길다. 10대 후반에 결혼해 20세 이전부터 자녀를 생산하던 고대왕실에서 세대 간의 격차가 평균 32년이라면 설득력이 약하다.

그런데 역시 최치원이 저술한 다른 책 '석순응전(釋順應傳)'에는 월광태자(月光太子)는 정견모주의 10세손이고 그 부친 이뇌왕(異腦王)은 정견모주의 9세손, 건국주 뇌질주일(惱窒朱日)의 8세손이라는 기록이 나온다.[41] 이뇌왕은 대가야의 마지막 군주이니 곧 도설지왕과 동일

---

41. 이종항, 고대 가야족이 세운 구주왕조, 대왕사, 1987, p285.

인물로 여겨진다. 이뇌왕이 창업주의 8세손이라는 기록을 근거로 분석하면 대가야의 역사 520년은 설득력을 완전히 잃게 된다. 520÷8=65 세대 간 나이 차가 평균 65세나 되기 때문이다. 고대왕실에서 세대당 연령차는 20~25세 정도가 합리적이다. 이뇌왕이 창업주의 8세손이라는 기록을 토대로 역산해 보면 대가야의 건국주는 562년 멸망시기로부터 200년~250년 정도 앞선 AD 4세기에 활동한 인물로 여겨진다.

　이런 기록을 토대로 필자는 금관가야와 대가야의 왕통이 AD 4세기 즈음에 바뀌었다고 본다. 두 가야의 최후 왕조는 AD 42년보다 5주갑(300년) 뒤인 342년경에 왕실을 새로 열었다고 생각한다. 기존의 금관가야·대가야 왕실을 제거하고 들어선 새⟨新⟩금관가야, 새⟨新⟩대가야 왕실은 이전 왕조의 역사를 자신들의 것으로 집어넣어 약 300년을 늘렸다고 추정한다.(4장 p109, 10장 pp233~234 참고)

　실상은 대가야의 새로운 건국주(이진아기)가 AD 342년경에 나라를 얻었고 8세손 이뇌왕이 활동하던 562년에 멸망했을 것이다. 그렇다면 대가야의 최후왕조는 220년 정도 존속한 셈인데 220÷8=27.5가 된다. 한 세대당 25~30년 차이가 나니 합리적이다. 즉 이뇌왕이 뇌질주일의 8세손이라는 기록은 신라에 합병된 대가야와 금관가야의 최후왕조가 4세기 중반에 등장한 세력임을 암시한다. 4세기 중반은 모용선비가 신라·가야땅으로 진출하여 정복전을 힘차게 펼쳐나가던 바로 그 시기와 정확히 일치한다.

4세기 이후 신라-가야 병존의 의미는?

AD 4세기 이후부터 대가야가 멸망하는 562년까지 한반도 남부의 정치질서를 살펴보면 잘 이해가 되지 않는 점이 있다. 영남지방에 신라와 가야, 2개의 정치체가 존재하였다는 사실이다. '그게 왜 이상하지?'라고 생각할 수도 있다. 익숙한 우리의 고대사이다 보니 문제를 의식하지 못하는 게 당연하지만 자연스런 정치질서는 아니다. 신라와 가야가 자리 잡은 영남일원은 지경이 그리 넓지 않은데다 낙동강을 제외하고는 통합을 저해할 만한 지리적 장애물도 거의 없다. 그런데도 2개(이상)의 정치체가 존재하였으니 분명 이례적이다.

이해를 돕기 위해 4세기 후반의 한반도 지도를 살펴보자. 당시 한반도 북부에는 고구려, 중서부에는 백제가 자리잡고 있었는데 영토가 동남부의 신라·가야와 비교가 되지 않을 정도로 광대하다. 비슷한 지역의 정치발전 정도나 기술 수준은 유사해지는 특징이 있다고 할 때 신라-가야의 영역이 지나치게 작은 것은 자연스럽지가 않다. 다시 말해 동시대 고구려·백제에 비견할 만한 정치체가 단 하나만 존재하기에도 영남의 지경은 비좁은 편이다.

4세기 후반의 한반도 지도

4세기 이후 신라와 가야에서 개마무사의 흔적이 확인되고 있으니 기마전술을 보유했다고 넉넉히 판단할 수 있다. 영남지역은 불과 며칠 사이에 왕복이 가능한 크기이니 통합된 기마부대라면 어렵지 않게 석권할 수 있었을 것이다. 특히 모용선비 기마부대가 경주분지로 진출한 초기의 기세였다면 신라는 물론이고 남서쪽의 가야권역도 일거에 석권할 수 있었을 것이다. 그런 만큼 4세기 이후 영남 일원에는 단 하나의 국가만 존재해야 합리적이다.

그런데도 대가야가 멸망한 562년, 6세기 후반까지는 신라와 가야라는 별도의 정치체가 병존하고 있었다.(가야권역은 여러 소국이 분립해 있었던 것으로 알려져 있다. 가야권에서 소국이 난립한 원인에 대해서는 『한일 고대사의 재건축①』11장, '가야(임나)와 열도 정치체 협력과 갈등관계' 절에서 언급한 바 있다.) 5세기 이후에는 백제와 왜국이 가야소국들을 지지하며 신라를 견제하였기 때문이라고 설명할 수도 있겠지만 4세기 중반, 기마민족이 진출한 당시의 기세라면 비좁은 영남지방에 2개 이상의 정치체가 확인되는 것은 아무래도 부자연스럽다는 것이 필자의 판단이다. 비정상적인 현상이 존재하는 데는 반드시 그럴 만한 사연과 배경이 있게 마련이다. 그 이유는 무엇일까?

기마민족의 진출 이후에도 신라와 가야가 통합되지 못했다는 의미는 기마군단의 분열을 의미한다. 어느 한쪽이 다른 쪽을 압도하여 삼켜버리지 못할 정도로, 팽팽한 덩치로 쪼개졌음을 시사한다. 필자는 1999년에 발간한 『신라 법흥왕은 선비족 모용씨의 후예였다』에서 신라로 진출한 모용선비군단의 분열 가능성을 이미 제기한 바 있다. 즉 모용선비 북로군이 342년(또는 341년) 신라로 진입해 기존 지배층을 전복하고 권력을 잡을 즈음, 일부 세력은 더 남쪽으로 진출하여 김해와 부산 일대를 정복하였고 양측 간에 내부파열이 일어났다고 본 것이다. 더 남쪽으로 간 세력이 훗날 가야·왜로 발전하였다고 추정하였다. 당초 같은 집단이었지만 50년의 분열과 대립 끝에 광개토대왕 비문에 한쪽은 '신라'로 다른 한쪽은 '왜'로 표기되었다고 여긴다.

모용선비 군단의 정치적 분열

경주에 남아 신라의 정치권력을 장악한 내물마립간 계열과 가야 방면으로 진출한 계열 간의 분열 이유나 계기는 자료가 불비한 탓에 온전히 그리기는 어렵다. 다만 인간사회 어디에서나 정치권력이나 정책의 방향을 놓고 의견이 갈리고 갈등이 생기는 것은 흔한 현상인 만큼 분열의 원인 그 자체에 집착할 필요는 없다.

나는 1999년의 책에서는 북쪽 고향으로 귀환하는 문제를 놓고 분열이 일어났을 수 있다고 가정하였다. 신라의 정치권력을 장악한 세력은 새로운 땅에서 뿌리 내리려는 입장이었던 반면 그렇지 못한 분파는 조직을 정비해 북녘으로 귀환하는 의견을 가지기 쉬웠을 것이고 이 문제가 최초의 분열 원인이 됐을 수 있다. 전연(前燕) 서울로 복귀해 보았자 패전의 책임을 져야 할 지휘부는 복귀에 소극적이었던 반면 패전책임이 적은 중하급 집단은 귀환에 적극적이었을 것으로 추정하였던 것이다.[42]

---

42. 장한식, 신라 법흥왕은 선비족 모용씨의 후예였다, 풀빛, 1999, pp95~98.

그러나 지금은 모용선비 군단의 분열 원인이 복합적이었다고 보며, 그 가운데서도 '신라로 진입한 세력이 처음부터 지녔던 이질성'을 더욱 중요한 요인으로 간주한다. 이질적인 집단은 구체적인 사안을 둘러싸고 입장이 갈리기 쉽다. 당시 범(汎)선비족에는 모용씨 외에도 우문(宇文)선비와 탁발(拓跋)선비, 단(段)선비는 물론이고 부여계와 흉노계, 오환족, 저족, 갈족, 한족(漢族) 등 다양한 출자를 지닌 집단이 섞여 있었다. 북로로 진군한 1만 5천의 별동대는 모용황 입장에서 충성도가 떨어지는 '사석(捨石) 무리'였기에 순수 모용씨보다는 방계의 비율이 높았을 것이다. 당장 북로군 대장만 하더라도 한족풍(漢族風)의 이름인 '왕우(王寓)'이니 남로로 침공한 장수들이 '모용씨' 일색인 것과 차이난다.(남로 주력군 지도부에는 모용황, 모용한 외에 모용패, 모용수, 모여니 등의 이름이 발견된다.) 이런 점을 감안할 때 북로별동대 내부에는 갈래가 다른 다양한 세력이 존재하고 있었다고 보아야 합리적이다.

즉 북로침공을 기획한 모용한의 아들과 측근 등 모용선비 귀족출신도 있었겠지만 우문(宇文)선비와 탁발(拓跋)선비, 단(段)선비, 부여계, 한족(漢族) 등 다양한 무리가 섞여 있었다고 추정된다. 특히 김해 금관가야 영역에서 부여인의 특징이 발견되는 것이 사실이라면 북로군 내부에는 부여계 비율이 상당했을 개연성이 있다.

이질적인 잡색군(雜色軍) 무리가 낯선 땅에 불시착한 극한적인 상황이라면 어떤 계기이든지 쉽게 쪼개질 수 있다. 독재성향이 다분한 군주(모용황)의 손아귀에서 벗어나고자 했던 모용한의 아들과 측근들은 신라에서 '새로운 둥지'를 확보한 데 만족한 반면, 피정복민 후예인 부여계 등은 '모용선비 백로(白虜)집단'(p74참고)의 지배를 더 이상 받고 싶지 않았을 수 있다. 아울러 부여계 등 비(非)모용씨 종족을 중심으로 북쪽(고향)으로의 귀환을 바라는 무리가 결집됐을 가능성은 당연히 생각해 볼 수 있다. 즉 신라로 진출한 모용선비 집단이 분기(分岐)한 요인은 중첩되고도 다양할 수 있다는 뜻이다.

모용선비 북로군 내부의 부여계 존재 가능성

신라와 가야에 진출한 기마민족의 분열문제를 고심하다 보면 부여계 남하설과 타협할 여지가 생겨난다. 필자 역시 가야권에서 발견되는 모용선비 계통의 고대유물이 부여계와 친연성을 가진 사실을 굳이 부인할 생각은 없다. 즉 김해 대성동고분 등지에서 발견된 '선비족 양식의 유물들'이 부여유민의 무덤으로 추정되는 라마동고분의 출토물과 유사하다는 사실을 인정하고 또 주목한다.

이를 근거로 모용선비 별동대에 포함됐던 부여계 후예가 '정치적으로 독립'한 다음 기존의 금관가야를 정복하고 이어 일본열도까지 진출한 주력군(主力軍)이 되었을 가능성을 떠올려 본다. 즉 북로별동대 내에 포함됐던 부여계가 신라를 평정한 모용씨와 결별하고 딴살림을 차렸다는 개연성이다. 이런 시각이라면 '부여계 가야 정복설'과도 큰 모순 없이 공립(共立)할 여지가 생겨난다. 원인을 알기는 어렵지만, 고구려군과 일전을 치른 뒤 상당수 병사를 잃고 신라로 진출했던 모용선비 북로별동대는 영남일원을 평정하는 과정에서 점차 '신라 잔류 계통'과 '가야·왜 진출 계통'으로 갈라진 듯하다. 원래 싸움은 내전이 더 무서운 법이다. 신라와 가야·왜는 이후 100년 이상 치열한 대결전을 벌여나갔다.

앞서 언급하였듯이 '모용신라'와 가야계(='광개토대왕 비문의 왜'라고 본다. 11장에서 상술한다.)가 결별한 원인은 단순하지 않을 것이다. '소설적인 상상력의 발휘'라는 비판위험을 감수하고 추정을 강행한다면, 고구려와의 전쟁에 참가할 때부터 지닌 종족상의 차이에다 신라 진출 이후의 정치적 노선차이를 분열의 원인으로 상정해 본다. 신라계통과 분기한 가야계(=비문왜)에 부여후예가 존재하였을 뿐 아니라 그 비중이 제법 높았다고 추정할 수 있다. 다만 가야김씨의 선조라고 여겨지는 지도자의 이름이 모류지왕(牟留知王)이라고 나오는 점, 이들의 후예인 김유신 장군의 집안이 신라왕실과 마찬가지로 김(金)이란 성씨를 썼다는 사실은 감안해야 한다. 즉 가야로 진출한 기마군단 무리의 최고지도자는 신라계통과 마찬가지로 모용씨 후예로 짐작된다. 반면 중간간부나 일반 전투원의 다수는 부여계일 개연성을 생각해 볼 수 있다.(그렇게 보는 이유는 이어지는 8장에서 설명한다.)

그런 만큼 모용선비에 부용하고 있던 부여계 후예가 신라로 불시착한 상황에서 향후의 정치노선을 놓고 모용씨 주류(主流)와 충돌하였고, 분열 이후 신라에 잔류한 모용씨에 대해 극히 적대적인 감정을 오랫동안 유지했다고 볼 수 있다. 가야를 평정한 집단이 백제와 연결된 것은 같은 부여계라는 종족상의 우호감정과 함께 '모용씨가 정권을 잡은 신라'에 대한 강한 적대감의 소산으로 짐작한다.

8장
모용선비의 가야평정과
새로운 도전

　신라의 정권을 확보한 모용씨와 결별하고 가야로 진출한 전연(前燕) 기마군단의 한 무리는 활발히 정복작업을 펼친 듯하지만 곧바로 새로운 문제에 봉착한 것으로 여겨진다. 가야권을 평정하고 전라도 일대로까지 군세를 확장하였지만 그걸로 끝이었다. 한반도에서는 더 이상 확장할 토지가 없다는 불편한 진실이었다.

　가야를 휩쓴 기마군단이 신라와 백제를 정복하기란 쉬운 일이 아니었다. 가야소국들과 달리 신라는 자신들과 동등한 기마전술을 보유한 세력이었고, 백제는 고구려와 대등한 군력을 지닌 강국이었다. 낙동강 서안의 영남과 호남 일부만 확보하는데 그친 가야의 기마족은 바다 건너편을 주목하게 되었다. 새로운 해답지였기 때문이다.

　바다를 알지 못했던 기마족이 대한해협을 건너는 것은 결코 쉬운 일이 아니다. 그만큼 새로운 도전을 결행하기도 간단치 않았을 것이다. 하지만 남해안 해인족과의 연대를 통해 도해(渡海)의 방안을 찾은 가야권의 기마집단은 새로운 선택을 시도하였다. 이 선택은 당시 상황에서 불가피한 결단으로 판단된다. 필자의 헛된 공상(空想)이 아니다. 일본서기 신공황후조를 꼼꼼히 읽어보면 숨은 그림이 나타난다.

임나국주 모류지왕(牟留知王)

7장 말미에 언급했듯이, 가야를 정복한 주력집단은 부여계일 수 있지만 정치권력을 장악한 최고지도자는 신라와 마찬가지로 모용씨였을 것으로 짐작한다. 금관가야 최고지도자의 성씨 역시 '미스터 모(MO)'였다는 단서가 포착되기 때문이다. 북로군의 내분 원인이 종족상의 차이라는 시각에 근거할 경우, 가야 진출세력의 지도자는 부여계통에서 나와야 합리적이지 않느냐는 의문이 제기될 수 있다. 그러나 순전히 추정이지만 최고지도자는 모용씨 가운데서 나올 가능성이 더 높다고 할 수 있다.

새로운 땅에서 정치지도자로 옹립되기 위해서는 이전의 군대경력이 고위직이어야 유리하다. 신라의 정치권력을 잡은 모용씨와 갈등하고 분열하였지만 모용선비 군대에서 서열이 낮은 자가 지도자로 부상하기란 쉬운 일이 아니다. 그런데 북로 기마군단의 장군급 등은 부여계통과 같은 부용종족보다 순수 모용씨 비율이 높았을 것이다. 그런만큼 새로운 상황에서도 고위장교 출신인 모용씨 계통에서 권력자가 부상할 확률이 크다. 경주를 포기하고 가야 진출로 방향을 튼 집단 내에서 비록 부여계가 인구비율은 높았다고 해도 지도자를 배출하기에는 초라한 군대경력이 걸림돌이었을 개연성이 있다. 이런 점에서 가야의 군왕자리를 (신라와 마찬가지로)모용씨가 차지하였을 것으로 보는 시각은 비논리적이지 않다.

가야(임나) 관련 사료는 우리보다 일본측에 많은데 815년에 완성한 신찬성씨록(新撰姓氏錄)에도 가야와 관련한 내용들이 풍부하다. 신찬성씨록에 "삼간명(三間名 일본어로는 미마나라고 읽는다.)공은 미마나 국주 모류지왕의 후손이다.(三間名公 彌麻奈國主 牟留知王之 後者)"라는 구절이 나온다. 이 기록에서 주목할 것은 '미마나 국주 모류지왕'이다. 미마나는 임나(任那)를 일본식으로 훈독한 용어인데 한자로 '임나' 대신 '미마나(彌麻奈)'라고 한 것은 금관가야를 가리킨다고 한다. 또 미마나공(三間名公)의 씨족 유래를 더듬는 대목이므로 '미마나 국주'는 금관가야 10명의 왕 가운데 시조인 수로왕으로 간주하는 것이 자연스럽다. 결론적으로 모류지(牟留知)는 수로왕의 성명으로 보아야 한다.

이병도 역시 모류지를 수로왕으로 보기는 하였지만 풀이는 필자와 다르다. 그는 모류지의 '모(牟)'자가 '주(朱)'자의 오기(誤記)라면서 '주류지'로 읽어야 한다고 보았다. 또 주류지(朱留知)는 수로(首露)를 달리 적은 글자라고 한발 더 나갔다.[43] 문헌상의 기록이 완벽한 것은 아니므로 에둘러 해석하는 것 자체는 나쁘지 않다. 특정사건에 관한 설명이나 해석은 정치적 의도에 따라 왜곡되는 경향이 다분한 만큼 비판적으로 접근할 필요가 있다. 그러나 인명이나 직책, 지명과 같은 구체적인 팩트는 잘 속이지 않고 그럴 이유도 적다. 그러므로 특별한 근거나 이유가 없다면 이름은 원전대로 풀이하는 것이 옳다. 신찬성씨록에 분명히 '모류지'라고 적혀 있는 것을 '주류지의 오기'라고 해석해야

---

43. 이병도, 소나갈질지고(素那曷叱智考), 한국고대사연구, p44.

할 이유는 없다. 모류지가 잘 이해되지 않는다고 주류지로 풀이하고 이를 다시 수로로 번역하는 것은 이중의 역사왜곡이라는 비판을 받을 수 있다.

가야왕력에 따르면 수로왕은 AD 42년에 건국하였으니 4세기에 신라로 진출한 모용선비와 무관한 것 아니냐는 의문이 제기될 수 있다. 그러나 수로왕은 5갑자, 300년 뒤인 342년경에 금관가야를 장악한 모용선비 장군을 상징하는 인물로서 변진소국인 구야국(狗倻國)의 건국전설을 차용한 결과로 볼 수도 있다. 필자는 수로왕 전설이 AD 1세기의 전승만 아니라 4세기의 전승이 중첩된 내용으로 파악한다. 수로왕을 '1세기 구야국의 건국주와 4세기 모용선비 장군〈모류지〉의 행적을 복합한 인물'로 보는 것이다.

삼국유사에 기재된 금관가야 왕력(王曆)을 보면 AD 532년, 6세기 초중반에 신라에 항복한 구형왕(仇衡王)이 10대 왕이다. 수로왕은 구형왕의 9대조인데 9세대의 차이는 대략 얼마나 될까? 왕실의 세대당 연령차가 20~25살 정도라면 9세대는 약 200년의 간격이 생긴다. 이런 점을 감안하면 1대 수로왕은 10대왕보다 약 200년 앞선 4세기 초중반에 활동하였다고 보아도 큰 무리가 없다.

또 수로왕의 직계후손으로 기록된 김유신이 신라왕실과 마찬가지로 훗날 '김(金)'을 성으로 채택한 것은 신라왕실과 금관가야 왕실이 동일한 족원을 지녔음을 암시하는 방증으로 풀이한다. 즉 김유신의 직계조상이 실제로 가야땅에 진출한 시기가 4세기라는 의미이다.

이시와타리 신이치로 역시 필자와 유사한 가설을 펼치고 있다. 그는 숭신천황(崇神天皇)을 수로왕과 동일인물로 보는데 일본열도로 향하기 전인 AD 342년, 임인년(壬寅年)에 남가라 왕위에 올랐다고 추정한다. 수로왕이 42년에 왕위에 올랐다는 가락국기는 5갑자(300년) 앞당겨진 기록으로 간주한다. 이를 뒷받침하는 증거로 나라현 텐리시(天理市)의 이소노카미신궁(石上神宮)에 소장된 칠지도의 명문(銘文)을 들고 있다. 칠지도 명문에 나오는 왜왕 '지(旨)'는 김해 구지(龜旨)의 '지'와 같은 것으로서 숭신과 수로왕의 이름이라는 흥미로운 주장을 펼친 바 있다.[44]

어쨌든 김수로왕의 성명이 모류지로 기록돼 있는 것은 신라 법흥왕의 본명이 모진(慕秦) 혹은 모즉지(牟卽智)로 기재된 것과 같은 맥락이 아닐까? 공히 모용씨의 모(慕)에서 유래하였음을 시사하는 방증이라 할 수 있다. 금관가야의 김씨왕족 역시 신라 김씨왕과 동일한 기원을 가졌다는 의미이다. 훗날 신라와 금관가야 두 왕실이 나란히 김(金)을 성씨로 채택한 데는 그만한 이유가 있을 것이다.

다만 금관가야의 왕실이 언제, 어떤 이유로 모씨 성을 버리고 김씨라고 내세웠는지는 가야의 문헌기록이 신라보다 더 불비한 탓에 짐작하기 어렵다. 삼국유사에는 수로왕의 아들 거등왕(居登王) 때 '수로왕이 금궤에 실려 내려왔다는 점에서 김씨 성을 취하였다'는 기록이 나오지만 액면 그대로 믿기는 힘들다.

---

44. 이시와타리 신이치로, 안희탁 역, 백제에서 건너간 일본천황, 지식여행, 2002, pp217~221.

아라가야 마갑총(馬甲塚)의 증언

1992년 경상남도 함안군 가야읍 도항리 일대에서 한 중소건설업체가 아파트공사를 하고 있었다. 6월 6일, 현충일 아침에 한국 고고학사에 큰 사건이 발생한다. 당시 공사현장을 지나던 신문배달 소년의 눈에 이상한 물건이 발견됐다. 포클레인으로 퍼낸 흙더미 속에서 철조각을 우연히 본 것이다. 소년은 철조각을 들고 신문지국으로 달려갔다.

생선비늘처럼 생긴 철조각을 본 지국장은 예사롭지 않은 물건임을 직감하였다. 대학에서 사학을 전공하여 고고학적 상식이 있었던 덕분이다. 공사현장으로 가 보니 철조각이 사방에 흩어져 있었다. 지국장은 사학과 동기들이 근무하고 있던 국립창원문화재연구소에 연락하였다.

전화를 받은 창원문화재연구소 박종익 연구사가 현장으로 달려갔다. 포클레인이 파헤쳐 놓은 흙더미 속에 비늘 모양의 갑옷 쇳조각들이 보인 것이다. 그때가 아침 9시쯤, 포클레인 기사가 막 공사를 재개하려던 순간이었다. 박종익 연구사는 당장 공사중단을 요청했다. 가야시대 말갑옷이 환생하는 순간이었다.

아라가야의 말갑옷은 머리와 목, 가슴, 몸통 부분으로 확연히 구분되었다. 마갑의 부위별로 미늘의 크기를 달리해서 만들었던 것이다. 더구나 말의 얼굴을 가렸던 마주(馬胄)도 별도로 놓여 있어 말의 갑옷으로 완벽한 상태였다. 지금까지 동래와 합천, 경주 등지에서 말갑옷에 사용한 것으로 여겨지는 미늘편들이 가끔씩 출토되었지만 완벽한 발견은 처음이었다.

함안 도항리 아라가야 마갑(馬甲)

말갑옷이 확인된 도항리 무덤은 대형 목곽묘(大型木槨墓)로 목곽의 크기는 길이 6m, 너비 2m 30㎝, 깊이 1m 규모였다. 중앙에 시신을 안치하고 오른쪽 가슴부위에 길이 83㎝의 금판을 장식한 환두대도를 놓았다. 그 양쪽으로 마갑을 펼쳐 놓은 것이다. 그리고 발치쪽에서 '장경호(長莖壺 목긴 항아리)' 등 토기유물이 출

함안 도항리 마갑총 내부 모습

토되었다. 이들을 종합하면 이 무덤의 조성연대는 4세기 후반~5세기 초반이며 주인공은 수장급(首長級)으로 추정되고 있다.

만약 신문배달소년이 눈여겨보지 않았던들, 지국장이 역사학도 출신이 아니었던들, 공사가 재개되기 전인 아침 일찍 발견하지 않았던들 이 깜짝 놀랄만한 유물은 포클레인의 삽날에 무참히 깨져 흩어졌을 것이다. 아라가야의 역사 편린은 한 편의 드라마처럼 1,500년 만에 우리 앞에 모습을 드러낸 것이다.[45]

---

45. 2003년 12월 8일자 경향신문에 기고한 고고학자 조유전의 글 '아라가야의 비밀, 함안 마갑총' 참고.

삼실총 공성도(攻城圖)

가야지역에서 출토된 마갑과 마주는 AD 400년 고구려의 남정(南征) 때 도입됐을 것이란 게 과거 학계의 인식이었지만 고구려와 관련성에는 의문이 제기된다. 삼실총(三室塚) 벽화에서 확인되는 고구려의 마갑과는 일정한 차이점이 발견되기 때문이다.

중국 길림성 집안현에 위치한 삼실총은 3개의 묘실이 'ㄷ'자형으로 이어진 탓에 붙여진 이름이다. 벽과 천장에서 다양한 벽화가 발견되었다. 삼실총 제1실 북벽에는 공성도(攻城圖)가 그려졌다. 갑옷과 투구로 무장한 두 무사가 말에 올라 긴 창을 쥐고 기마전을 벌이고 있다. 말도 투구와 갑옷으로 무장하였는데 유명한 개마무사(鎧馬武士)의 그림이다. 일견 유사해 보이지만 두 무사와 말의 갑옷은 색상과 디자인 면에서 제법 차이가 있다. 서로 다른 곳에서 생산되었다는 의미인데, 이는 곧 두 사람의 국적이 다르다는 말이다. 그렇다면 공성도의 두 전사는 어느 나라 무장일까?

고구려인의 무덤인 점을 감안하면 뒤쪽에서 공격하는 용감한 장수

고구려 중장기병의 모습 : 중국 집안 고구려 12호고분 벽화

는 고구려의 전사이고 앞에서 쫓기어 달아나는 장수는 타국의 무장으로 보아야 합리적이다. 4~5세기 고구려의 최대 적수는 모용선비 삼연이었다. 그렇게 보면 달아나면서 방어하기에 급급한 무사는 모용선

비의 장수라고 여겨진다. 자세히 살펴보면 두 장수의 갑옷과 그들이 탄 말의 갑옷에 차이가 있다. 뒤에서 쫓는 장수, 즉 고구려 장수는 본인의 갑옷과 말갑옷이 전체적으로 물물고기비늘〈魚鱗 어린〉 모양의 둥근 모습이다. 한 역사물 일러스트가 광개토대왕의 고구려 중장기병을 묘사한 그림도 필자와 같은 의견임을 알 수 있다. 사람과 말이 걸친 모

고구려중장기병 – 태호님作

출처: 광개토대왕의 전사들#4 – 중장기병(2)
2007.09.29. 고어쿤gorekun.log

든 철갑을, 목이건 몸통이건 공히 비늘형으로 그렸다. 이에 반해 앞에서 쫓기는 장수의 갑옷은 사각(四角)의 그물형이다. 그의 말갑옷은 조금 다른데, 목부분은 둥근 비늘형인 반면 몸통은 직사각형으로 그리고 있다. 고구려 삼실총 벽화는 두 나라 갑옷의 세밀한 차이를 정확하게 묘사하고 있는 것이다.

이즈음에서 함안에서 발견된 아라가야의 말갑옷을 살펴보자. 앞부분, 목을 가린 부분은 물고기비늘형인데 반해 뒷부분 몸통을 보호한 부분은 직사각의 그물형이다. 삼실총 벽화에서 그려진, '달아나는 타국 무사의 말갑옷'과 유사하다. 거듭 말하지만 도주(逃走) 무사는 고구려의 최대 적수였던 모용선비 장수라고 여겨진다. 한마디로 아라가야에서 출토된 말갑옷은 고구려가 아니라 모용선비 유형의 말갑옷이라고 추정할 수 있는 것이다.

국보 제275호 가야 기마인물형토기,
국립경주박물관 소장

금관가야 영역인 김해에서 출토된 토기에서도 가야산 마갑의 형태가 확인된다. 높이 23.2㎝ 길이 13.1㎝의 '기마인물형 토기'는 말을 탄 무사를 생동감 있게 묘사한 유물이다. 1980년대 초 김해시 대동면 덕산리에서 도굴된 것을 이양선 전 경북대 교수가 수집해 국립경주박물관에 기증하였고 1993년 국보로 지정되었다.

가야 기마인물형 토기에 표현된 마갑도 함안의 실물과 마찬가지로 직사각형(그물형) 무늬임을 알 수 있다. 아라가야와 금관가야 영역에서 중장기병의 상징인 마갑(馬甲)이 발견된 것은 북방 기마민족의 철기(鐵騎)전술이 가야땅에서 구현된 증거

경주 쪽샘지구 출토 마갑

아라가야 마갑

이다. 그리고 말갑옷의 형태로 보아 문제의 기마민족은 고구려가 아니라 모용선비였음을 거듭 확인할 수 있다.

앞의 1장에서 언급하였듯이 아라가야 마갑과 흡사한 말갑옷이 신라의 수도 경주에서도 출토되었다. 경주 쪽샘지구 고분에서 출토된 마갑이다. 경주의 마갑 역시 목부분은 둥근 비늘형인 반면 몸통부분은 사각 그물형으로서 아라가야·금관가야의 마갑과 동일한 형식임을 알 수 있다.

5세기경 신라와 가야권역에서 유사한 양식의 마갑이 확인된다는 것은 영남일원을 휩쓴 기마족의 출자가 모용선비로 동일하다는 필자의 가설에 힘을 더해주는 방증이다. 경주를 거쳐, 김해를 정복했을 모용선비 기마군단이 더 나아가 아라가야를 비롯한 가야의 넓은 영역을 휩쓸었음을 시사하는 대목이라고 필자는 간주한다.

일본서기 신공(神功) 49년조에 담긴 의미

모용선비의 가야제국 평정을 입증할 문헌증거는 현재 없다. 다만 일본서기에서 유의미한 대목 2가지가 발견된다. 하나는 신공황후의 '신라 정복 기사'이다. AD 200년의 일로 기술된 신라정복설화는 동화 (童話)나 다름없지만 역대 일본인들이 사실(史實)로 믿어버린 탓에 한일관계를 왜곡시킨 결정적인 대목이다.(신공의 신라정복설을 믿는 일본 학자들은 '일본서기 2주갑 인상설'에 따라 AD 200년이 아니라 320년의 사건으로 보정하기도 한다.) 기분 나쁘다고 외면해서는 곤란하다. 이 대목에서 끄집어낼 어떤 단서가 있기 때문이다.

〈신공 섭정전기(중애 9년) 10월〉

"화이진에서 출발하였다. 때맞춰 풍신이 바람을 일으키고 해신이 파도를 일으켜 바닷속의 큰 고기들이 다 떠올라 배를 도왔다. 바람은 순풍이 불고 범선은 파도에 따라갔다. 노를 쓸 필요 없이 곧 신라에 이르렀다. 그때 배에 따른 파도가 멀리 나라 안에까지 미쳤다. 이것으로 천신지기(天神地祇)가 모두 도와준 것을 알았다. 신라왕은 전율하여 어찌할 바를 몰랐다…(중략)…백기를 들어 항복하였다. 흰 줄을 목에 감고 스스로를 포박하였다. 지도와 호적을 바치고 왕선 앞에서 항복하였다. 그리고 '앞으로는 길이 건곤과 같이 엎디어 양마(養馬)의 일을 하겠습니다. 배의 키를 말리지 않고 춘추로 말의 빗과 말의 채찍을 바치겠습니다. 또 바다가 멀지만 매년 남녀의 손으로 만든 것을 바치겠습니다'라고 말하였다…(從和珥津發之 時飛廉起風 陽侯擧浪 海中大魚悉浮扶

船 則大風順吹帆船隨波 不勞櫨楫 便到新羅 時隨船潮浪遠逮國中 即知天神地
祇悉助歟 新羅王 於是戰慄厝身無所…即素施而自服 素組以面縛 封圖籍降於王
船之前 因以 叩頭之曰 從今以後 長與乾坤 伏爲飼部 其不乾船柁 而春秋獻馬梳
及馬鞭 復不煩海遠 以每年貢男女之調…)"[46]

이 기사에서 필자가 주목하는 부분은 신라왕이 양마(養馬), 즉 말을
키우는 일을 하겠다고 한 점과 말빗〈馬梳〉과 말채찍〈馬鞭〉을 바치겠
다고 말했다는 대목이다. 열도인들이 말을 알지 못했던 3세기(3세기
에 편찬된 삼국지 왜인전에는 당시 일본에는 '소와 말이 없다'고 기록돼
있다.) 이전에는 위와 같은 대화 자체가 불가능하다. 말의 가치를 알지
못하는 사람에게 '말을 키우고 말의 빗과 말채찍을 바치겠다'는 다짐
은 아무런 의미가 없다. 만약 신라왕이 말(馬) 운운했다면 신공황후는
'말(馬)은 필요 없고 다른 보배나 바치라'고 반응해야 옳다. 따라서 위
의 기사는 신공을 3세기의 인물로 묘사한 일본서기의 허구성을 스스
로 드러낸 대목 가운데 하나이다. 신공황후조의 기록들이 AD 4세기
후반 이후, 기마전 단계를 묘사하고 있음을 시사받게 된다.

한 가지가 더 있다. 신라를 수없이 노략질했던 왜가 대한해협 건너
편에 위치한 신라를 몰랐을 리가 없다. 그런데도 시치미를 뚝 떼고 위
기사 바로 앞에서 바다 건너에 나라가 있느니 없느니 논쟁을 벌인 것
처럼 기술하고 있다.(1권 3장 p85 참조) 이는 매우 심한 왜곡인데 왜
이렇게 터무니없는 이야기를 생산했을까? 상황을 그럴싸하게 꾸미다

---

46. 전용신, 일본서기, 일지사, 2006, pp153~155.

보니 '오버'한 측면도 있지만 이 설화를 만들어 전승한 집단이 신라를 수도 없이 약탈한 전통적 왜인의 행적과 일정한 단층이 있음을 의미한다. 한마디로 열도의 기존 왜인들과 연계되지 않는 또 다른 과거사를 지닌 족속임을 암시한다. 이 대목에서 10장 pp236-241에서 다루는 숭신조의 선박건조령과 유사한 '어색한 분위기'가 감지된다. 즉 섬나라에 살고 있으면서도 바다의 상황과 과거의 약탈사에 무지한 집단의 세계관이 은연중에 포착된다. 앞뒤 맞지 않은 '범인의 진술'을 통해 열도에 거주한 역사가 일천한 자들이 도해 직후에 그럴싸하게 만들어 유포시킨 설화라는 '진상'이 도출된다.

이런 점을 감안하면서 이제 두 번째, 실제로 중요한 대목을 살펴보자. 일본서기 신공섭정 49년, AD 249년의 기사를 보면 신공황후의 명을 받은 왜군이 백제군과 함께 신라를 정복하고 가야 7국을 멸망시켰다는 기사가 나온다. 이른바 신공 49년조 기사인데 한일 간의 격렬한 역사전쟁이 벌어지는 중요지점 가운데 하나이다. 이즈음의 일본서기가 실제보다 120년 앞선 것으로 기록됐다는 이른바 '2주갑 인상설'을 적용하여 통상 AD 369년의 사건으로 보정한다. 하지만 드러난 내용만으로도 역사적 사실로 인정하기 힘들다. 인내심을 갖고 읽어보자.

〈신공 49년(AD 369년으로 보정) 3월〉
"황전별(荒田別 아라다와케)과 녹아별(鹿我別 가가와케)을 장군으로 삼아 구저(久氐 백제인) 등과 함께 군사를 정돈하여 탁순국(卓淳國)에 이르러 장차 신라를 공격하려고 하였다. 이때 어떤 사람이 말하기를 '군대가 적으면 신라를 깨뜨릴 수 없으니 다시 사백(沙白)·개로(蓋盧)를 보내어 군사를 늘려 주도록 요청하십시오.'라고 하였다. 그래서 목라근자(木羅斤資)와 사사노궤(沙沙奴跪)〈이 두 사람은 그 성을 알 수 없는 사람이다. 다만 목라근자는 백제의 장군이다.〉에게 정병(精兵)을 이끌고 사백·개로와 함께 가도록 명하였다. 모두 함께 탁순국에 모여 신라를 격파하고 비자발(比自㶱)·남가라(南加羅)·녹국(㖨國)·안라(安羅)·다라(多羅)·탁순(卓淳)·가라(加羅)의 7국을 평정하였다. 군사를 옮겨 서쪽으로 돌아 고해진(古奚津)에 이르러 남쪽 오랑캐 침미다례(忱彌多禮)를 무찔러 백제에게 주었다. 이에 백제왕 초고(肖古)와 왕자 귀수(貴須)가 군대를 이끌고 와서 만났다. 이때 비리(比利)·벽중(辟中)·포미지(布彌支)·반고(半古) 4읍이 스스로 항복하였다. 그래서 백제왕 부자와 황전별·목라근자 등이 의류촌(意流村)〈지금은 주류수기(州流須祇)라 한다.〉에서 함께 만나 기뻐하고 후하게 대접하여 보냈다. 다만 천웅장언(千熊長彦 치쿠마나가히코)과 백제왕은 백제국에 이르러 벽지산(辟支山)에 올라가 맹세하였다. 다시 고사산(古沙山)에 올라가 함께 반석(磐石) 위에 앉았다. 백제왕이 맹세하며 말하기를 '만약 풀을 깔아 자리를 만들면 불에 탈까 두렵고 나무로 자리를 만들면 물에 떠내려갈까 걱정된다. 그러므로 반석에 앉아 맹세하는 것은 오래도록 썩지 않을 것임을 보여 주는 것이니 지금부터 천년만년 영원토록 늘 서번(西蕃)이라고 칭하며 봄가을로 (왜국에)조공하겠나이다'라고 하였다. 그리고 천웅장언을 데리고 도읍에 이르러 후하게 예우를 더하고 구저 등을 딸려서 (왜국으로)보냈다.(以荒田別鹿我別爲將軍 則與久氏等 共勒兵而度之 至卓淳國 將襲新羅 時或曰 兵衆少之 不可破新羅 更復 奉上沙白蓋盧 請增軍士 即命木羅斤資沙沙奴跪〈是二

人 不知其姓人也 但木羅斤資 百濟將也〉領精兵 與沙白蓋盧共遣之 俱集于卓淳 擊新羅而破之 因以平定 比自㷨·南加羅·㖨國·安羅·多羅·卓淳·加羅 七國 仍移兵 西廻至古奚津 屠南蠻忱彌多禮 以賜百濟 於是 其王肖古及王子貴須 亦領軍來會 時比利·辟中·布彌支·半古 四邑 自然降服 是以 百濟王父子及荒田別·木羅斤資等 公會意流村〈今云 州流須祇〉相見欣感 厚禮送遣之 唯千熊長彦與百濟王 至于百濟國 登辟支山盟之 復登古沙山 共居磐石上 時百濟王盟之曰 若敷草爲坐 恐見火燒 且取木爲坐 恐爲水流 故居磐石而盟者 示長遠之不朽者也 是以 自今以後 千秋萬歲 無絶無窮 常稱西藩 春秋朝貢 則將千熊長彦 至都下厚加禮遇 亦副久氐等而送之)"[47]

　신공의 '한반도 남부 정복설'은 한일 고대사에서 논란이 많기로 유명하다. 신공황후 자체가 다분히 가공의 여성으로서 창작의 냄새를 물씬 풍긴다. 그러나 신공황후 49년조는 완전한 창작·날조라기보다 '어떤 역사적 사실의 왜곡된 전승'으로 판단하는 것이 합리적이다. 그런 만큼 엄정한 사료비판을 통하여 왜곡된 부분을 시정하고 '실상'을 발라낼 수 있다고 본다. 사실 일본서기 자체가 진실과 허위가 뒤섞여 있는 데다 시대착란이 심한 책이다. 그대로 믿으면 바보가 되고 완전히 부정하면 연구를 할 수 없다. 허구와 가공, 왜곡으로 점철돼 있지만 그 가운데 약간의 역사전승도 담겼다고 보아야 한다. 치밀하게 비판적으로 독서할 경우 추출할 수 있는 역사의 흔적은 적지 않다.

　이런 시각에서 신공 49년조 역시 전후 사정을 신중하게 해부해 볼

---

47. 위의 책, pp165~166.

필요가 있다. 핵심은 '가야 7국 평정'을 실행한 작전주체이다. 일본학계는 신공기를 역사적 사실의 전승으로 보고 대체로 신뢰한다. 그러므로 작전의 주체를 (당연히)야마토왜로 인정한다.

그러나 야마토왕조는 작전주체가 될 수 없으니, 4세기의 일본은 수만 명의 병력을 열도에서 한반도로 실어 보낼 수 있는 해운력을 갖추지 못하였다. 당시의 열도왜는 철기무장 수준마저 빈약한 실정이었다. 위의 기사 앞머리에서 '황전별과 녹아별 등이 이끄는 군대가 탁순국에 이르러(至卓淳國)'라는 표현을 유념해야 한다. 만약 열도에서 출발한 군대였다면 '탁순국으로 (바다를)건너가(渡卓淳國)'라는 표현이 동원됐을 것이다.(지탁순국(至卓淳國) 바로 앞에 공륵병이도지(共勒兵而度之)가 나오는데 '함께 군사를 정돈하여 갔다'는 의미이다. 여기서 도지(度之)를 '바다를 건넜다'라고 해석하는 경우도 있지만 정확한 의미는 '갔다(=이동했다)'이다. 바다를 건넜다고 표현하려면 '물 건널 도(渡)'를 써야 한다. 그러므로 "공륵병이도지(共勒兵而度之) 지탁순국(至卓淳國)"의 뜻은 "함께 군사를 정돈하여 (전장으로)이동했다. 탁순국에 이르러"라는 내용인데 바다를 건넜다는 표현은 없다. 세상에 완전범죄가 없듯이 비록 창작과 분식이 많은 일본서기라도 모든 기사를 완벽하게 왜곡할 수는 없는 일이다. 소소한 대목에서는 원전을 그대로 인용한 경우가 적지 않다고 할 때 디테일을 체크하는 것이 필수적이다. 필자가 '바다를 건넜다는 표현'이 없는 신공 49년조의 디테일을 주목하는 이유도 이런 맥락이다.) 야마토왜는 AD 369년이 아니라 100년은 더 지나서 출현하는 왕조라고 판단된다.(이 점은 『한일 고대사의 재건축③』의 2부에서 집중적으로 서술하고 있다.)

국내학자 대다수는 백제를 작전주체로 보고 있다. 이병도와 천관우 등은 1970년대 이후 이른바 '주체교체론'적 시각에서 왜를 백제로 읽어야 한다는 가설을 제기하였다. 즉 신공 49년조의 기록은 근초고왕이 이끄는 백제군이 신라를 공격하여 코너로 몰아넣은 다음 가야제국을 정복해 휘하에 집어넣은 사건으로 이해하였다. 백제의 사서에 나오는 관련기록을 일본서기 편찬과정에서 왜군의 성과로 왜곡하였다는 시각이다. AD 369년 백제 근초고왕의 가야평정설은 국내학계의 주류적 시각으로 확립돼 있다. 일본서기 흠명조에 출현하는 '성왕의 회고'는 이를 뒷받침하는 증거로 제시된다.

〈일본서기 흠명천황 2년(AD 541) 4월조〉

"성명왕이 '옛적에 우리 선조 속고왕(速古王 근초고왕)과 귀수왕(貴須王 근구수왕)의 치세 때에 안라, 가라, 탁순의 한기 등이 처음으로 사신을 보내고 상통하여 두텁게 친교를 맺었다. (가야제국이 백제의)자제(子弟)의 나라가 되어 더불어 융성하기를 바랐다…(하략)'라고 말하였다.(聖明王曰 昔我先祖速古王貴須王之世 安羅加羅卓淳旱岐等 初遣使相通厚結親好 以爲子弟冀可恒隆…)"[48]

주체교체론은 일견 타당한 듯 보이지만 한계가 적지 않다. 주체교체론의 첫 번째 문제점은 '왜군'의 관여정도에 대한 확립된 견해가 없다는 사실이다. 연구자들마다 차이가 있지만 ①'백제 단독작전'이라는

48. 위의 책, pp317~318.

견해와 ② '주력군은 백제이고 왜는 조력자'로 보는 두 가지 설로 나뉘는 느낌이다. 견해 ①부터 따져보자. 가야평정은 백제 단독작전으로서 왜는 아예 참전하지도 않은 채 백제의 기록을 훔쳤다고 풀이하는 셈인데, 세상일이 그리 간단하지 않다. 기록을 남긴 왜국과는 무관한 일이라는 시각은 '국내용'일 뿐 일본학자들은 절대로 동의하지 않는다. 제3자인 중국이나 서양의 연구자들에게도 설득력을 갖기 힘들다. 기록을 남기고 전승한 주체는 '왜국'이 분명한 만큼 왜의 관여를 무조건 배격하는 주장은 타당하지 않다. 왜가 자신의 역사라고 기술하였을 때에는 어떤 배경과 사연, 의도가 있을 것인 만큼 그 진상을 파악하는 것이 합리적인 연구자세이다.

시대상황도 백제가 단독으로 가야와 호남권역을 정복할 여유가 있었는지 의문을 낳게 한다. 당시 백제는 남쪽보다는 고구려와의 북부전선에 국력을 쏟아 넣던 시절이었다.

백제가 주력이고 왜는 조력자라는 ②의 견해도 문제가 있다. 369년에 열도에서 발진한 군대가 가야와 호남지역 평정에 투입된 사실은 없다고 해도 무방하다. 백제가 열도의 병력을 초치할 방안이 사실상 없었기 때문이다. 369년 당시, 백제의 남쪽(영호남 지역)은 적대세력이었으니 일본열도와 연결하는 통행로가 부실한 셈이었다. 이는 문헌상으로도 입증된다. 삼국사기 백제본기에는 아신왕 6년(AD 397)에야 왜국과 수호를 맺고 태자 전지(腆支)를 인질로 보냈다고 기록돼 있으며, 일본서기에는 가야소국인 탁순국을 매개로 신공 46년(AD 366)에 백제와 왜가 처음 교섭한 것으로 돼 있다. 삼국사기에 의거하면 백제와 왜는 아직 만나지도 못한 관계이며 일본서기로도 접촉 3년 만에 백제가 왜군을 자신의 의도대로 부리기란 어렵다.

주체교체론의 두 번째 문제는 고고학적 뒷받침이 없다는 점이다. 백제가 가야와 교류하고 영향을 미친 흔적은 많지만 군사적으로 정복한 증거는 아직까지 확인되지 않는다. 경북 고령의 '고아리 벽화고분'에서 백제적 요소가 발견되지만 교류의 흔적일 뿐, 정복증거로 삼기에는 미약하다. 영산강유역을 비롯한 호남지역에서도 6세기 초까지는 백제와 구분되는 독자적인 고분문화가 확인되고 있다. 4세기 후반에 백제에 정복됐다는 고고학적 성과는 허약한 셈이다.

주체교체론의 세 번째 문제점은 광개토대왕 비문과 배치된다는 사실이다. 가야 평정작전보다 30년 후의 한반도 상황을 기록한 광개토대왕 비문을 보면 가야는 백제나 왜에 흡수되지 않고 스스로 존재하는 독립세력이다. 400년경의 가야는 왜와 한통속이 되어 고구려·신라 연합과 전쟁하고 있다. 가야는 '369년의 작전'에서 백제나 왜에게 멸망당하지 않았다는 의미이다. 광개토대왕 비문에서 가야가 백제와 구분되는 정치체로 묘사된 점에서 "근초고왕의 군사작전으로 가야권역이 백제에 평정되었다."고 선뜻 수용하기 힘들다.

마지막으로, 주체교체론의 증거라고 거론되는 성왕의 회고도 신중하게 평가할 필요가 있다. 성왕은 선조인 근초고왕 시절에 백제와 가야제국이 친교를 맺었다고 말할 뿐 무서운 전쟁의 분위기를 풍기지는 않는다. 가야가 '자제의 나라'가 되기를 희망했다는 대목에서 백제가 상위대국의 위상을 지녔음을 짐작할 수 있지만 무력으로 평정한 증거로 삼기는 힘들다.

위에서 언급한 4가지 문제를 감안할 때 신공황후의 가야 평정설은 물론이고 한성백제 근초고왕의 가야정복설도 선뜻 따르기 힘들다. 북방의 강적 고구려를 상대하느라 젖먹던 힘까지 쏟아내던 백제로서는 한반도 남부에 치중할 처지가 되지 못하였다. 가야·호남평정에 구저(久氐)와 목라근자(木羅斤資) 등 백제계 인물이 참여하고 있고 궁극적으로 백제와 '왜'가 동맹을 맺는 이야기로 귀결되지만 백제를 작전주체라고 판단하기에는 머뭇거려진다.

당시의 가야·호남 정복전에는 백제도 왜군도 아닌 '제3의 무력'이 관여하였다고 보아야 합리적이다. 거듭 말하지만 제3의 무력은 열도에서 출발한 군대가 될 수 없다. 이 대목에서 필자는 '왜군의 집결지'라는 탁순국(卓淳國)을 주목한다. 사실 일본서기에서 탁순은 한반도 관계에서 중요한 역할을 담당한 소국이다. 신공 46년(2주갑 내려 보정하면 AD 366)조에는 백제가 탁순국을 매개로 왜와 교류하기 시작한 것으로 나오고 신공 49년조의 왜군 집결지도 탁순으로 돼 있는 것이다. 일본서기에서 탁순국이 자주 거론되고 중요한 역할을 하는 것은 열도를 정복한 군대의 옛 터전이자 출발지임을 암시한다고 짐작한다.

탁순의 위치를 놓고서는 대구설, 창원설, 의령설 등이 분분한데 신공 46년조에서 백제가 탁순국에게 일본으로 가는 길을 문의했다는 점에서 해상로를 낀 창원설이 유력해 보인다. 어쨌든 탁순에서 발진하여 가라 7국과 호남일대를 평정한 제3의 무력이 일본열도로 가야정복 전승을 갖고 간 주체일 것이다. 제3의 무력은 단독으로, 또는 백제군과 함께 가야·호남 평정을 수행한 다음 백제와 정식국교를 맺고 경계를 새로 정했다고 짐작된다.

백제와 제3무력의 작전구역이 구(舊)삼한에서 백제와 신라를 제외한 지경, 즉 변한 전체와 마한 잔여지(호남)라는 점은 소홀히 다룰 사안이 아니다. 4세기 후반, 한반도 남부에서 '고대국가(백제·신라)의 통치권'과 '그 바깥'을 비교적 정확하게 구분하고 있는 만큼 완전히 허튼 기록은 아니라고 여긴다. 필자는 제3의 무력과 백제가 작전한 권역은 '가야(=임나)의 전성기 세력권'과 일치한다고 본다. 즉 낙동강 이서(以西)의 영남과 노령산맥 이남(以南)의 호남인데 일본서기에서 '임나와 임나지하한(任那之下韓)'으로 표현된 영역이다.(임나와 하한의 영역문제는 『한일 고대사의 재건축①』 12장의 '백제-신라에 양분된 임나의 영역' 절에서 짧게 거론한 바 있고 『한일 고대사의 재건축③』의 3부에서 집중적으로 분석하고 있으니 참고가 되겠다.)

어쨌든 백제와 함께 '변한 전체와 마한 잔여지'를 휩쓴 제3의 무력을 일본서기가 '왜군'으로 기록한 사실에서 중요한 정보가 도출된다. 369년 백제와 연합하여 가야·호남 평정을 감행한 무력집단이 훗날 왜로 변화되었음을 실토한 대목이다.

"변한(가야)과 마한 잔여지(호남)를 활동무대로 삼았던 제3의 무력이 대한해협을 건너가 일본열도를 정복하고 '새로운 왜'가 되었다."

한일관계에서 초연할 수 있는 미국의 여성사학자 존 카터 코벨(John Carter Covell 1910~1996)의 해석도 청취할 만하다. 그는 '신공황후의 삼한정복설'은 역사를 거꾸로 기술한 것이며 실제로는 그해 AD 369년에 가야에서 출발한 부여기마족이 말(馬)이라는 가공할 수

단을 활용해 규슈를 정복한 이야기라고 해석하였다.

　필자는 코벨의 연구성과를 높이 평가하지만 정복시기와 정복주체 측면에서는 동의하지 못하는 부분이 있다. 즉 369년까지는 기마군단의 주력이 한반도에 머물면서 신라·가야 등 남부지역 정복에 치중하고 있었다고 판단한다. 아직 열도정복에 나서지 않는 단계로 보는 까닭에 코벨 박사의 '369년 부여족의 규슈 정복설'에는 동의하지 않는다.(코벨이 제기한 부여기마족설은 나름의 설명력을 갖췄다고 보지만 필자의 의견과는 일정한 차이가 있다. 이 점은 뒤에서 언급한다.)

　결론적으로 기존의 다양한 연구·시각 가운데 어느 한 가지도 개운하지가 않다. 신공 49년조의 진상을 포착하기 위해서는 '기사를 (왜곡해)전승한 세력'을 파악하는 일이 필수이다. 필자의 가설은 이러하다. 신라·가야로 진출한 기마민족의 한 일파가 일본열도로 향하기에 앞서 한반도에 머물던 시절의 가야권 정복기억이 훗날 '왜국 왕실의 사료'로 전승됐다. 가야권 정복전승(傳承)을 후대에 전한 왜 왕실은 가야에서 발진한 숭신왕조(崇神王朝)일 것이다.(숭신왕조에 대해서는 『한일 고대사의 재건축①』 11장과 12장에서 언급한 바 있고, 본서 12장과 『한일 고대사의 재건축③』에서 소상히 다룰 예정이다.) 그런데 6세기 초중반, 숭신왜국을 타멸하고 열도의 패권을 쥔 야마토조정은 숭신왕조의 역사적 성과 가운데 취할 만한 부분은 자신들의 성과로 분식하였다. 그 결과 일본서기에는 야마토조정의 신공황후가 가야소국 등을 정복한 것처럼 둔갑돼 기술된 것으로 판단한다.

　이런 시각에서 필자는 신공 49년조 기사를 기존과 다르게 독서한다. 가야권역을 평정한 '왜'는 야마토조정도, 백제도 아니라고 파악한다. AD 369년에 신라를 치고 가야 7국을 평정한 무장력의 주인공은 4세기 중반에 한반도 남부를 휩쓴 기마민족, 구체적으로는 모용선비 군단으로 간주한다. 신라 잔류계통과 결별하고 가야로 진출한 모용선비군의 작전에 백제장수의 이름이 거론되고 백제군이 연합상대로 등장하는 것은 부자연스럽지 않다. 신라와 분기한 군단의 지도부가 바보가 아니라면 인근 대국인 백제와 손을 잡는 것은 정해진 이치이다. 백제의 힘을 활용하여 '모용신라'에 대항하려 드는 것은 지나치지 않은 추정이다. 백제가 적극 나섰을 개연성도 있다. 영남 일대의 대격변에 대해 가까운 백제가 '강 건너 불 보듯' 무시했다고 본다면 오히려 비합리적이다. 김해 대성동고분의 모용선비유물과 함안에서 발굴된 모용선비계 마갑(馬甲)은 필자의 추론을 뒷받침하는 고고학적 증거로 충분하다.

'신라와 적대하는 제3의 무력'이 신라군을 제대로 압도하지 못한 것은 분명하다. "신라를 쳐서 격파했다(擊新羅而破之)"는 것 외에 전투기사가 전무한 것은 실제로는 신라를 공파하지 못했음을 반증한다. '신라를 공격하여 때려눕히고 싶다'는 강한 희망을 노정하고 있을 뿐이다. 반면 가야권역 평정기사는 신라공파보다는 신뢰성이 높다. 정복한 7국의 국명이 구체적으로 기술돼 있기 때문이다. 아울러 군사를 서쪽으로 돌려 고해진과 침미다례 등 전라남도 일대를 정복했다는 것도 행군로가 지리에 부합한다는 점에서 완전한 허구는 아니라고 짐작된다.

'신라와 대척하는 제3의 무력'은 신라와 전투를 벌인 데 이어 가야 7국과 서쪽으로 호남 일부까지 확보하였지만 그걸로 끝이었다. 그 너머에는 백제가 자리잡고 있었는데 공격할 대상이 되지 못하였다. 당시 백제는 고구려와 전쟁을 벌여 승리하는 힘을 지닌 군사강국이었다. 어렵게 확보한 정복지 일부를 백제에게 양보했다는 것은 백제의 강한 군력에 저지되었음을 암시한다. 즉 가야와 호남일대를 휩쓸었던 기마군단이 백제의 개입으로 난관에 봉착했음을 보여주는 증거로 독해돼야 한다.

제3의 무력은 궁극적으로 침미다례와 비리, 벽중 등을 백제에 넘길 수밖에 없었다. '천웅장언이 벽지산에 올라가 백제왕과 맹세했다'는 기사는 양측의 군사적 휴전과 동맹을 의미한다. 물론 백제왕이 서번(西藩)이라 칭하고 봄가을에 조공하겠다는 것은 일본서기에 일관되게 발견되는 창작이다. 결론적으로 신공 49년조, AD 369년의 가야평정 기사는 한반도 내에는 더 이상 정복할 곳이 없다는 엄중한 현실을 실감한 중대사건이었기에 오랫동안 전승된 것으로 보인다.

한계에 이른 한반도 정복…기마군단에 강요된 선택

액면 그대로 믿어서는 곤란한 신공황후 49년조 기사이지만 찬찬히 살펴보면 많은 정보를 획득할 수 있다. AD 369년, 강력한 무장군대가 가야를 비롯하여 한반도 남부를 휩쓴 사실 자체는 군이 부정할 필요가 없다. 다만 그 작전의 주체는 바다를 건너온 왜도, 한성백제도 아닌 제3의 무력으로 보아야 한다. 제3의 정치체 입장에서 신공 49년조를 읽어보면 정복사실을 선양하는 전승(傳承)이 아니라 사실은 커다란 도전에 봉착하였음을 실토하는 기록이다. 위의 기사에서 다음과 같은 정보가 추출된다.

첫째, 평정작전을 실행하고 관련 내용을 전승한 주체는 신라에 대단히 적대적인 세력이다. 둘째, 작전주체가 신라를 격파했다는 내용은 '탁순국에 모여 신라를 격파하였다'는 막연한 기술 외에는 구체적인 내용이 없어 믿기 어렵다. 다만 '신라를 격파하고 싶었다'는 강한 원념을 읽을 수 있다. 이는 작전주체가 신공 49년 이전에 신라와 결별하였고 크게 갈등하는 군단임을 암시한다. 셋째, 작전주체가 가라의 7개 소국을 평정했다는 내용은 7국의 국명 나열 순서 등을 감안할 때 구체성을 지녔다고 판단할 수 있다. 넷째, 작전주체는 이 과정에서 호남지방도 정복하였다. 다섯째, 작전 과정에서 백제군의 힘을 일부 빌렸고 양자는 종전 이후 경계를 다시 정하였다.

4세기 후반에 한반도 남부를 도륙할 정도의 군력을 지닌 제3의 군사집단은 누구인가? 일본서기는 신공황후의 군대라고 기술돼 있지만 신뢰성이 낮다. 당시 '열도왜'의 실력으로는 대한해협을 건너와 작전을 펼칠 수 없었다. '신라와 매우 적대적이면서 가야땅을 정복하고 백제와는 휴전하는 군대'는 따로 있다. 바로 '가야로 진출한 모용선비군단'으로 여겨진다. 거듭 말하지만 369년 백제·왜 연합군의 신라·가야 정복 기사는 모용선비군단의 일부가 백제의 힘을 빌려 변한(가야제국)과 마한 잔여지를 정복한 전승(傳承)을 훗날 일본서기에 채록하는 과정에서 사실대로 적지 않고 왜의 공적으로 비틀어 기술한 것으로 보아야 합리적으로 해석된다. 이런 전제를 바탕에 두고 신공 49년조의 기록을 다음과 같이 해석해 본다.

"모용선비국가 전연(前燕) 출신의 복합종족 기마대가 신라를 장악한 주류측과 결별한 뒤 가야와 마한 잔여지를 정복한 전승(傳承)의 기록이다. 다만 백제와 협력하고 휴전한 것은 더 이상 한반도 남부에서 영토를 확장할 여지가 없었음을 시사한다."

모용선비의 나라 전연(前燕)에 부용했던 부여계 등 방계집단은 신라를 장악한 모용씨와 결별한 다음, 김해 금관가야를 근거지로 힘찬 정복전쟁을 벌여나간다. 그들은 가야 7국과 고해진, 침미다례 등 전라남도 일대까지 평정한 다음 현재의 전라북도 근처에서 백제와 국경을 접하게 되었다. 백제는 신라·가야를 능가하는 군사강국인 데다 그 지배층이 자신들과 통하는 부여계 후예임을 인식하고서는 연합작전을 펼친 다음 동맹까지 체결한 내용으로 해석하는 것이다.(국제관계에 영원한 적도, 영원한 친구도 없다는 진리는 고대에도 통용된다. 한반도 체류 시절에는 백제와 손을 잡았던 '가야 정복 기마군단'이지만 일본열도에 진출한 이후에는 점차 백제와 이해관계가 달라진다. 필자는 4세기 후반 가야에서 발진한 기마군단을 숭신왕조라고 파악하는데, 5세기 후반 이후 백제계 응신왕조와 격렬히 투쟁한다고 파악한다. 이에 대해서는 『한일 고대사의 재건축③』에서 집중적으로 고찰한다.)

신공 49년조의 기사를 다른 각도에서 접근하면, 가야를 평정한 제3의 무장집단이 '한반도 내에는 더 이상 정복할 땅이 없음을 절감했다'는 무거운 진상이 드러난다. "(가야의)북쪽에는 신라, 서북에는 백제가 자리잡고 있다. 만만찮은 상대들이다. 쉽게 제압할 수 없다. 그렇다면 차라리 바다 건너 일본열도로 가자. 그곳에 넓은 땅이 있다." 가야를 정복한 기마군단의 결론은 대체로 이와 같았을 것이다. 그 결과 제3의 무력은 일본열도로 방향을 틀었다고 짐작된다. 가야를 정복한 전연(前燕) 출신의 부여계는 곧이어 일본열도에까지 촉수를 뻗쳤고 '숭신왕조 왜국'으로 변전하는데, 이들이 가야 체류시절에 행한 정복전승을 일본서기에 비틀어 기록한 것이 바로 신공 49년 기사라는 풀이이다.

AD 369년, 신공 49년조의 신라·가야·호남 정복 기사는 전연(前燕)에 소속되었던 기마군단의 한반도 남부 정복이 일단락된 사실을 암시한다고 여긴다. 거듭 말하지만 신공 49년조는 열도왜가 한반도로 군대를 파견한 것이 아니라, 대륙출신 기마족이 일본으로 진출하기에 앞서 한반도 체류시대에 이룩한 정복전쟁의 전승(傳承)을 후대의 일본서기가 왜곡한 결과로 풀이된다.

문제는 신공 49년의 작전주체가 라이벌 신라는 물론이고 군사강국 백제의 존재를 실감했다는 사실이다. 힘들게 정복한 땅(침미다례)을 백제에게 선물하였다는 기록은 한반도에서 더 이상 뻗어나갈 길이 없음을 절감한 암울한 증언이다. 가야땅을 모조리 정복하고 호남일부까지 평정하였지만 더 이상 뻗어나갈 곳이 없었다. 가야권역을 평정한 작전주체는 이제 새로운 선택을 강요받고 있었다.

"군대는 강성하지만 더 이상 확장할 토지가 없다."

정복을 통한 국가발전 경로가 차단된 답답한 상황에서 제3의 무력 집단은 대한해협 건너편을 주목하기에 이른다. 그곳에 해답이 존재하였고 새로운 활로가 열려 있었다. 가야 출신 기마민족의 도일배경은 신라와 백제라는 고대국가에 맞서야 하는 처지에서 가야라는 협소한

범위를 넘어 드넓은 영역을 확보하려는 몸부림에서 답을 찾아야 한다는 것이 필자의 소견이다.

369년의 대대적인 군사작전 이후 착실한 도해준비를 거친 다음, 부여계(?) 모용선비군단은 AD 370년~405년 약 30년의 세월 동안 축차적(逐次的)으로 바다를 건너가기에 이른다. 가야에서 발진한 기마군단은 규슈에 이어 혼슈와 시코쿠 등지로 지배영역을 빠르게 넓혀 나갔으니 한·왜연합왕국이 출현한 셈이다.(한·왜연합왕국의 성립에 대해서는 본서 12장에서 상세히 언급한다.) 광개토대왕 비문에 의거하면, 가야와 영산강유역에 이어 열도서부까지 장악한 한·왜연합왕국은 AD 4세기 말부터 숙적 신라에 대해 대대적인 공세를 가하였다. 393년 금성을 닷새나 포위하였고 399년에는 신라를 멸망직전까지 몰고 갔다.(삼국사기와 광개토대왕 비문에는 '왜(倭)의 침공'으로 표현돼 있다.)

하지만 400년 광개토대왕이 파견한 5만 대군의 남정과 404년 고구려 대방계(帶方界) 침공작전이 실패한 이후 기마군단의 중심세력까지 대한해협을 건넜다고 추정된다. 모용선비 계통의 유물이 확인되는 김해 대성동유적에서 5세기 이후 왕릉급 대형고분의 축조가 중단된 것은 이를 방증한다. '제3의 무장집단과 후예들', 즉 전연(前燕) 출신의 기마민족과 그 후예가 일본열도로 진출하기에 앞서 30년~60년가량 머물렀던 가야는 원초적 고향이자 초기자본이 된 만큼 어떤 지역보다 중요하고 애착이 가는 선조의 땅, 일종의 풍패지향(豐沛之鄉)이었다고 하겠다. 기마집단의 핵심이 열도로 간 이후에도 가야와 한반도 남부의 정치질서에 강하게 집착하는 배경이라고 짐작된다.

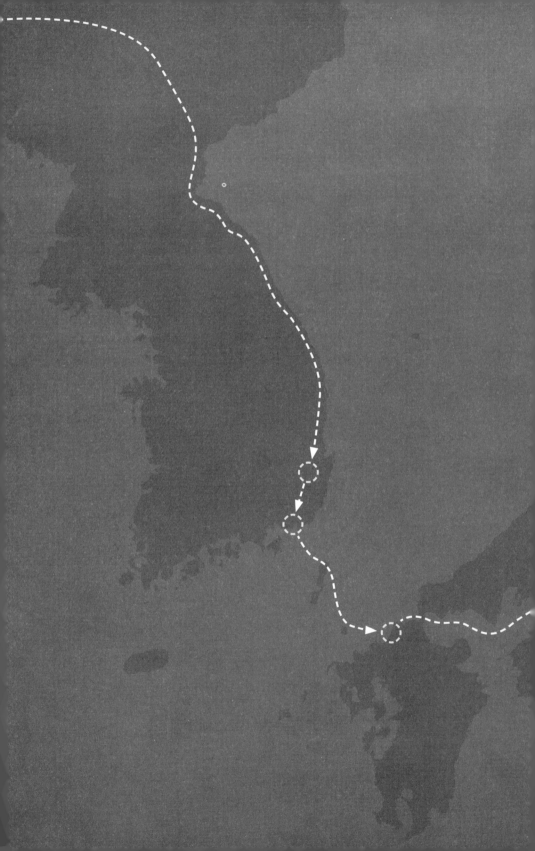

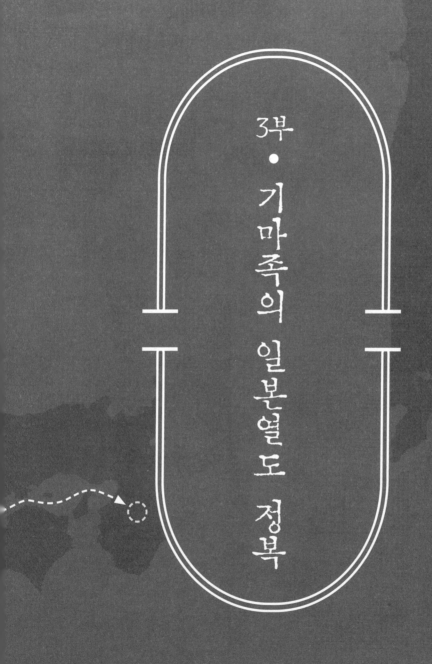

3부
•
기마족의 일본열도 정복

● 韓日 古代史 再建築

신라와 가야에 뒤이어 일본열도에서도 4~5세기부터 기마문화 흔적이 활발히 관찰된다. 고고학적 유물만이 아니다. 4세기 말, 5세기 초에는 왜의 강성(强盛)함이 포착된다. 한반도 남부, 신라·가야 영역에서 '왜'가 군사작전을 펼친 문헌학적 증거가 존재한다.(삼국사기와 광개토대왕 비문) 이 시기 왜의 군력은 고구려에 계속 패배하지만 꽤나 부담스런 수준이다. 한반도에서 건너간 농민과 해인족의 후예가 주도하던 이전의 열도사회와는 분명 달라진 모습이다.

　이른바 '4말 5초'에 중대한 변화가 생겼음을 시사한다. 도대체 열도에 무슨 일이 일어났는가? 나는 이 시기 일본에서 관찰되는 기마민족풍의 유물은 고구려를 침공하였다가 낙오한 1만 5천 명의 모용선비 북로군과 무관하지 않다는 입장이다. 한반도 남부와 일본열도라는 넓은 영역에서 광폭(廣幅)의 시대교체가 발생한 사실을 가볍게 판단할 수 없다. 이런 규모의 변화를 추동하기 위해서는 문화교류 정도로는 불가능하고 수천 명 이상의 인간집단이 이동한 결과로 해석해야 한다고 본다.

　북방 초원지대에 살던 기마민족이 신라와 가야로 진출한 배경을 전쟁 와중의 현상으로 풀이한다면, 가야에 머물던 기마족은 왜 파도 험한 대한해협을 건넜을까? 이제는 이런 근본적 문제를 검토할 단계가 되었다. 새로운 땅과 인간집단을 확보하고자 하는 기마민족의 정복 본능이 발동한 탓일까? 아니면 바다를 건너지 않을 수 없었던 절박한 상황 탓일까? 3부에서는 일본열도에서 확인되는 기마문화의 원류를 추적하는 작업이 이뤄진다.

9장

가야정복 기마족의
일본열도 진출설

　기마민족 일본열도 정복설은 1949년 도쿄대교수 에가미 나미오(江上波夫)가 주창하여 파장을 일으킨 학설이다. 천황가의 뿌리가 열도 외부에 있을 것으로는 생각조차 하지 않았던 일본학계는 큰 충격을 받았고 한동안 에가미의 학설을 이단시하였다. 에가미 교수의 논지는 임나일본부설을 지지하는 등 몇몇 문제점이 발견되지만 대담한 상상력과 획기적인 발상 덕분에 동북아시아 고대사를 바라보는 시각을 교정한 공로가 있다. 이후 이뤄진 활발한 고고학적 발굴성과로 인하여 기마민족 정복설은 상당한 설득력을 갖추었다. 에가미 교수의 기마민족 일본정복설은 몇 가지 문제점에도 불구하고 기본 얼개는 동의할 만하다.

　특히 AD 4세기 이후 한반도와 일본열도에서 출토되는 유물에서 마구류와 무구류 등 기마문화의 특성이 강화되는 사실은 기마민족설을 뒷받침하는 고고학적 증거이다. 유물은 물론이고 묘제도 과거와의 단절성이 확인된다. 한반도 남부와 마찬가지로 열도의 기마문화는 선비족의 나라 삼연(三燕)과의 유사성이 높다. 아울러 왜의 강성(强盛)함이 인정된다. 3세기 중국의 사절단이 관찰한 일본열도의 모습은 소국들이 난립한 후진 정치체제였다. 반면 광개토대왕 비문에 묘사된 4세기 말의 왜는 군사강국이다. 사회발전이 느렸던 고대의 기준으로 볼 때 이런 변화는 점진적이라기보다 급진적이라 할 수 있다.

필자는 4세기 중후반에 한반도 남부(신라·가야 영역)와 일본열도에서 기마민족이 야기한 중대한 정치적 격변이 있었다고 추정한다. 구체적으로는 340년대 이후 신라와 가야를 정복하고 체제를 정비한 모용선비 군단이 주도한 변화이다. 모용선비 기마군단은 한반도 남부를 장악한 뒤 다음 단계로 일본에까지 진출해 새로운 지배층이 되었고 짙은 기마문화를 이식하였다는 것이 '한반도·열도 모용선비 정복 가설'이다.

4세기 일본열도의 급변과 기마민족 정복설

AD 3세기 일본열도의 사정을 기술한 삼국지(三國志) 왜인전에는 중요한 기록이 나온다. 일본은 기마문화의 불모지라는 설명이다.

"그 땅(왜)에는 소와 말, 호랑이와 표범, 양과 까치가 없다.(其地無牛馬虎豹羊鵲)"

3세기의 열도에서는 소와 말이 관찰되지 않았음을 분명히 밝히고 있다. 당시까지는 소나 말 같은 대형동물을 실을 수 있는 큰 배가 대한해협을 왕래하지 못하였기 때문일 것이다. 농경에 축력(畜力)을 이용하지 못하였으니 생산성에 한계가 있었을 것이 분명하고 파괴력 높은 기마전술도 도입되지 못하였음을 알 수 있다.

그러나 4세기가 되면 사정은 급변한다. 전방후원분(前方後圓墳)이라는 대형고분이 활발히 조영되는 고분시대(古墳時代)의 도래이다. 일본의 고분시대는 통상 전기·중기·후기 3시기로 구분된다. 전기는 3세기 말~4세기 초부터 4세기 후반의 중간쯤까지이며(단순화하면 AD 300년경~375년경), 중기는 4세기 후반의 중간부터 5세기 후반의 중간까지(단순화하면 AD 375년경~475년경), 후기는 5세기 후반의 중간(AD 475년경)부터 6세기 후반 내지 7세기 말까지로 구획한다.(후기고분시대의 종식 시기에 대해서는 의견차가 크다.) 일본 고대사학계 주류는 전기고분시대인 4세기 초반부터 규슈와 세토나이카이 연안, 기나이 일대에서 전방후원분이 출현하는 가운데 검과 화살촉 등의 철제무기가 부장되는 등 군사집단의 흔적이 확인된다고 본다.[49]

특히 중기고분시대에는 일본의 광범위한 영역에서 기마문화가 관찰된다. 아울러 전국적으로 대형고분이 축조되기 시작한다. 기나이(畿內)를 중심으로 해서 서쪽의 규슈(九州)에서 동쪽의 칸토(關東)까지 닮은꼴 전방후원분이 들어선다. 4세기 후반 이후 열도 내에 이전과 다른 새로운 정치질서가 생성되기 시작했음을 보여준다. 한번 시작된 전방후원분은 갈수록 규모가 커져 5세기 이후에 조성된 곤다야마(譽田山)고분(응신릉(應神陵 오진릉)이라고도 하는데 역사적 근거는 허약하다.)과

---

49. 윤명철, 동아지중해와 고대 일본, 청노루, 1996, pp139~145.

다이센(大仙)고분(인덕릉(仁德陵 닌토쿠릉)으로 지정되었는데 뚜렷한 근거는 없다.) 등 거대고분은 왜국의 왕권이 상당한 수준에 이르렀음을 보여주는 증거가 된다.(이시와타리 신이치로는 '백제에서 건너간 일본천황'에서 곤다야마고분(응신릉)과 다이센고분(인덕릉)을 5세기가 아니라 6세기 초의 고분으로 분석하였다. 이는 매우 중요한데 '한일 고대사 재건축 ③'에서 상술한다.)

기마민족 도래설을 주창한 에가미 교수도 4세기 후반의 중간부터, 즉 AD 375년 즈음부터 일본의 고분문화에 급격한 변화가 생긴다는 점을 최대 근거로 꼽고 있다. 에가미는 일본의 고분문화를 전기·후기 2시기로 구분한다. 일본사학계 주류가 내세우는 3시기법에서 중·후기를 합쳐 고분문화 후기로 하였으니, 3세기 말 내지 4세기 초에서 4세기 후반의 중간까지를 전기고분시대(前期古墳時代 AD 300년경~375년경), 4세기 후반의 중간부터 7세기 후반까지를 후기고분시대(後期古墳時代 AD 375년경~675년경)로 구분한다. 에가미는 3시기법의 중기와 후기의 고분문화는 본질적으로 비슷한 반면 전기고분문화는 야요이식 문화와 밀접하여 중·후기와 성격이 완전히 다르다는 점을 강조한다. 즉 전기고분의 경우 구릉의 정상부에 고분을 만드는 특징이 있고 규모도 소박한 반면 후기고분의 경우 만주와 몽골, 북중국에서 활약했던 동북아시아 기마민족의 문화와 동일하다는 것이다. 전기고분문화가 주술적이고 평화적이며 동남아시아형의 농경민족적인데 반해 후기고분문화는 현실적, 전투적, 왕후귀족적인 북방아시아형의 특징

으로 바뀐다는 설명이다.[50, 51]

에가미 교수는 고분문화가 전기에서 후기로 발전하는 데 어떤 일관성이나 연속성을 찾아보기 힘들고 근본적으로 이질적인 특징을 갖고 있다는 점을 중시했다. 신라·가야 지역의 고분문화가 4~5세기를 거치면서 근본적 변화를 보이는 것과 같은 맥락이라고 할까? 그는 고분의 급격한 변화는 기마민족의 정복에 의한 결과라고 간주했다. 또 천황의 상속제도, 여성의 높은 사회적 지위, 야마토정권의 정치·군사적 제도가 대륙 기마민족의 그것과 매우 비슷한 점, 또 일본서기에 나오는 건국신화에 북방 유목민족의 요소가 강한 점 등을 기마민족 일본정복설의 근거로 제시하고 있다.

에가미의 '기마민족 일본정복설'은 한일 양국에서 각기 다른 이유로 배척되었다. 한국에서는 '변형된 임나일본부설'로 낙인찍혔다. 문제의 기마민족을 변한에서 발진한 것으로 설명하면서도 북방아시아에서 한반도 남부로 단기간에 종주했을 뿐 한반도 출신으로 간주하지 않은 데 대한 섭섭함이 느껴진다. 국내 역사학계가 에가미설을 경계하는 핵심은 열도를 정복한 기마민족국가가 왜한연합왕국(倭韓聯合王國)을 수립하였다는 대목인데, 이는 임나일본부의 실재성을 강조한 것에 다름 아니라고 보아 '모골이 송연하다'는 표현까지 나왔다.

일본학계의 반응은 더욱 냉담하였다. 일본학계는 대륙(실제는 한반도)에서 규슈로 도래한 야요이인과 선주민(先住民) 조몬인의 혼혈로 재

---

50. 에가미 나미오, 이동식 번역 역주, 기마민족국가-고대 일본역사의 비밀, KBS도서관 소장 비매품, 2014, pp190~209.
51. 윤명철, 동아지중해와 고대 일본, 청노루, 1996, pp157~159.

탄생한 원(原)일본인, 즉 화인(和人)을 일본사의 정통으로 간주한다. 규슈에서 힘을 키운 세력이 동쪽인 기나이평야를 정복하여 고대국가를 형성하면서 고분시대가 도래한 것으로 여긴다.(일본서기의 신무동정(神武東征) 기사를 중시한다.) AD 3세기경 기나이에서 고대국가를 형성한 야마토왕조는 4세기 이후 역(逆)으로 서정(西征)에 나서 규슈와 한반도 남부로 진출하였다는 시각이 굳건하다. 일본서기 신공(神功)조의 신라정복, 가야평정 기사와 광개토대왕 비문, 왜5왕의 중국 조공기록 등을 문헌근거로 내세운다. 한마디로 열도의 고분문화는 외래영향이 아니라 자생적 발전의 결과이며 일본의 고대국가는 그 힘을 동(東)에서 서(西)로 투사하였다는 논리를 견지해 왔던 것이다. 이런 상황에서 에가미의 기마민족설은 일본의 고분문화가 서(西 한반도)에서 동(東)으로 전래됐다며 정반대 방향의 주장을 펼치니 신경질적 반응을 나타낸 것이다.[52]

말이 나온 김에 '한반도 출신의 인간집단이 일본의 역사발전에 미친 영향력에 대한 한일사학계의 시각차'를 비교해 보자. 최근 들어 일본학계도 선사시대 야요이인이 한반도 계통이라는 것은 대체로 인정한다. DNA 검사치 등 과학적인 증거가 분명한 데다 역사 이전시기의 일이므로 한반도 관련성을 굳이 부인하지 않는 것이다. 다만 AD 3세기 이후의 고분문화는 화인(和人)이 주도한 내재적 발전의 결과라고 철석같이 믿는다. 한반도 도래인의 영향이 없지는 않지만 보조적인 역할에 그쳤다고 선을 긋는다. 더 나아가 열도의 고대국가가 한반도

---

52. 승천석, 백제의 장외사 곤지의 아스까베왕국, 책사랑, 2009, pp165~169.

남부의 정치질서를 재편하고 주도하였다고 생각한다. 이에 반해 한국 사학계는 야요이시대는 물론이고 일본의 고대국가 형성에도 백제·가야 등 한반도 정치체가 결정적인 영향력을 미쳤다고 확신한다. 4~5세기 고대국가 형성기를 둘러싼 한일 간 견해 차이는 선명하다. 역사학이 지닌 국가주의적 속성을 감안할 때 쉽게 좁혀질 것으로 기대하기 어렵다.

에가미의 기마민족설은 일본학계의 공감대를 정면으로 부정하였기에 '이단(異端)'으로 분류된 것이다. 일본의 주류학계는 에가미설을 아예 무시하거나 거칠게 물어뜯었지만 학설을 해체하는 수준에는 미치지 못하였다. 필자는 에가미설이 기마민족 출자(出自) 등에서 문제가 적지 않지만 기본구도는 여전히 설명력을 갖고 있다고 판단한다. 4세기 후반의 일본문화는 이전과 결정적으로 단절되기 때문이다. 내재적 발전의 축적으로 보기에는 단층이 지나치게 뚜렷하다. 4세기를 경과하는 와중에 고분의 규모만 커지는 것이 아니라 '왜(倭)'의 실력도 급성장하고 있다. 4세기 초까지의 왜는 신라의 해변을 약탈하는 해적 수준이었다. 그런데 4세기 말 5세기 초에 접어들면서 그 역량이 갑자기 커지고 있다. 우리측 사료에 근거해도 당시 왜의 군사력이 만만치 않다는 사실을 인정할 수 있다. 삼국사기에 의하면 393년 5월, 왜군이 신라 금성(金城)을 닷새나 포위하고 있다. 또 광개토대왕 비문에는 399년 왜·가야 연합군의 침공으로 신라가 멸망 직전에 몰리자 이듬해인 400년 고구려가 5만 대군을 보내 신라를 도운 기사가 나온다. 404년에는 왜군이 고구려 대방계(帶方界)를 침공하였다. 기실 광개토대왕 비문에는 왜가 고구려에 번번이 패하지만 계속해서 싸움을 걸어오는 꽤나 부담스런 상대로 묘사돼 있다. 일본측이 비문을 조작해 왜의 역량을 과장했다는 한국계 연구자의 주장이 나왔지만 중국학자들이 비석 표면을 조사한 결과 의도적인 조작증거는 찾지 못했다고 한다.

4세기 일본열도에 무슨 일이 있었던 것일까? 4세기 이후 열도에서 일어난 커다란 변화의 동력은 어디에서 비롯됐을까? 황국사관에서 벗어나 상황을 객관적으로 직시한다면 4세기 급변의 동력은 열도외부에서 찾아야 마땅하다. 고분에서 나온 각종 출토물의 고향이 일본이 아니라 한반도에서 건너간 것이 분명한 북방 기마민족풍이란 섬에서 그러하다. 어쨌든 4세기 신라와 가야에서 확인되고 있는 급격한 변화, 즉 기마족의 정복 흔적이 왜국에서도 확인되고 있다는 사실은 3개국을 관통하는 공통된 힘이 존재하고 있음을 증거한다. 문제의 기마민족은 어떤 족속인가?

일본을 정복한 기마족의 출자(出自)는?

6장에서도 언급하였지만 한반도 남부와 일본열도를 정복한 기마민족의 출자(出自), 즉 뿌리를 둘러싼 학설은 분분하다. 에가미 교수는 삼한의 연맹장 진왕(辰王)으로 보았다. 즉 통구스 계통의 기마민족 지도자인 진왕의 지배를 받던 한 무리의 기마족이 대한해협을 건너 북규슈 지방에 상륙해 토착민들을 정복하고서는 '왜한(倭韓)연합왕국'을 세웠다는 가설이었다. 고고학적 발굴 결과를 토대로 한다면 기마민족의 열도 정복설은 설득력이 있지만 정복 주체를 삼한의 진왕, 즉 마한 목지국의 왕으로 상정한 것은 동의하기 어렵다.

에가미는 목지국을 일본에 가까운 가야지방의 나라로 상정했지만 실제의 목지국은 마한의 맹주국으로서 현재의 충청남도 천안 부근으로 비정되고 있다. 목지국의 군주를 열도를 정복한 기마민족으로 간주할 수 있을까? 전혀 설득력이 없다. 진수의 삼국지(三國志)를 보면 '마한은 소나 말을 타는 법을 알지 못한다(不知乘牛馬)'고 기록돼 있다. 3세기 후반까지 말도 탈 줄 모른다고 관찰됐던 충청도 목지국의 왕이 4세기에 기마족으로 돌변해 일본열도를 정복했을 가능성은 희박해 보인다. 에가미 가설의 최대 약점은 열도를 정복한 기마족의 출자를 제대로 파악하지 못한 데 있다. 그렇다면 4세기 후반부터 일본열도를 정복해 나가는 기마족은 어디서 비롯되었는가?

만주의 부여를 상정하는 학자들이 많지만 부여족이 한반도를 관통해 열도로 진출할 정도의 대형사건에 대한 역사적 근거를 제시하지 못하고 있다. 3세기 말엽부터 부여는 모용선비의 잇단 공격을 받아 멸망지경에 몰려 있었다. AD 285년 모용선비의 침공으로 부여 수도가 함락되자 국왕 의려(依慮)가 자살하고 1만여 주민이 포로로 잡혀가는 등 큰 피해를 입었다. 4세기 중반인 346년에도 모용선비의 침공으로 국왕 현(玄)과 5만여 명이 포로로 잡혀가는 타격을 입었다. 쇠약해진 부여는 이후 고구려의 속국상태로 지내다가 494년 최종 소멸된다. 그런 만큼 4세기 이후 부여가 나라 바깥을 정복할 힘은 사실상 없었다. 더욱이 부여가 수천 리 떨어진 일본열도를 정복할 정도의 해군력을 보유하였다는 증거는 어디에도 없다.(285년 모용선비 침공 때 의라(依羅)왕자를 포함한 의려왕의 자제들이 옥저로 피신하였다가 이듬해인 286년, 진(晉)의 도움으로 선비족을 물리치고 나라를 재탈환하였다. 그런데도

문정창 등은 옥저로 피신했던 부여 의라왕자가 일본열도로 망명하여 숭신
천황이 되었다는 설을 주장한다.)

　백제가 왜국을 정복했을 것이란 주장도 많지만 백제는 5세기 중엽
까지는 일본을 정복할 정도로 여유롭지 않았다. 북방의 강국 고구려
와 국운을 걸고 큰싸움을 벌이던 상황이었다. 삼국사기에는 AD 397
년 백제 아신왕이 왜국과 우호하고 태자 전지(腆支)를 볼모로 보냈다
는 기록이 나오고 있으니 백제가 왜를 군사적으로 정복했을 가능성은
그리 높지 않다. 일본열도에서 출토되고 있는 4~5세기 기마 관련 유
물들을 백제산으로 보기도 어렵다.

　사실 부여계의 열도정복설이 나온 이유는 지배층이 부여씨였던 백
제의 영향 때문이다. 그런데 백제는 4세기 말 전지태자를 왜에 보내면
서 외교관계를 맺은 이후, 5세기 초반부터 다수의 백성을 열도로 이주
시킨다. 그러므로 4세기 후반부터 확인되는 일본열도 기마문화의 원
류를 백제에서 찾기에는 시기적으로 맞지 않는다. 백제의 일본열도
진출은 군사적 정복이라기보다는 활발한 이민행렬과 경제적·문화적
교류의 방식을 취하였다고 여겨진다. 5세기 당시로는 인구밀도가 낮
았던 기나이지역에 백제계 이주민을 집중적으로 부식시키는 방식이
다. 그러다가 5세기 중후반 이후 백제의 열도 경영이 본격화되는데 이
즈음부터 일본에 백제의 영향이 크고, 남아 있는 흔적도 많다. 백제는
AD 462년경 개로왕의 아우인 곤지(昆支)왕자를 일본에 파견하여 백
제계 후예를 결집시킨 다음 열도의 정치권력을 교체하는 승부수를 띄
웠고 결국 성공하였다고 판단한다.(이 점은 『한일 고대사의 재건축③』
의 1부와 2부에서 집중적으로 기술하고 있다.) 그 결과 5세기 후반 이후,

백제계 부여씨가 일본의 왕권을 장악한다고 여기지만 4세기 말 즈음에 열도를 군사적으로 정복한 주체를 백제라고 보기는 힘들다. 삼한의 진왕이나 만주의 부여, 백제 부여씨를 제외한다면 또 어떤 후보가 있을까?

일본정복 기마군단과 모용선비 관련성

4세기 말, 일본열도를 평정한 힘의 원천으로 모용선비군단 외에는 상정하기 어렵다는 것이 필자의 일관된 입장이다. 문제의 기마민족은 열도에 상륙하자마자 곧바로 활발한 정복활동을 벌인다. 일본서기 신무동정(神武東征) 기사는 그 방증이다. 정복 대상은 열도의 선주민인 모인(毛人 아이누족)과 한반도계 후예인 야요이농민들이었다. 선주민의 저항은 결정적이지 못했다고 여겨지는데 말(馬)이 지닌 파워 덕분일 것이다.

> "일본 원주민들은 이때 청동기나 초기 철기시대 양식에서 벗어나지 못하고 구식무기인 창 정도를 든 보병이 고작이었기 때문에 말 탄 부여족들은 이들 한가운데로 돌진해 눈을 후벼 파거나 목을 쳐서 실수 없이 정복을 이룩했다…(중략)…369년 한반도에서 일단의 사람들이 바다를 건너 왜를 정복한 것도 왜에는 말이 없던 차에 한반도에 존재했던 말 덕분이었다."[53]

---

53. 존 카터 코벨, 김유경 옮김, 부여기마족과 왜, 글을읽다, 2006, pp53~54.

병사를 태우고 빠르게 달리는 기동력만이 말의 장기(長技)가 아니다. 전장에서 말은 적군을 향해 돌격하도록 훈련받았다. 특히 갑주, 즉 마갑(馬甲)을 입힌 중갑마(重甲馬)는 상대 보병들이 대적하기 불가능한 존재였다. 말의 머리에는 철판갑주, 몸통에는 물고기비늘을 닮은 미늘갑옷을 장착하였다. 적의 공격에서 자유로워진 데다 무게까지 늘린 개마무사(鎧馬武士) 중갑기병대의 돌파력은 가히 무적이었다. 횡대로 달려드는 중무장기병대의 충격력을 보병집단으로서는 저지하기 힘들었다. 기수들은 필요할 경우 천으로 말의 눈을 가려 두려움 없이 질주하도록 고삐를 당겼고 '눈에 보이는 게 없는' 말들은 흥분한 상태로 전장을 날뛰었다.

전사로서의 말의 가치는 근접전에서도 위력적이다. 물고 발길질하고 짓밟도록 훈련받은 전마(戰馬)는 열도의 보병들에게 '가까이하고 싶지 않은' 괴물이었을 것이다. 전마의 힘은 16세기 남미에서도 확인되었으니 스페인 출신 코르테스와 피사로는 불과 수백의 기병대로 수만 명의 아즈텍과 잉카제국 군대를 굴복시켰다.

4세기 당시 소국들의 병립상태였던 일본열도는 기마군단에 대항할 정도의 무력집단이 존재하지 않은, 군사적으로 볼 때 일종의 진공상태였다. 그런 까닭에 역전의 모용선비 기마군단은 비록 숫자는 많지 않았다 하더라도 큰 어려움 없이 열도의 정치권력을 장악할 수 있었을 것이다. 기마군단의 거친 말발굽 아래에서 열도의 보군(步軍)은 무력(無力)하였고 야마타이국 시대는 빠르게 소멸하였다. 문제의 기마민족은 가야산(産) 철 무역권을 독점하는 방식으로 일본열도 전역에서 리더십을 행사할 수 있었을 것이다.

모용선비의 일본정복을 입증할 결정적 단서는 아직 발견되지 않았지만 일본에서 출토된 기마민족 유물들이 신라·가야, 나아가 선비족의 그것과 유사하다는 사실이 중요하다. 일본에서 나온 관(冠)과 갑옷, 투구, 칼, 안장·등자를 비롯한 각종 마구류가 가야지역에서 발견된 것들과 닮았다는 것은 상식화돼 있다. 4세기 말~5세기 초, 일본열도 초기 마구류의 직접적인 계보를 가야·신라를 비롯한 한반도 남부에서 구할 수 있다는 것은 일본 역사학계도 부인하지 않는다. 예컨대 이사하야 나오토(諫早直人)는 "중기고분시대 왕릉급 무덤으로 여겨지는 기나이의 모즈(百舌鳥)·후루이치(古市) 고분군에서 출토된 재갈(轡)과 말방울(鈴), 등자와 안장 등 마구류의 원류는 한반도 동남부 신라·가야에서 찾을 수 있다."고 결론 내린다.[54]

또 다른 사례로 1992년 일본 나라현립박물관은 니이자와센츠카(新澤千塚) 고분 등 나라현(奈良縣) 주변의 고분에서 나온 출토물의 뿌리를 찾는 도록을 발간했다. 도록을 펴낸 일본 고고학자들은 니이자와센츠카 126호분에서 나온 관장식과 각종 보물, 유리그릇 등이 경주 대릉원의 신라고분과 양산 금조총(金鳥塚)의 가야고분, 나아가 중국 요녕성의 출토물과 흡사하다는 점에서 이들 지역을 '원류'로 간주하였다. 일본의 고고학자들도 고분 출토물의 뿌리가 한반도 동남부이며 궁극적인 출발지는 중국 동북방의 요서지방, 구체적으로는 모용선비의 땅이었을 가능성을 이미 제기한 것이다.

---

54. 이사하야 나오토(諫早直人), 4~5세기 일본과 가야의 마구, 인제대 가야문화연구소. 김해시, 가야 기마인물형토기를 해부하다, 주류성, 2019, pp307~333.

니이자와센츠카(新澤千塚) 고분 출토 갑옷   경주 구정동 고분 출토 4세기 갑옷

하지만 그들은 선비족의 유물이 어떻게 한반도를 거쳐 머나먼 일본 열도로까지 이어지는가에 대해서는 답변을 내놓지 못하였다. 필자는 342년(또는 341년) 전연(前燕)의 왕 모용황의 명을 받고 고구려를 침공했다 낙오한 북로군 별동부대 1만 5천 명 중 상당수가 신라와 가야로 들어갔고 그들 가운데 또다시 일부가 30년 안팎이 흐른 뒤부터 일본열도로 진출했다는 가설을 내세운다.

일본 나라현(奈良縣) 니이자와센츠카(新澤千塚) 고분 등에서 출토된 요서지방 라마동고분 계통의 말안장 등 기마민족 유물들은 모용선비 군단이 열도로 유입됐을 개연성을 표징하는 증거가 된다. 모용선비는 기마족의 성격이 강한 데다 한반도화의 시간이 그다지 길지 못한 상황에서 열도로 건너갔기에 기마민족 정복설이 나올 정도로 뚜렷한 기풍을 남긴 것이다.

부연하자면 5세기 중국 남조에 조공하면서 한반도 남부지역의 군사적 지배권을 주창했던 '왜5왕'의 선조(先祖)는 남하한 모용선비국 출신이 아닐까? 혹은 모용선비국 전연(前燕)의 정치문화 풍토에서 성장한 부여계 후예가 아닐까? 이런 시각에서 광개토대왕 비문에 나오는 왜(倭)의 실체규명이 시급하다. 'AD 400년 전후의 왜'는 숭신(崇神)이라는 지도자가 이끄는 모용선비 일파로서 한반도 남부에 이어 일본 열도까지 정복한 기마군단이 그 중심이었다고 짐작된다. 왜지(倭地)에서 활동하며 다수의 왜인을 지휘하는 집단이므로, 원래의 출자는 무시하고 '왜'로 기록하는 것이다.

'AD 400년 전후의 왜'는 신라에 대해 강한 적대의식을 지녔던 것 같다. 4세기 말 이후 왜는 약 100년간 신라를 줄기차게 공격하였다. 재물이나 인명 탈취의 목적도 있었겠지만 적대의식과 경쟁심리가 짙게 묻어난다.

'부여계 모용선비'의 열도진출 가능성

기마민족의 한반도 남부·일본열도 정복설을 수용하는 연구자들 다수는 여전히 부여나 백제 부여씨를 정복주체로 간주한다. 남아 있는 증거가 없고 추정할 만한 단서조차 빈약하기에 기마족의 출자 문제는 각자의 주장만 난무한 채 영영 결론이 나지 않을 수도 있다. 필자는 '부여 기마민족설'에 동조하지 않지만 '부여나 백제는 절대 아니다'라고 핏대 세울 생각은 없다. 오히려 '모용선비화된 부여계'가 열도로 진출했을 개연성은 열어두는 입장이다.

6장 '가야 진출 기마민족과 출자 논쟁'에서도 언급했듯이 모용선비

제국 전연(前燕)은 다민족복합국가였다. 전연의 군주 모용황이 일으킨 342년(또는 341년)의 '고구려 전역(戰役)'에는 부여계 참전자가 분명히 존재했을 것이다. 특히 1만 5천 명의 북로별동대에는 부여국 후예를 비롯한 피정복민의 비율이 더 높았다고 보아야 한다. 고구려 고무(高武) 왕자에게 패한 북로별동대 가운데 한 무리가 신라로 들어갔고, 경주에 불시착한 무리가 다시 세포분열을 일으키면서 한 토막이 가야와 열도로 튕겨나갔다는 것이 필자의 소견이다.

"영락 9년(AD 399) 백제가 (고구려와의)맹세를 위반하고 왜(倭)와 화통하였다.(九年己亥 百殘違誓與倭和通)"는 광개토대왕 비문의 기록도 놓칠 수 없다. 비문의 왜가 신라는 적대시하는 반면 백제(부여씨)와 화통한다는 것은 이들의 뿌리가 부여와 무관하지 않다는 것을 암시한다. 이런 맥락 하에 '모용선비화된 부여계' 내지 '부여계 모용선비'의 열도진출 가능성을 남겨두는 것이다. 하지만 부여계 모용선비도 기본적으로 모용선비제국의 국인(國人)이며 이들이 향유한 문화와 군사기술은 전연(前燕)에서 유래한 것이다. 그런 점에서 설령 부여계 후예임이 확인되는 경우에도 굳이 부여계라는 언급 없이 '모용선비 기마족의 일본열도 진출설'로 기술하는 것은 완전히 빗나간 표현이 아니다.

광개토대왕 비문을 시끄럽게 만들었던 왜는 5세기 들어 중국 남조에 사신을 보내 조공하며 중국의 힘을 활용하고자 시도한다. 동아시아 국제사회의 작동원리에 눈을 뜨고 있으며 국제정세를 자신에게 유리하게 만들고자 하는 외교감각도 갖추고 있음을 보여준다. 413년 남중국 동진(東晉)에 '왜국왕' 찬(贊)이 사신을 보낸 것을 시작으로 진(珍), 제(濟), 흥(興), 무(武) 등 다섯 명의 왜국왕이 잇따라 남조에 조공하였다. '왜5왕'이다. 왜국의 다섯 왕은 중국측에 한반도 남부를 자신의 군사적 활동영역으로 해줄 것을 줄기차게 요구하는가 하면 고구려에 대한 강도 높은 적개심을 보여준다. 한마디로 4세기 후반~5세기의 왜는 이전과는 확연히 달라진다.

왜5왕 대목에서 눈여겨볼 부분은 열도의 군주가 스스로를 '왜국왕(倭國王)'으로 명기하였다는 사실이다. 3세기까지 열도의 정치세력은 자신들의 나라를 '노국(奴國)' '이도국' '야마타이국' 등으로 표현하였을 뿐 상위개념인 왜국을 크게 강조하지 않았다.(다만 3세기 야마타이국의 여왕 비미호가 '친위왜왕(親魏倭王)' 칭호를 받은 것은 야마타이국왕이자 왜 대표주자라는 중첩된 인식을 지녔음을 보여준다.) 하지만 5세기에는 '왜국왕'이라고 자칭하였으니 왜, 즉 일본열도를 대표하는 정치체의 군주임을 자각하고 이를 대외적으로 공표하였다는 말이다. 5세기의 왜왕은 스스로를 열도전역을 평정한 대왕(大王)으로 인식하고 있었으며 이런 사실을 국제적으로 공식화하려는 의지도 갖추고 있었음을 알 수 있다.

'광개토대왕 비문에 출현하는 왜(비문왜)'와 시기적으로 이어지는 '5왕의 왜'는 어떤 세력인가? 지리적 의미로 '왜국 땅'에 자리 잡고 있어 '왜'로 기술되었지만 이전의 왜인과는 실력면이나 행동양태에서 사뭇 다르다. 사회발전 속도가 매우 느렸던 고대사회에서 특정국가의 실력이 급성장한 것을 두고 내부의 자생적 발전결과로 설명하는 것은 부족하다. 외부로부터의 새로운 세력 유입 등 외적환경 변화의 결과인 경우가 많다. 4세기 초반 이전까지는 허접하기 짝이 없던 왜가 갑자기 강성국가로 돌변한 것도 같은 맥락으로 보는 것이 자연스럽다.

4세기 후반부터, 본격적으로는 5세기 이후 열도에서 기마민족의 기풍이 뚜렷해지는 점을 감안할 때 '비문왜'와 '5왕의 왜'는 북방에서 남하한 기마족의 후예일 확률이 높다. 한 줄기 기마민족이 한반도 남부에서 머물다 열도로까지 진출하였으며, 이들이 한반도에 머물던 시절에 이룩한 기득권에 지대한 관심을 나타낸 증거가 비문왜와 왜5왕의 행보라고 여겨진다.

왜5왕의 외자 이름, 모용선비 방증인가?

왜5왕의 기록을 일본서기 편찬자들이 몰랐을 가능성은 희박하다. 8세기의 야마토조정을 황제국화하려는 기조에서 볼 때 한반도 남부에 대한 군사적 우위를 표현한 왜5왕 기사는 상당히 매력적인 대목이었을 것이다. 그러나 정작 일본서기에서는 왜5왕 기록이 전혀 나오지 않는다. 이에 대해 일본 사학계는 "중국과 대등한 황제국으로 기술하려는 일본서기 편찬 원칙에 따라 중원에 조공한 기사를 배제하였을 것이다."라는 식으로 해석해왔다. 과연 그럴까? 나는 왜5왕의 이름 자체에 그 원인이 숨어 있다고 보는 편이다.

왜5왕이 누구냐를 놓고 열도의 사학자들은 대체로 제(濟)는 윤공천황(允恭天皇), 흥(興)은 안강천황(安康天皇), 무(武)는 웅략천황(雄略天皇)에 해당한다고 본다. 찬(贊)과 진(珍)에 대해서는 여러 설이 존재하는데 찬은 응신천황(應神天皇), 인덕천황(仁德天皇), 이중천황(履中天皇)설이 분분하다.

그러나 일본 사학계의 '왜5왕 비정(比定)놀이'는 부질없는 일이다.

다섯 왕의 이름이 일본역사서 기록과 판이하기 때문이다. 웅략천황만 하더라도 본명은 '오하쓰세와카타케루노미코토(大泊瀨幼武尊 또는 大長谷若建命)'이며 별명은 '오하쓰세노 대왕(大長谷王)'이다. 이름 중간에 흔한 글자인 '힘쓸 무(武)'자가 포함돼 있지만 성명체계가 중원풍과 완전히 다르다. 일본 사학계는 웅략천황의 본명에 무(武) 글자가 들어 있는 사실에만 집중할 뿐 성명체계가 '왜왕 무'의 외자이름과 판이하다는 점은 소홀히 취급한다. 그러나 중국에 조공을 바치면서 왕의 이름을 적당히 지을 수는 없는 일이다. AD 3세기의 여군주(女君主) 비미호(卑彌呼 히미코)는 물론이고 6세기의 왜왕 이름도 '오랑캐풍'이 완연하다. 수서 왜국전(隋書 倭國傳)에는 "개황(開皇) 20년(AD 600)에 성(姓)은 아매(阿每) 자(字)는 다리사비고(多利思比孤 다리사북고(多利思北孤)라고 읽기도 한다.), 이름(號)은 아배계미(阿輩雞彌)인 왜왕이 사신을 보내 궁궐에 아뢰었다(詣)"는 내용이 나온다. 왜국은 자국의 왕명을 일부러 중원풍으로 바꾸지 않았다는 증거이다. 결국 5세기 중국 외교문서에 출현하는 왜왕들의 이름은 '실제'라고 봐야 한다.

그런데 왕의 이름이 찬, 진, 흥 등으로 외자이다. 한 글자 이름, 어디서 많이 들어보지 않았는가? 다분히 중국식으로, 중원문화와 오랫동안 접촉한 느낌이 묻어난다. 특히 외자이름은 복성(複姓)의 특징이다. 우선 백제 왕실의 가능성이 제기된다. 백제 왕성은 복성인 '부여(夫餘)'씨이니 외자이름을 쓸 수 있다. 일단 부여찬, 부여진, 부여제, 부여흥, 부여무라고 상정해 볼 수 있다.(국서에서 고구려에 대한 강한 적개심을 피력하고 있고 AD 478년과 가까운 시기에 부친과 형이 사망한 점 등을 근거로 다섯 번째 왜왕인 무(武)를 백제 개로왕이나 개로왕의 동생인 곤지 등으로 보는 견해가 많이 제기됐다. 왜5왕의 특징과 왜왕 무를 둘러싼 미스터리는 『한일 고대사의 재건축③』의 6장과 7장에서 상세히 언급한다.) 하지만 백제왕실 인물 가운데에서 찬·진·제·홍·무의 이름은 발견되지 않는다. 특히 '제(濟)'는 국호 백제(百濟)의 '제'와 겹친다. 고대 동양에서는 '기휘(忌諱)'라 하여 왕의 이름과 같은 글자는 각종 문서에서 쓰지 못하였다. 백제로서는 '백(百)'이나 '제(濟)'를 외교문서 등의 공문에서 수없이 써야 하므로 왕의 이름으로 삼기가 어렵다. 그런데도 '제(濟)'라는 왕명이 나온다는 점에서 왜5왕은 백세왕실이 될 수 없다.(중국과 달리 한국과 일본에서는 기휘의 강도가 약했고 시기적으로도 후대의 풍습이라는 설명도 있을 수 있다. 그러나 왜는 몰라도 5세기의 백제는 기휘에 대해 인식하였다고 보아야 한다.)

백제왕실이 아니면서도 '부여'씨를 쓸 수 있는 집단이 있다. 바로 모용선비에 항복한 만주부여국의 후예이다. 앞의 6장에서 거론된 여울(餘蔚), 여화(餘和), 여암(餘巖) 등의 사례에서 보듯이 여씨(餘氏=扶餘氏) 성을 쓰는 부여국 왕실 후예들이 전연(前燕) 사회에 존재하였던 사실을 상기할 필요가 있다. 즉 여씨 성의 만주부여국 후예가 고구려를 침공한 모용선비 북로기병대에 배속되었다가 가야를 거쳐 열도로 진출했을 가능성을 배제할 수는 없다는 뜻이다.

부여씨 말고도 복성 체제의 왕성이 있으니 바로 모용씨이다. 모용선비의 왕성은 두 글자 '모용(慕容)'며 이름은 모두 외자였다. 모용외(慕容廆), 모용황(慕容皝), 모용한(慕容翰), 모용수(慕容垂), 모용성(慕容盛), 모용농(慕容農) 등이 유명하다.(모용씨는 훗날 중국에서 단성인 모(慕)로 성씨를 바꿨는데 그렇게 한 이후에는 두 글자로 된 이름도 등장한다.)

필자가 모용선비의 후예로 생각하는 신라 법흥왕 김원종(金原宗)의 원래 이름 '모진(慕秦)'도 외자 이름이다. 여기서 다시 한번 왜5왕이 모용선비 출신일 수 있음을 시사 받게 된다. 그럴 경우 왜5왕의 성명은 모용찬, 모용진, 모용제, 모용흥 등으로 되는 것이다. 어쨌든 외자 이름으로 기록된 왜5왕은 모용선비국〈前燕〉에서 성장하여 고구려 북로침공군에 배속된 부여계 후예이거나 모용씨 출신의 숭신왕조 군주일 가능성이 엿보인다.

왜5왕은 중국 왕조에게 한반도 남부에 대한 군사적 지배권을 노골적이고도 끈질기게 요청하였다. 한반도에 대한 지배권에 강한 집착을 보여준 일본서기 편찬자로서는 구미가 당기는 부분이었을 것이다. 그럼에도 불구하고 일본서기를 편찬한 8세기의 야마토조정은 왕의 이름체계부터 판이한 숭신왜국의 외교기록을 자신들의 역사로 둔갑시킬 수는 없었다고 여겨진다.(필자는 숭신왜국과 야마토조정(=응신왜국)은 각각 가야계와 백제계로 서로 다른 왕통이며 5세기 후반~6세기 초반에 두 왕조는 일본의 서와 동에 근거지를 둔 채 열도의 패권을 놓고 격렬히 충돌하였다고 본다. 최종적으로 응신왜국이 승리하여 야마토조정이 된다. 이에 대한 상세한 내용은 『한일 고대사의 재건축③』에서 서술한다.) 그 결과 왜5왕 관련 기록은 일본 역사서에서 삭제되었다. 일본서기가 왜5왕 기사를 외면한 것은 '중국에 조공을 바친 부끄러운 역사'이기 때문이 아니다. 열도 외부에서 진출한 세력이 왕권을 장악한 숭신왜국의 기록임이 너무 명백했기 때문으로 풀이해야 합리적이다.

10장
가야계 정복군주
숭신(崇神)의 결단

　야요이시대 이후 한반도에서 일본열도로의 도해행렬은 중단 없이 진행되었다. 한반도 출신으로서 열도에서 지배층이나 군주가 된 인물은 당연히 적지 않았을 것이다. AD 4세기 후반부터 가야를 떠나 일본으로 향한 기마민족의 무리도 이전의 도해행렬과 유사한 경로로 바다를 넘었다고 여겨진다. 그렇지만 한반도의 역사서는 물론이고 열도의 사서에서도 기마족의 도해과정에 관해서는 철저히 침묵하고 있다. 단지 복잡하고 미묘한 사건의 배후에 소략하고 모호하게 암시돼 있을 뿐이다. 역사를 기록한 것이 정치적 필요에 의한 것이라면 역사에 올리지 않은 것 또한 정치적 의도일 것이다. 그 결과 4세기 이후 이뤄진 한반도 남부와 일본열도의 거대한 변화상은 대부분 수수께끼의 영역으로 빠져버렸다.

　가야를 출발하여 일본열도를 정복한 기마민족 지도자의 이름과 가계(家系)조차 알기 힘든 것이 현실이다. 열도를 정복한 기마족 군주에 대한 명확한 기술은 생략돼 있지만 일본서기에는 그가 숭신천황(崇神

天皇)이라는 작은 단서가 숨어 있다. '임나공'을 뜻하는 미마기〈御間城〉라는 직함명으로 미뤄 숭신은 범(汎)가야 영역에서 출발한 인물임이 분명하다.

임나공 숭신의 도해는 과감한 결단과 치밀한 준비작업의 결과로 보아야 한다. 바다를 알지 못했던 기마민족의 후예가 거친 대한해협을 건너 일본정복을 시도하기란 결코 쉬운 일이 아니기 때문이다. 10장에서는 숭신천황과 관련된 일본서기 기록 등을 근거로 숭신이 이룩한 결단의 크기와 파장을 살펴보기로 한다.

가야사는 프랑스 노르망디 역사에 비유된다

에가미 나미오(江上波夫) 교수는 '기마민족 역사'에서 가야를 프랑스 노르망디에 비유하였다. 노르망디에서 출발한 윌리엄 1세가 잉글랜드를 정복하고 '영국왕'이 된 후에도 노르망디를 본향(本鄕)으로 삼아 영토권을 계속 유지한 사실과 일본열도를 정복한 기마민족이 가야에 대한 관심과 연고권을 유지한 것이 유사하다는 논리였다. 이자와 모토히코(井澤元彦)도 '역설의 일본사'에서 "내관가(內官家)라는 가야는 천황가의 노르망디였다."는 의견을 피력하였다.[55]

이들의 논리를 이해 또는 반박하기 위해서라도 노르망디의 역사를 잠시 살펴볼 필요가 있다. 바이킹(Viking)이란 이름으로 널리 알려진 노르만(Norman)족의 본래 의미는 '북방인'이란 뜻이다. AD 8세기 이

---

55. 이자와 모토히코, 역설의 일본사, 고려원, 1995, pp303~309.

후 덴마크와 노르웨이, 스웨덴 등 북유럽에 왕권이 확립돼 가는 정치투쟁에서 패배한 종족의 부족장들이 자신의 집단을 이끌고 새로운 근거지를 찾기 위한 이동을 시작한다. 덴마크에 살던 추장 롤로(Rollo)가 이끄는 바이킹의 한 무리가 프랑스로 옮겨가서는 약탈로 지새웠다. 파리와 샤르트르 등 주요도시를 수시로 포위공격하였다. 따로 갈 곳이 없는 처지였기에 롤로의 집단에게 전쟁은 곧 일상이었다. 노르만과의 오랜 싸움에 지친 당시 프랑스국왕 '샤를 3세(Charles Ⅲ)'는 급기야 회유책을 제시한다. 롤로에게 기독교로 개종하고 국왕의 봉신이 되는 조건으로 센강 하류의 도버해협 남안을 영지로 할양해 주었다. 911년 7월의 '생클레르 조약'이다. 이후 노르만 족속이 자리잡은 지역은 노르망디(Normandie)로 불리었고 추장 롤로는 노르망디공(公)이 되었다.

세월이 흘러 AD 1066년, 노르망디공의 직위를 계승한 롤로의 5대손 기욤(Guillaume)이 1,000척의 함선에 1만~1만 2천 명의 병력을 싣고 도버해협을 건너 잉글랜드를 침공하였다. 11세기 유럽의 군사작전 관행상 병력의 1/3을 기사(騎士)라고 본다면 3천~4천 명의 기마전력이 참전하였다고 추정된다. 잉글랜드를 석권한 '정복왕' 기욤은 영국국왕 윌리엄(William) 1세가 되었다.[56] 1154년까지 잉글랜드를 지배한 노르만왕조의 시작이다. 영국왕이 된 이후에도 기욤(윌리엄)은 노르망디공의 지위를 유지하였고 프랑스에 머문 날이 더 많았다. 사

---

56. 노르망디공 기욤(윌리엄)의 도해와 영국정복 과정에 대해서는 폴 짐토르(Paul Zumthor) 지음, 김동섭 옮김, 정복왕 윌리엄, 글항아리, 2020, pp378~435 참고.

후에는 고향 노르망디에 묻혔다.

정복왕 윌리엄이 타계한 뒤 장남 로베르는 노르망디공의 지위를 이은 반면 삼남은 영국왕의 지위를 이어 윌리엄 2세가 되었다.(윌리엄1세의 차남은 일찍 사망하였다.) 영국왕 윌리엄 2세가 숨지자 사남이 헨리(Henry) 1세로 등극한다. 헨리 1세는 큰형 로베르와 싸워 노르망디공국을 합병하고 자신의 지배 아래 두었다. '노르망디·잉글랜드 연합왕국'인 셈이다. 아들이 없었던 헨리 1세의 왕위가 외손자인 헨리 2세에게 계승되면서 영국에서 노르만왕조는 끝이 났다. 현재 프랑스나영국에서 노르망디공 기욤이 영국으로 진출한 역사 기술에 큰 거부감을 갖지는 않는다. 프랑스나 영국이라는 근대적 의미의 국가체제가형성되기 이전의 역사이기 때문일 것이다.(프랑스에서는 기욤을 위대한정복자로 받드는 반면, 영국에서는 그다지 칭송하지 않는 정도의 차이는있다.)

가야를 노르망디에 비유한 에가미와 이자와의 가설에서 일정한 통찰을 얻을 수 있다. 즉 노르망디 군대가 도버해협을 건너 '노르망디·잉글랜드 연합왕국'을 세운 것과 유사하게 가야에서 진출한 기마민족이 일본열도를 정복한 다음 '한왜(韓倭) 연합정치체'를 이룩하였다는 시각이다. 대륙에서 열도로 진출한 정복왕조가 선조가 묻힌 고토(故土)에 미련을 두는 것은 자연스러운 현상이다. 윌리엄 1세를 비롯한 노르만왕조는 영국의 내정에 못지않게 노르망디와 프랑스 정치에 큰 관심을 보였고 영향력도 행사하였다. 윌리엄 1세 이후 영국왕실의 공용어는 프랑스어의 노르망디방언인 '노르만 프렌치(Norman French)'였고 자신들을 프랑스인으로 간주하였다.

가야에서 열도로 진출한 세력 역시 한동안 '조상의 말'로 소통하는 한편 한반도의 정치에 깊은 관심을 지녔을 것이 틀림없다. 가야(임나)에서 발진한 지도자 숭신(崇神)의 이름이 미마기〈御間城〉로 훈독된다는 사실을 소홀히 볼 수 없다. 미마기는 '미마나, 즉 임나(任那)의 성'을 의미하는데 임나 출신임을 시사한다. 결국 열도를 정복한 군주의 직함이 '미마나(=임나)공(公)'이라는 말이다. 윌리엄의 직함명 노르망디공이 출신지를 언급하는 것과 유사하다.

에가미 교수도 4세기 초에 변한(가야)에서 대한해협을 건너 북(北)규슈에 상륙해 현지 세력을 병합하고 왜한연합왕국을 만든 일본의 건국주를 숭신(崇神)이라고 보았다.(에가미는 한반도에서 출발한 기마민족의 도해 시기를 4세기 초로 보고 있지만 필자는 4세기 후반~5세기 초라고 판단한다.) 다만 에가미와 이자와 모토히코는 열도를 정복한 숭신의 세력이 야마토왕조가 되었다고 간주한다면 필자는 야마토와 구분되는 숭신왕조라고 보는 차이가 있다. 이런 차이는 결코 간단한 문제가 아니다.(일본열도의 왕조 문제에 대해서는 『한일 고대사의 재건축③』의 1부와 2부에서 집중적으로 다룬다.)

가야 출신 정복왕 숭신은 누구인가?

숭신천황와 관련한 기록은 소략하지 않지만 명확하지는 못하다. 당장 "숭신은 누구인가?"라는 질문이 제기될 수 있지만 대답을 하기 어렵다. '115세에 사망한 개화천황(開化天皇)의 둘째아들'이라는 일본서기는 믿을 만한 기록이 못 된다. 그렇다면 질문구조를 뒤바꿔 "누가 숭신인가?"라고 물어야 한다. 이 또한 특정하기 쉽지가 않으니 숭신이 될 수 있는 후보군이 여럿이기 때문이다.

첫째 후보로는 최초임나 지역에서 신라와 쟁투하다 열도로 도피한 지도자일 가능성이 상정된다. BC 1~2세기 즈음에서 AD 2세기경까지 최초임나는 남쪽으로 팽창해오는 초기신라(사로국)와 국운을 건 대결을 벌였으나 결국 패배한 것으로 짐작된다.(『한일 고대사의 재건축 ①』에서 언급하였지만 신라는 자신들과 수없이 다툰 최초임나를 '왜'라고 기록해 신라본기에 남겼다고 여겨진다.) 신라에 의해 죽거나 신라의 해변백성으로 흡수된 경우도 많았겠지만 무수한 무리가 열도로 몸을 피하였을 것이다. 열도로 이주한 동해남부 출신들은 신라에 대한 적개심을 오랫동안 간직하였을 것이다. 훗날 신라정복 전승을 남긴 신공황후(神功皇后)의 설화가 탄생한 배경 가운데 하나는 최초임나인의 신라에 대한 적대감으로 판단된다. '비류백제 일본정복설'을 주창한 김성호는 신공황후의 이름이 '기장족희(氣長足姬)'라는 데 주목하였다. 기장족희는 '기장발(=벌) 계집'이라고 풀이한 바 있다. '기장(氣長)'은 현재 부산의 동해변에 위치한 기장군(機張郡)과 소릿값이 통한다. '족(足)'을 훈독하면 '발'이 되는데, 이는 벌판을 뜻하는 '벌(伐)'의 음차라고 보았다. 결국 동해남부의 기장 출신 후예들이 신라에 대한 복수심을 담아 만든 설화가 '기장족희(=기장벌 여인=신공황후)의 신라정복설'이라는 논리이다. 흥미로운 가설이다.[57]

훗날 일본국으로 변화되는 '열도왜'는 신라와는 거의 대부분의 기

---

57. 김성호, 비류백제와 일본의 국가기원, 지문사, 1982, p186.

간 동안 앙숙이다. 일본서기를 보면 왜와 가야는 한 몸, 일체라는 느낌을 주며 백제와는 친밀한 관계이다. 반면 신라는 시종일관 적대적인 대상으로 묘사돼 있다. 삼국사기에도 신라는 왜를 무척이나 미워하고 경계하고 있다. 신라가 한반도를 통일하며 승리한 반면, 패배한 백제와 가야계 후손들이 열도의 중추를 이뤘기 때문이라는 후대의 역사만으로는 설명이 부족하다. 신라와 왜는 처음부터 경쟁관계·적대관계였고 그 점이 양측의 역사적 DNA에 깊숙이 스며든 탓으로 여겨진다. 수백 년에 걸쳐 일본열도에 정착한 여러 종족·집단 가운데 신라에 대한 적개심을 가장 먼저, 가장 오랫동안, 가장 강력하게 피력하기는 동해 남부의 최초임나 출신으로 짐작된다.

둘째로 금관가야 왕실의 행적도 숭신이란 상징인물의 일부분에 포함됐을 수 있다. 김해김씨 족보인 '편년가락국기(編年駕洛國記)'에 초선대(招仙臺) 전설이 기재돼 있다.(김수로왕 신전인 숭선전(崇善殿)에서 나온 '김씨왕세계(金氏王世系)'에도 초선대 전설이 기록돼 있다고 한다.)

"거등왕 기묘년(AD 199)에 선견(仙見)이라는 이름의 왕자가 세상이 허무하여 신녀(神女)와 더불어 구름을 타고 떠났다. (거등)왕이 강 가운데 돌섬의 바위에 올라 선견왕자를 불렀다. 바위에 그 모습을 새기니 '왕초선대(王招仙臺 왕이 선견을 부른 정자)'라 속전되고 있다.(居登王己卯 王子諱仙見 塵世衰葬 與神女 乘雲離去 王欲登江石島巖招仙 銘影故 俗傳王招仙臺)"[58]

---

58. 이종기, 춤추는 신녀, 동아일보사, 1997, pp164~168.

이종기 선생은 일본의 향토지 '비후국지(肥後國志)'와 '묘견궁실기(妙見宮實記)'를 근거로 하여 대담한 추리를 전개한다. 즉 선견왕자가 따라간 신녀는 수로왕의 딸 묘견공주(妙見公主)로서 훗날 야마타이국의 여왕 비미호(卑彌呼)라는 주장이다. 묘견은 선견왕자의 누나이니, 선견과 묘견 남매가 무리 3천을 이끌고 도해하여 야마터를 세웠다는 가설이다.[59]

수로왕 7왕자의 전설도 잘 알려져 있다. 수로왕과 허황옥(許黃玉)은 모두 10명의 왕자를 두었는데 큰아들 거등(居登)은 왕위를 계승하였고 둘째와 셋째는 어머니의 성을 따라 김해허씨의 시조가 되었다. 문제는 나머지 일곱 왕자이다. 경상남도 하동군의 지리산 칠불사(七佛寺)에는 수로왕의 7왕자가 허왕후의 오빠인 장유화상(長遊和尙)을 따라 가야산에 들어가 신선이 되었고 지리산에서 성불하였다는 전설이 전한다. 다른 이야기도 있다. 일제강점기인 1915년 총독부는 치안상 이유로 김해김씨의 족보발행을 금지하였다. 당시 족보에는 수로왕의 7왕자가 구름을 타고 일본으로 갔다는 내용이 나타나 있었기 때문이다. 칠불사 이야기는 불교적으로 윤색됐다면 김해김씨 족보는 보다 현실적이다.

차남 이하는 부모로부터 승계받을 권리가 적은 만큼, 고향을 떠나 새로운 땅에서 생존을 도모하는 것은 여러 문화권에서 종종 발견되는 보편적인 현상이다. 금관가야의 왕위 계승에서 밀려난 왕족들이 바다 건너 규슈에서 새로운 대안을 모색하였을 개연성은 충분하다. 이와

---

59. 위의 책, pp186~190.

관련하여 금관가야와 일본의 시조탄생 설화가 극히 유사한 점이 주목된다. 수로왕의 구지봉(龜旨峯) 강림은 '천손(天孫) 니니기노미코토(瓊瓊杵尊 경경저존)의 구시후루다케(다케는 봉우리를 뜻하는 일본어) 강림'과 사실상 같다. 김해의 '구지봉'과 규슈의 '구시후루'는 동일한 지명으로 보아도 틀림없다. 수로왕의 7왕자가 일본으로 갔다는 김해김씨 족보기록은 해상왕국 금관가야인들이 초기부터 열도진출에 나섰음을 암시한다.

세 번째 후보로는 신라왕자 천일창(天日槍)과 해변인 연오랑세오녀를 주목할 수 있다. 천일창과 연오랑세오녀 설화 역시 한반도인의 집단적인 도해 사례를 상징한다.(『한일 고대사의 재건축①』 8장에서 언급하였기에 재론하지 않는다.)

네 번째로는 모용선비 기마민족의 열도진출 가능성을 주목한다. AD 342년(또는 341년) 고구려를 침공했다가 한반도 남부로 진출한 모용선비 기병대는 우월한 무력을 기반으로 신라와 가야권, 영산강유역 등 한반도 남부일대를 정복하였고 이어 일본열도로 향하였다고 짐작한다. 여러 정황을 감안하면 가야에 머물던 모용선비는 4세기 후반경에 대한해협을 건너 규슈와 혼슈서부 일대를 손에 넣었다고 판단한다.

가야에서 출발하여 일본열도를 정복한 군주 숭신은 위에서 언급한 4가지 역사적 사건과 관련된 주인공으로 짐작된다. 일본 역대천황의 시호 가운데 '귀신 신(神)'자가 들어간 경우로는 초대천황 신무(神武), 10대 숭신(崇神)과 신공황후(神功皇后), 15대 응신(應神) 등 모두 4명이다. 하나같이 새로운 시대가 개창되는 것을 암시하는 정복군주, 시조

왕의 성격을 갖고 있다.

이들 가운데서도 숭신은 가야(임나)에서 출발하여 새로운 왕조를 개
창한 시조왕이 분명하다. 숭신을 특정인으로 한정할 필요는 없다. 긴
역사 과정에서 가야에서 열도로의 이주행렬은 끊임없이 진행됐던 만
큼 숭신은 특정시기의 특정인물이 아니라 가야권에서 여러 시대에 걸
친 도해의 지도자를 총합한 상징적 인물일 수도 있다는 말이다. 그 실
체를 알기란 쉽지 않지만 필자는 숭신이 임나(=가야)와의 관련성을 명
확히 한다는 점에서 초기임나의 도해전승과 모용선비의 열도정복 전
승을 합성한 인물로 풀이해 본다. 숭신이 BC 148년에 출생하였고 BC
97년 왕위에 올라 BC 29년 타계한 것으로 돼 있는 일본서기의 편년
은 대폭 상향조정된 것이 분명하다.

일본학계는 숭신을 AD 3~4세기의 인물로 여기는데 필자는 4세기
말경 기마군단의 도일(渡日)을 지휘한 지도자, 앞에서 살펴본 네 번째
후보를 '숭신의 주(主)모델'로 판단한다. 숭신의 편년이 올라간 것은
일본서기를 편찬한 권력의 정치적 필요성에 따른 분식(粉飾)의 결과
이다. 이에 대해서는 『한일 고대사의 재건축③』 8장에서 상세히 언급
한다.

일본서기 숭신천황(崇神天皇) 조에 담긴 역사

거듭 말하지만 한반도에서 출발한 인간집단이 바다 건너 일본열도
로 진출한 사례를 한두 차례로 한정해서는 곤란하다. BC 3세기경 한
반도계 야요이농민이 일본열도로 첫발을 디딘 이래 무수한 이주의 파

도가 반도에서 열도로 이어졌다. 기원을 전후할 즈음부터 수십 개의 소국이 한반도와 근접한 규슈 일대에 생겨난 것은 당연하다. 규슈와 혼슈 등지로 이주하여 소국체제를 건설한 한반도계 농민들은 본국인 가야땅을 '임나(任那)'라고 지칭하였을 것이다.

야요이농민집단의 열도행은 물론이고 금관가야의 왕실 인물들과 신라의 왕자로 알려진 천일창(天日槍), 그리고 연오랑과 세오녀 등으로 대표되는 해변세력의 지도자급 인물들도 줄을 이어 바다를 건넜다. 아울러 4세기 후반에는 모용선비 계통의 기마민족이 대한해협을 건너 규슈에 상륙한다. 수세기에 걸쳐 도해한 여러 세력집단 가운데 일부는 기존 열도지배층의 수하로 편입되기도 하였겠지만 개중에 일부는 열도의 정치질서를 전복하고 정복자로 군림하였을 것이다.

앞 절의 '가야 출신 정복왕 숭신은 누구인가?'에서 언급했듯이 '숭신 모델'을 단 한 명으로 한정할 이유는 없지만 4세기 말 기마민족의 도해를 주도한 임나공이 주(主)모델인 것은 분명하다. 일본서기 숭신조에는 강력한 권력자의 돌발적인 출현을 암시하는 '초유의 사건들'이 많다. 처음으로 선박건조령을 내리는가 하면 조세제도를 최초로 정비하고 동서남북으로 사도장군(四道將軍)을 보내 광범위한 정복작전을 펼친다. 도해 초창기에 이 같은 광폭의 변화를 강요할 수 있는 파워집단으로는 기마민족을 상정하지 않을 수 없다. 가야에서 출진하여 숭신천황(崇神天皇)이라는 직함명을 획득한 기마군단의 수장은 결국 '일본이라는 나라를 개창한 시조'로 추앙받는다. 그런데 숭신이라는 정복자가 일본에 자리잡은 이후 가야와의 관계에 변화가 생겨났다. 열도에서 임나를 '본국'으로 풀이하지 않고 '물 건너 땅'으로 객관화하기 시작한 것이다. 일본서기 수인천황(垂仁天皇)조에 그 일단이 나온다.

〈임나를 '미마나'로 훈독함을 알리는 기사〉

"의부가라국 왕자 도노아아라사등(都怒我阿羅斯等)이…(중략)…수인천황을 섬긴 지 3년이 되었다…천황이 도노아아라사등에게 '그대의 나라에 돌아가고 싶으냐?'라고 물었다. 대답하길 '몹시 돌아가고 싶습니다'라고 하였다. 천황이 아라사등에게 말하길 '그대가 길을 잃지 않고 빨리 왔으면 선황(先皇 숭신천황을 말한다.)을 뵈었을 것이다. 그러니 그대의 국명을 어간성천황(御間城天皇 숭신천황의 다른 이름이다.)의 이름을 따서 나라 이름으로 하라'고 하였다. 그리고 붉은 비단을 아라사등에게 주어 본국으로 돌려보냈다. 고로 그 국호를 미마나국(彌摩那國)이라 함은 이것이 연유가 된 것이다.(意富加羅國王之子 名都怒我阿羅斯等…仕活目天皇逮于三年 天皇問都怒我阿羅斯等曰 欲歸汝國耶 對諮甚望也 天皇詔阿羅斯等已 汝不迷道必速詣之 遇先皇而仕歟 是以 改汝本國名 追負御間城天皇 便爲汝國名 仍以赤織絹給 阿羅斯等返于本土 故號其國謂彌摩那國 其是之緣也)"[60]

'의부가라'라고 했던 나라를 '미마나'라는 (다른)국명으로 지칭하기로 했다는 내용임과 동시에, 그렇게 바꿔 부르기로 한 나름의 이유를 제시하고 있다. 위의 일본서기 기록을 사실로 믿는다면 한참 모자란

---

60. 전용신, 일본서기, 일지사, 2006, pp107~108.

사람이다. 국호를 그렇게 정하는 경우는 없다. 다만 위 기록은 일정한 역사적 진상을 담지하고 있으므로 그 의미는 작지 않다. 나는 일본서기의 이 대목을 한일 고대사의 중대한 의문점을 풀 열쇠로 주목한다.

첫째, 숭신천황(崇神天皇)이 가야(임나)에서 출발하여 일본열도를 정복한 군주임을 시사한다. 숭신의 또 다른 이름 '미마기(御間城)'를 따서 국호를 '미마나'라고 하였다는 기록 자체는 믿기 어렵지만, 숭신이 미마기 출신임을 알려주기에는 충분하다.(미마기는 미마성(城), 미마나는 미마국(國)을 의미하는데 대체로 동일지명으로 여겨진다.) 그래서 미마기(御間城)는 숭신의 직함명으로 여긴다. 사실 이는 필자의 독단적인 풀이가 아니고 기마민족 일본정복설을 피력한 에가미 나미오(江上波夫)가 일찌감치 제기한 바 있다. 에가미는 숭신천황의 이름이 '미마기이리히코이소니에(御間城入彦 어간성입언)'라는 것은 거꾸로 숭신이 미마기(미마의 궁성)에 거주했으며, 그곳이 일본이라는 나라의 발상지이자 출발점이라는 증거라고 해석하였다.[61] 결국 프랑스령 노르망디에서 출진하여 잉글랜드를 정복한 윌리엄이 '노르망디공(公)'으로 불린 것과 유사하게 숭신에게도 출신지를 딴 직함명이 있었으니 곧 '임나(미마나)공'이었던 셈이다.

숭신에게는 미마기 말고도 3번째 이름이 있으니 '어조국천황(御肇國天皇 하스쿠니시라스 스메라미코토)'이다. '비롯할 조(肇)'에서 보듯이 조국(肇國)이란 '나라를 열었다'는 뜻이니 어떤 왕조의 시조(始祖)를 의

---

61. 에가미 나미오, 이동식 번역 역주, 기마민족국가-고대 일본역사의 비밀, KBS도서관 소장 비매품, 2014, pp222~226.

미한다. 숭신 12년 9월조에 나온다.

"처음으로 백성을 조사하여 다시 과역을 부과하였다. 이를 남자의 미
조(弭調 수렵 생산물), 여자의 수말조(手末調 수공업 생산물)라 한다…(중
략)…집집마다 사람과 물건이 풍족하고 천하가 태평하였다. 이에 칭송
하여 어조국천황이라 하였다.(始校人民 更科調役 此謂男之弭調 女之手末
調也…家給人足 天下泰平矣 故稱謂御肇國天皇也)"[62]

미마기와 어조국이라는 별칭을 병치시켜 보면 숭신은 '임나(미마
기) 출신으로서 열도를 정복하여 새로운 왕조를 연 시조'라는 결론을
도출할 수 있다. 위의 기사에서 보듯이 '처음으로 백성의 호구를 조사
하여 과역을 새로 부과했다'는 것은 새로운 나라를 세웠음을 의미한
다. 숭신이 건국주임을 거듭 시사받게 된다. 아울러 남자들에게 부과
한 세금, 미조(弭調)를 주목할 필요가 있다. 미(弭)는 활고자, 즉 활시
위를 묶는 활의 양끝머리를 말한다. 그러므로 미조란 활로 잡은 수렵
물에 매기는 '사냥세'를 뜻한다. 숭신시대에 '활을 상징하는 세금'을
거뒀다는 사실에서 북방계 수렵민족의 냄새가 짙게 풍겨난다. 종합적
으로 볼 때 숭신의 일본행은 이전의 이주행렬과 달랐으니 대규모 군
대를 이끌고 열도로 진출한 뒤 정복왕조를 개창한 것으로 짐작된다.

둘째, 초대 정복군주인 숭신이 타계한 이후부터 임나의 의미가 달
라지는 것을 보여준다. 위의 기사는 숭신을 뒤이은 수인천황시절부터

---

62. 전용신, 일본서기, 일지사, 2006, p101.

가야땅을 '임나(任那 imna)'가 아니라 '미마나(彌摩那 mimana)'라고 지칭하기 시작했음을 보여준다. 미마나에 대한 풀이는 다양하지만 고대한국어로 해석하는 것이 실체적 진실에 가깝다고 본다. 『한일 고대사의 재건축①』의 9장에서 필자는 미마나를 한 글자씩 분해하여(미=물〈水〉, 마=마주하다, 나=땅, 나라) '물을 마주보는 땅'이란 뜻의 합성어로 풀이한 바 있다. 한자로는 여전히 '任那'라고 표기하지만 미마나라고 훈독하면서 열도에서는 그 의미를 교묘하게 변용시킨 셈이다. 임의 나라, 본토(本土), 본향(本鄕)이란 원래의 의미는 사라지고 '바다(해협) 건너편 땅'이라는 객관적 용어로 격하된 것이다.[63]

숭신과 함께 생존했던 도해(渡海) 1세대에게는 옛 터전인 가야가 '임나(=본국)'라는 인식이 있었을 것이다. 그러나 열도에서 출생한 2세대부터는 조상의 고향은 의미가 열어지게 마련이다. 열도의 새로운 주인이 된 사람들이 가야에 대해 '본국'이라는 애틋한 감정을 잊고 자신들의 하위동맹으로 인식한 순간부터 임나는(미마나라고 불리면서) 가야영역을 총칭하는 지명 내지 국호로 쓰이기 시작하였다고 하겠다.

셋째는 같은 맥락에서 한왜연합왕국의 중심이 가야에서 열도로 넘어갔음을 암시한다. 가야를 미마나라고 격하해 부르기 시작했다는 위의 기록은 그 방증이 되기에 충분하다. '임나(미마나)공' 숭신이 생존했을 시절의 지배영역은 가야땅과 일본열도에 걸쳐 있었을 것이다. 애초에는 출발지인 김해가 중심지였겠지만 숭신이 바다를 건너간 이후부터 규슈 등지 열도로 무게중심이 이동하였다고 짐작된다. 열도의

---

63. 송종성, 가야·백제 그리고 일본, 서림재, 2005, p61.

정복지가 가야보다 더 넓어졌기 때문이다. 숭신과의 접촉을 위해 가야(임나)의 왕자 도노아아라사등(都怒我阿羅斯等)이 바다를 건넌 사실도 흘려보내서는 곤란하다. 가야왕자의 도일이 완전한 창작은 아니라고 볼 때 한왜연합왕국의 가야쪽 왕실인물이 열도의 군주와 소통하기 위해 바다를 건넌 것으로 판단하는 것은 어색하지 않다. 동서고금을 막론하고 국제관계에서는 대체로 약하거나 아쉬운 쪽에서 강한 쪽으로 중요한 인물을 파견하는 법이다.(『한일 고대사의 재건축①』 10장의 말미에서 필자는 소나갈질지와 도노아아라사등이 일본에서 수년간 체류한 것은 외교기관으로서 임나일본부와 대비되는 '왜가야부'의 존재가능성을 시사한다고 언급하였다. 소나갈질지와 도노아아라사등이 열도에서 외교활동을 벌인 사실과 '가야왕자의 도일은 가야가 아쉬운 처지였음을 암시한다'는 해석이 서로 배척되는 것은 아니다.) 결국 숭신의 나라는 '열도로 옮겨간 가야'인 만큼 한국사의 영역으로 포함시켜도 문제될 것이 없다.

이 대목에서 가야로 진출한 기마민족 내에서 숭신의 위치에 대한 한 가지 의문이 제기된다. 즉 '숭신은 AD 342년경 가야로 진출한 전연(前燕) 북로별동대의 수장급일까, 아니면 다음 세대일까?'라는 문제이다. 이는 열도에서 새로운 정치질서가 형성되는 시기와 양태에 대한 질문이므로 신중히 살펴야 한다. 남가라(南加羅) 김수로왕이 숭신천황이며 실제 건국연대는 AD 42년이 아니라 5갑자 뒤인 342년이라고 보는 이시와타리 신이치로는 숭신이 350년경 열도로 건너간 것으

로 추정하였다.[64](4장 p109, 7장 p156 참고)

　이시와타리의 가설은 동의할 수 있는 부분과 수용하기 어려운 부분이 혼재돼 있다. 김수로왕의 남가라는 곧 금관가야를 말하는데 '342년 건국설'은 동의할 수 있다. 이시와타리는 ①4세기 말 가야 기마족의 일본진출 정황과 ②AD 42년과 5갑자(300년) 차이로 맞아떨어진다는 점 등 2가지를 근거로 하여 수로왕의 342년 건국설을 내세운다. 필자는 이에 더해서 ③342년(또는 341년) 모용선비 전연(前燕)의 고구려 침공과 그에 따른 북로별동대의 신라·가야 진출을 상정한다면 342년 가야 건국설은 허튼 추정이 아니라고 판단한다. 하지만 수로왕의 350년 도해설은 선뜻 동의하기 어렵다. 피차 유별난 증거는 있을 수 없지만 342년에 나라를 세운 수로왕(전연 출신의 수장)이 불과 8년 만에 큰 바다를 항해했을 것이라는 추정은 인간사회의 보편적 작동원리나 가야의 경제지리적 상황을 감안할 때 설득력이 낮기 때문이다.(가야를 평정한 직후부터 정보수집 차원에서 소규모 정찰부대나 사절단 등을 열도로 파견하였을 개연성까지 배제하는 것은 아니다. 다만 수장급이 지휘하는 대규모 정복군대의 도해는 단시일 내에 이뤄지지 않았을 것이라는 의미이다.)

　필자는 도해를 감행한 숭신을 북로별동대의 연소층(年少層)이거나 아예 2세라고 짐작한다. 특별한 단서를 확보한 것은 아니지만 인간의 행동양식이 대개 그러하기 때문이다. 죽음의 공포를 경험한 다음 크게 성공한 사람들은 대체로 모험을 반복하길 꺼린다. 고구려와의 전

---

64. 이시와타리 신이치로, 안희탁 옮김, 백제에서 건너간 일본천황, 지식여행, 2002, pp219~221.

쟁에서 패한 뒤 한반도 최남단에 이르기까지 생사가 엇갈리는 험한 일을 겪은 다음 나라를 세우고 왕이 된 기마민족 수장이 '대한해협 도해'라는 목숨을 건 도전에 또다시 나섰을 개연성은 높지 않다.(목숨을 부지하기 위해 쫓기는 처지라면 이야기가 달라지겠지만 금관가야 건국 이후 수로왕은 일단 안정국면에 접어들었다고 사료된다. 가락국기에 나오는 수로왕과 허황후의 '행복한 결혼 설화' 등이 암시한다.) 아울러 대륙 출신 기마족에게 바다는 미지의 영역으로서 목측이 닿지 않는 세계로 항해할 심리적 준비를 갖추기에 8년은 충분하지 못하다. 가야를 평정한 이후에도 수많은 병사와 말을 운송할 대형선박을 대량으로 확보하고 큰 배를 부릴 항해인력을 모으기에 8년이란 시간은 매우 부족하다.

반면 2세대나 연소층이라면 대한해협 횡단에 도전할 만한 물적·심적 준비를 완비하기가 크게 어렵지 않다. 특히 커다란 업적을 이룬 지도자의 자식과 아우들은 부형(父兄)을 닮거나 능가하고픈 욕망이 있다. 심리학 용어로 '오이디푸스 콤플렉스(Oedipus complex)'의 발현이다. 대륙에서 가야로 진출한 원로(元老)들의 영웅담을 보고 들으면서 성장한 세대가 바다를 건너가는 창의적인 모험을 단행했을 개연성이 제기된다. 한반도에는 더 이상 확장할 토지가 없음을 실감한 AD 369년의 정복전쟁이 도해를 결심한 배경이 된다.(이에 대해서는 8장에서 언급하였다.)

이런 점에서 필자는 숭신을 '가야에서 출생했거나 성장한 기마민족 후예'라고 추정한다. ① 위험하지만 보상이 큰 길과 ② 보상은 작지만 안전한 길을 두고 젊은이들은 통상 ①번, 노인들은 통상 ②번을 선택한다는 인간사회의 보편성에 비춰볼 때도 대한해협 횡단의 주인공은 가야에서 태어났거나 성장한 젊은 지도자일 확률이 높다. 대규모 선박과 항해인력을 확보하기 위해서도 최소 20~30년의 물리적 시간은 필수이다. 숭신이 일본열도의 군왕이 된 이후 수십 년간 재위했다는 기록도 '342(341)년 전연(前燕)-고구려 전쟁'을 경험한 원로세대로 보기 어렵게 만든다.

숭신의 선박건조령이 말하는 진실

일본서기 숭신천황 17년조에 특이하면서도 유의미한 기록이 발견된다. 처음으로 선박을 만들도록 지시하였다는 기사이다. 선박건조령 2건이 기록돼 있다.

〈숭신 17년 7월〉

"조칙을 내려 배는 천하의 필요한 물건이다. 지금 해변에 있는 백성이 배가 없으므로 (헌상물을)도보로 운송하는데 몹시 고생하고 있다. 여러 나라(=지방)에 명하여 배를 만들게 하라고 하였다.(詔曰 船者天下之要用也 今海邊之民 由無船以甚苦步運 其令諸國 俾造船舶)"

〈숭신 17년 10월〉

"처음으로 선박을 만들었다.(始造船舶)"[65]

위 기사들은 액면 그대로 믿을 수 없다. 섬나라 일본에서 배가 없어

---

65. 전용신, 일본서기, 일지사, 2006, pp101~102.

서 처음으로 배를 만들었다니 말이 되는가? 말이 안 되지만 의미가 없는 기사는 아니다. 말이 안 되는(것처럼 보이는) 기사가 사서에 등재됐을 때에는 그럴 만한 사연이 있을 것이다. 필자는 선박건조령에 많은 정보가 녹아 있다고 믿는다. 우선 선박건조령을 내린 사람과 명령을 수행한 대중들, 즉 숭신의 군단은 열도에서 출생하고 성장해온 집단이 아님을 암시한다. 숭신과 그 무리가 섬나라 사정에 둔감한 분위기가 물씬 느껴진다.(8장 p175에서 언급한 신공기의 기사와 유사한 세계관이 느껴진다. 즉 바다 사정에 익숙하지 못하고 도해의 역사가 일천한 집단이 만들어낸 전승의 기록이라는 심증이 생겨난다. 그런 점에서 선박건조령을 엉터리 기사라고 질타하는 데 그칠 것이 아니라 어색한 기사에 담긴 '진상'을 추출하는 것이 급선무이다.)

위의 기사에서 신뢰할 만한 단서는 '숭신 재위 17년'에 이런 명령을 내렸다는 점이다. 바다를 건너간 지도자로서 왜의 군왕이 됐다면 숭신의 재위연도는 왜지(倭地)에 도착하면서부터 기산(起算)했다고 보아야 합리적이다. 즉 숭신 17년은 열도로 진출한 지 17년째라고 추정할 수 있다. 새로운 터전에서 왕권이 공고해진 집권 17년차에 대대적인 도해(渡海) 준비에 착수하였음을 암시하는 것이다. 이때의 도해는 혼슈와 시코쿠 사이의 바다, 세토나이카이(瀬戸内海 뢰호내해)를 횡단하여 기나이로 동정(東征)한 사실을 의미한다고 짐작된다.(필자는 가공의 역사인 신무동정(神武東征)의 실상을 숭신이 주도한 기나이 정복으로 판단한다. 이에 대해서는 『한일 고대사의 재건축③』 3장에서 상세히 언급한다.) 숭신이 언제 대한해협을 건넜는지 알 수 없듯이 기나이로 동정한 연도를 특정하기는 어렵다. 4세기 말~5세기 초로 짐작할 뿐이다.

가야에서 일본으로 발진한 기마민족의 역사에서 선박건조령을 1회성으로 한정할 이유는 없다. 기나이 동정에 앞서 가야 체류시절에도 대대적인 선박건조령이 내려졌을 것이 분명하다. 파도 거친 대한해협을 건널 선단을 구성하려면 많은 선박과 함께 배를 운항할 항해인력 확보가 선행조건이기 때문이다. 가야에서 규슈로, 다시 기나이로 진출하기 위해서는 대한해협과 세토나이카이 2개의 바다를 횡단해야 한다는 점에서 선박건조령이 최소 2회는 발령됐을 것으로 추정한다.(다만 일본서기 숭신기의 편집원칙은 관련사건이 열도에서 일어났다는 전세에서 기술하고 있으므로 가야 체류기의 사건은 언급할 수가 없다.) 정확한 진상은 알 길이 없지만 선박건조령이 역사서에 채록된 것은 '대규모 선박 건조'와 관련된 기억의 전승이 있었기 때문일 것이다.

대륙출신의 기마족이 바다를 건너다니는 해양세력으로 변모한 것은 매우 이례적이지만 터무니없는 일은 아니다. 기존의 인식 틀에서 벗어나 자유롭게 사유하고 과감하게 행동하는 창의적인 녀석은 어느 시절, 어느 곳에서나 발견된다. 반달족(Vandals)이 대표적인 사례이다. 게르만계 혼성민족인 반달족은 AD 3세기 후반부터 5세기 초까지 100여 년간 다뉴브강 중하류와 이베리아반도를 전전하며 약탈로 살아가던 야만족이었다. 현재의 스페인 근처로 이동할 때까지 반달족은 바다를 모르는 내륙계 족속이었다. 그런 반달족이지만 아프리카로 건너가면 활로가 트일 것이란 판단이 서자 가이세리크(Gaiseric)왕의 지도하에 열심히 배를 만들었다. 지중해 뱃사람들의 도움을 받은 것은 당연하였다.

429년 가이세리크는 8만 군대를 거느리고 지브롤터해협을 넘어 아프리카로 진출한 다음 알제리 일대를 야금야금 차지하였다. 10년 만인 439년 북아프리카의 중심도시 카르타고(현재 튀니지)를 점령하고서는 이곳을 수도로 반달왕국을 세웠다. 반달왕국은 이후 강력한 함대를 구축해 지중해의 제해권을 장악한 다음 닥치는 대로 약탈을 하며 로마문명을 무자비하게 파괴하였다. 반달왕국 가이세리크왕의 이야기는 가야로 진출한 기마민족이 일본열도를 주목하게 된 경위를 이해하는데 통찰을 제공해준다. 반달족의 지브롤터해협 횡단보다 60년쯤 앞선 AD 4세기 후반, 신라와 가야를 정복한 모용선비 군단 내에서도 가이세리크와 유사한 인물(들)이 없지는 않았을 것이다. 숭신은 창의적이고 용감한 인물이었을 것이 분명하다. 342년경 일단의 기마군단이 김해가야로 진출하고 족히 한세대가 흐른 AD 370년 즈음… 연부역강한 지도자가 벼락같은 명령을 내린다.

"배를 건조하라. 험한 바다를 건널 수 있는 큰 배들을 서둘러 지어라."

대대적인 선박건조명령이 떨어지자 말 등에서 내린 기마족들은 선박건조에 온 힘을 쏟았을 것이다. 큰 나무를 베어내 바닷가로 옮기고 충분히 건조한 다음, 도끼질과 자귀질로 배를 만드는 일은 결코 만만한 일이 아니다. 배가 완성되자 숭신의 군단은 해가 떠오르는 방향으로 항해에 나섰고 파도 너머 먼 땅으로 물결을 따라 흘러들어간다. 그렇게 규슈 일대에서 정복작업을 펼치길 10여년…지도자 숭신은 또 다른 바다를 건너기로 결심하고 두 번째 선박건조령을 발령한다. 이번에는 세토나이카이(瀨戶內海)를 항해하여 기나이 평원으로 동정(東征)

드라카르 건조 실상 묘사화 [66]

에 나선 것이다.

열도에서의 선박건조도 가야와 별반 다를 바 없다. 북방 초원지대 출신들에게 생소한 배 만들기는 쉬운 일이 아니었고 갖은 고생을 쏟았기에 조선(造船)의 힘든 기억은 오랫동안 이어졌을 것이다. 선박을 건조한다고 끝이 아니다. 바다를 건너려면 조선작업 외에도 물자를 모으고 유능한 선원을 모집하는 등의 복잡한 준비가 필요하다. 이런 모든 과정에 어려움이 컸기에 선박건조령은 '인상적인 명령'으로 기억되었고 후대에까지 오랫동안 전승된 덕분에 역사서에 오른 것이다.

임나공 숭신에 비견되는 노르망디공 기욤(윌리엄)이 1066년 영국을 정복하는 과정에서도 가장 중요하고 힘들었던 문제가 '드라카르(Drakkar)'라고 불리는 도해용 선박을 준비하는 일이었다. 드라카르를 만들기 위해 벌목하는 장면을 묘사한 자수그림이 전해지는 것도 그런 이유가 아닐까 싶다. 드라카르 건조와 관련한 기록을 통해 숭신 군단의 선박 제조과정에 대한 통찰을 얻을 수 있다. 파도 거친 바다를 횡단할 수 있는 대규모 선박을 수없이 제작하는 일은 동서양을 막

66. 폴 쥠토르(Paul Zumthor), 김동섭 옮김, 정복왕 윌리엄, 글항아리, 2020, p388 재인용.

론하고 힘들고 험난한 과업이었을 것이 분명하다.그렇지만 수백 년이 흘러 일본서기에 채록될 즈음, 숭신의 선박건조령이 발동된 경위와 시대상황을 제대로 이해하지 못한 편집자들이 '백성들이 배가 없어 고생을 하니 천황이 비로소 배를 만들도록 지시한 모양이다'라고 대충 짐작하여 흐리멍덩한 기사로 등재한 것이다. 섬나라의 실정에 전혀 어울리지 않는 멍청한 명령인 데다 전후맥락도 연결되지 않는 선박건조령이 다소 뜬금없이 역사서에 기재된 배경은 이렇게 풀이해야 합리적인 설명이 된다. 아울러 선박건조령이 다른 군왕들의 기록에는 일절 없고 숭신의 기사에서만 유일하다는 사실도 대단히 중요하다. 많은 배를 건조하여 바다를 건너간 정복군주가 누구인지 힌트를 주기 때문이다.

기마족과 해인족의 결합

시간을 되돌려 기마족이 열도로 진출하기 이전, 가야땅 체류시절로 돌아가 보자. 한반도 남부를 정복한 기마민족이 그대로 눌러앉아 열심히 농사만 지었을 것으로 생각되지 않는다. 기마민족 사회는 군사적 위계사회였다. 전쟁은 일상사나 마찬가지였고 성인남성은 수시로 전장(戰場)에 동원되는 체제였으니 농사보다 정복과 약탈의 수익이 월등했던 까닭이다. 사람은 금방 바뀌지 않는다. 전사(戰士)들을 단기간에 농부로 만들기 어렵다면 새로운 전장에 투입하는 것이 최선이다. 더욱이 진한과 변한 땅을 정복한 이후 기마군단의 활용도는 추락하였다. 이럴 때 바다 건너 열도를 새로운 정복지로 떠올린 창의적인 무리가 출현한다. 이들은 배에다 말을 싣고 대한해협을 건넌 다음 과감하게 정복활동을 시도하였을 것이다.

단순한 추정이 아니다. 3세기까지 한반도 출신의 야요이농민들이 주도하였던 일본열도지만 4세기 후반부터는 기마민족의 진입을 입증하는 증거물들이 넘쳐난다. 기마족 관련 유물들에는 중국 동북방 삼연(三燕)의 분위기가 짙게 묻어난다. 이는 한반도 출신 농민이나 해변인의 '작품'이 결코 아니다. 필자는 신라에 이어 가야로 진출한 모용선비 군단 가운데 일부가 해변인과 결합하였다고 짐작한다. 결합의 방식으로는 군사적 정복이 유력하다. 기존의 농경민세력을 능가하는 기마족의 압도적인 군사력이 해변인을 정복한 원동력이었을 것이다. 물론 바다에서 해변인을 부리기 위해서는 그들의 마음을 사는 노력도 필요했을 수 있다.

어쨌든 가야로 진출한 기마족의 한 무리가 해변인의 안내를 받고 규슈로 진출하였을 가능성에 주목한다. 4세기 중반이면 한반도 해인족 집단은 독자적인 정치체로서의 위상을 많이 상실한 상태였을 것이다. 3세기 초, 포상팔국의 전쟁에서 해인족이 패배한 지 100년 이상의 세월이 흘렀기 때문이다. 그러나 해상에서 생활하는 무리인 만큼, 대한해협을 건널 수 있는 항해역량은 여전히 유지하고 있었다고 볼 수 있다.

일본을 무력으로 정복한 사람들은 지리적으로 가까운 현재의 김해, 부산 등지에서 출발했다고 보는 것이 상식이라고 할 때 AD 4세기 후반~5세기 초에 걸쳐 일본열도의 새 주인이 되는 기마족은 신라와 가야땅으로 진출한 모용선비 일파라고 여겨진다. 가야의 해안지방까지 휩쓴 모용선비 기마군단 가운데 한 무리가 물길(海路)에 밝았던 토착 뱃사람과 제휴하여 군함을 만들게 하고는 배에다 말을 태우고 해협을 건너기 시작했다는 말이다.

북규슈 다케하라 고분의 채색벽화

한국사에 깊은 관심을 보였던 여류 동양학자 존 카터 코벨 박사는 한반도에 살던 기마족이 최소 2백 마리의 말을 배에다 싣고 가서는 일본 땅을 정복했을 것으로 추정했다. 그는 북규슈 후쿠오카현에 있는 다케하라고분〈竹原古墳〉의 채색벽화를 주목하였다. 벽화는 바다에 떠 있는 배에서 말 두 마리를 육지로 끌어내리는 남자가 그려져 있다. 남자는 철갑투구에 갑옷을 입은 차림이다. 코벨은 이 벽화야말로 한반도의 기마민족이 규슈로 상륙하는 모습을 그렸다고 풀이하였다.(참고로 다케하라고분의 벽화에 대한 에가미 나미오의 해석은 코벨 박사와 다르다. 에가미 교수는 아래쪽은 무인이 타던 말이고 위쪽은 크게 그린 개라고 해석한다. 그러면서 죽은 사람의 영혼을 말에 태워 개가 이끌게 했던 오환선비의 장례풍습을 묘사하는 것으로 풀이하였다. 에가미 교수의 풀이를 수용할 경우에도 다케하라고분의 주인공은 오환족이나 선비족으로 볼 여지가 있다. 그러나 필자는 그림 아랫부분에 파도 문양이 그려져 있다는 점에서 '말을 대동하여 바다를 건너간 무사'라는 코벨의 해석에 동의한다.) 존 코벨의 아들 앨런 코벨은 기병 500명, 보병 700명 정도가 한반도에서 규슈로 상륙했을 것으로 보았다. 이 정도 병력이면 당시 일

본을 정복하기에 충분한 규모였다는 것이다.[67]

그러나 기병 500명과 보병 700명으로 열도를 정복하기에 충분했을지는 다소 의문이다. 그보다는 많은, 적어도 수천 명 수준의 군대가 열도로 건너갔을 것으로 짐작한다. 가야로 진출한 모용선비 군단이 현지에서 한세대 이상에 걸쳐 축적한 무력이다. 그런데 수천 명의 군대와 함께 수백 필의 말을 배에 실어 항해하기란 쉬운 일이 아니다. 이 대목에서 필자는 기마족과 해변 뱃사람집단 간의 단단한 결합이 먼저 이뤄졌을 것으로 여긴다.

기마민족이 육지에서는 무적을 자랑했다고 하더라도 바다에서는 다르다. 바다를 잘 아는 집단의 도움 없이 일본열도를 장악하기란 불가능하다. 영국을 정복한 바이킹 후예 노르만공의 사례나 북아프리카로 진출한 반달족 가이세리크왕의 이야기에서 보듯이 해군력의 지원 없이 섬나라를 정복하기란 상상하기 어렵다. 거듭 지적하지만 대한해협은 결코 온순한 바다가 아니다. 수시로 거센 파도가 일어나고 폭풍우가 몰아치는 거친 해역이다. 흘수선 낮은 배들은 삼각파도 한방에 뒤집히기 일쑤이다. 이런 바다에 배를 띄워 말과 병력, 군량미와 무기류 등을 실어 보내는 일은 매우 힘든 일이다. 거대한 용골에 강한 늑골을 거치한 튼튼한 수송선박을 수십, 수백 척씩 마련하는 한편 배를 부릴 유능한 선장과 용맹한 선원들도 무수히 확보해야 한다. 대규모 경제력과 고도의 조선기술을 요구하는 어려운 작업이다. 이런 사실을 소홀히 한 채 단순히 '어느 날 기마족이 열도로 진출하여 정복작업을

---

67. 존 카터 코벨, 김유경 옮김, 부여기마족과 왜, 글을읽다, 2006, p53.

펼쳤다'라고 기술하는 것은 지나치게 동화적이다.

일본의 민속인류학자 우메사오 다다오(梅棹忠夫)가 '퉁구스 수군설 (水軍說)'을 내세운 것도 기마민족이 대한해협을 횡단할 역량이 없다는 점을 감안한 논리라고 하겠다. 퉁구스 수군설은 북방의 큰 강에서 수군으로 성장한 퉁구스족이 한반도 동해안을 타고 남하하여 일본열도에 정착하는데 기마민족의 군사편성력이나 사회조직은 그대로 전해졌다는 논리를 편다. 말을 탄 전사와 배를 부리는 사람의 결합, 기마전술과 조선항해술이 합치되지 않고서는 열도정복이 불가능하다는 사실을 알았기에 퉁구스 수군설을 제시하였다고 풀이해 본다.[68] 필자가 멸망지경에 몰린 부여의 왕자가 열도를 정복했을 것이란 가설의 현실성을 낮게 평가하는 이유도 해변인과의 결합계기가 부족하기 때문이다. 기마민족과 항해전문집단의 연대가 가능했던 지역은 김해와 부산 일대라고 짐작된다. 김해 금관가야의 대성동고분 세력과 부산의 복천동고분 세력이 주인공이다.

참고로 영남 일대의 해변사회는 3세기 초 '포상팔국의 전쟁'에서 신라-아라가야 연합에 대패한 이후 100여 년간 따분한 시절을 영위하였다고 추정된다. 내륙에서 흥기한 농경세력이 바다를 향해 힘을 뻗치는 과정에서 해변은 농경국의 변방으로 전락하였고 해인족(海人族)은 '소금을 굽고 물고기를 잡아다 바쳐야 하는' 해척(海尺)의 의무를 강요받았을 것이다. 자신들을 강압하는 농업국 지배층에 대한 해변사회의 감정이 어떠하였을지는 사료가 없어도 능히 짐작할 수 있다. 이

---

68. 우메사오 다다오, 일본 문명의 77가지 열쇠, 창해, 2007.

런 상황에서 농경세력을 제압하고 새로운 지배층이 된 기마군단과 해상세력은 손을 잡을 수 있는 여지가 생긴다. '적의 적'은 동지가 되기 쉽다. 북에서 남하한 모용선비는 한반도 남부에서 30여년의 세월을 보내는 동안 해상세력과 통합되었고, 섬나라를 정복할 수 있는 자본과 군력, 기술력을 갖추게 되었다고 여겨진다.

한반도 남부에 진출한 이후 충분한 시간을 갖고 해변인 집단과 단단히 결합한 기마민족은 4세기 후반부터 최소 30년간에 걸쳐 일본열도에 진출했다고 추정된다. 가야를 정복한 기마군단이 하루아침에 일거에 바다를 건널 수는 없는 일이다. 순전한 추정이지만 AD 370년대의 어느 해, 대규모 선발대가 대한해협을 건넌 이후 수십 년간 축차적인 도해가 이뤄졌다고 보아야 한다. AD 400년 광개토대왕의 남정으로 '임나가라 종발성'이 폐허로 바뀌고 404년 '비문왜'의 고구려 대방계(帶方界) 공격이 실패한 뒤인 5세기 초에는 가야기마족의 주력까지 도일하였을 것으로 짐작된다. 모용선비 색채가 역력한 김해 대성동고분의 축조가 5세기 이후 사실상 중단된 것이 그 방증이다.

기마군단의 지도자 숭신이 370년경 선발대를 이끌고 대한해협을 넘었는지 405년경 본대(本隊)와 함께 도해한 것인지는 결론짓기 어렵다. 모든 가능성은 열려 있다. 다만 숭신이 열도에서 개국조(開國祖)로 군림했다는 것은 선발주자의 이점을 살렸다고 해석되므로 370년대에 먼저 바다를 건넜다고 추정할 수 있다. 도해 당시에는 선발대의 수장이었지만 영토개척의 공을 인정받아 훗날 왕좌에 올랐다고 보는 것이 자연스럽다. 어쨌든 모용선비 기마군단과 후예들이 가야땅에 체류한 기간은 선발대가 약 30년, 본대는 두 세대가 흐른 60년 정도로 볼 수 있다. 이런 세월이면 적잖이 한화(韓化)되었을 것이니 도해한 구성원들은 가야를 '임나' 즉 본향(本鄕)으로 인식하였을 것이다. 바다를 건너지 않고 가야땅에 잔류한 세력도 존재하게 마련인데 수로왕의 후예를 자처했던 김유신 장군의 직계조상이 잔류파였다고 사료된다.

370년 이후 30여년에 걸친 기마군단의 열도행 가설과 390년대에 이뤄진 가야·왜연합의 대규모 신라 침공 사실이 배치되는 것은 아니다. 규슈와 혼슈서부를 흡수하여 힘을 키운 '새로운 왜'가 20여년의 성과를 바탕으로 '숙적 신라'에 거센 압박을 가한 것으로 해석할 수 있다. 그런 점에서 숭신의 대한해협 항해는 일회성이 아닐 수도 있으니 예컨대 390년대에 열도에서 '왜병(倭兵)'을 이끌고 한반도로 되짚어 출정했을 가능성을 완전히 봉쇄할 이유는 없다.

11장
광개토대왕
비문왜의 정체(正體)

4세기 말에서 5세기 초반에 걸쳐 강력한 군사력을 한반도 남부로 투사하며 동아시아 국제전에 뛰어든 '특이한 왜'가 관찰된다. 이 왜는 한반도에 지대한 관심을 피력하는 특징이 있다. 문제의 왜는 AD 393년 금성(金城 경주)을 닷새나 포위하였고 399년에는 신라를 멸망 위기로 몰아넣는다. 이어 북방의 군사강국 고구려와도 충돌하였다. 404년에는 지금의 황해도로 비정되는 고구려땅 대방계(帶方界)를 침공하는 과감한 모습까지 보여준다. 고구려 광개토대왕 비문에 출현하는 왜이다. 이른바 '비문왜(碑文倭)'이다. 비문왜는 이전 시기와 비교할 수 없이 강성함이 그 특징으로 포착된다. 도대체 이즈음 한반도 남부와 일본열도에 무슨 일이 일어났는가?

11장에서는 4~5세기, 한반도의 정치질서에 깊은 관심을 표출하며 깊숙이 개입하는 비문왜의 실체를 추적해 보기로 한다. 당시의 왜는 집요하고도 과감한 공격성을 표출하고 있다. 기마민족 특유의 공격성향과 상당히 유사하다. 시기적으로나 신라에 대한 적대적 형태를 감

안할 때 342년(또는 341년)경 신라로 진출한 모용선비와의 연관성을
무시할 수 없게 된다.

비문왜의 강성(强盛)

4~5세기 신라와 가야·왜 간의 충돌역사는 삼국사기에도 언급돼 있
지만 광개토대왕의 비문(碑文)이 가장 확실한 문헌증거이다. 장수왕이
건립한 광개토대왕비에는 4세기 말, 왜의 공격을 받아 멸망위기에 처
한 신라를 돕기 위해 고구려는 5만의 보기(步騎)군단을 파견한 사실이
기록돼 있다. 4세기 말~5세기 초 신라가 고구려의 강한 영향을 받았
다는 것은 중원고구려비(中原高句麗碑)나 경주 호우총에서 발견된 청
동 호우(壺杅 그릇)의 '국강상광개토지호태왕(國岡上廣開土地好太王)'
명문(銘文) 등을 통해 객관적으로 확인되며 광개토대왕 비문의 기술

광개토대왕 비

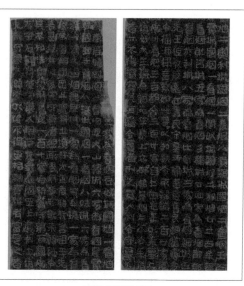

광개토대왕의 비문

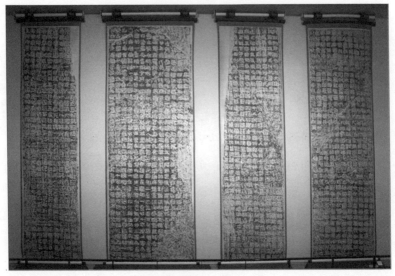

광개토대왕비 탁본

또한 (일부 과장은 불가피하겠지만)상당 부분 사실로 인정된다.

　한국계 연구자들 가운데 상당수는 광개토대왕 비문이 조작되었다고 믿고 있다. 1972년, 재일사학자 이진희는 일본 군부가 비문에 회칠을 해서 글자를 조작하는 방식으로 왜의 실체를 부풀렸다고 주장하였다. 비문의 내용에 불편하였던 적잖은 한국인들이 이씨의 주장에 동조하며 환호성을 올리기도 하였다.

　그러나 일본학자들은 물론이고 중국의 학자들도 19세기 말에 일본 군부가 회칠을 하는 수법으로 비문을 조작했다는 이진희의 주장에 동조하지 않는다. '일본군 비문 조작설'을 학문적 성과로 보지는 않는다. '한국인들은 매우 창의적이구나.' 하는 생각은 할 수 있지만 연구가 아니라 생떼를 부리는 것으로 치부하는 경향도 있다. 이런 유형의 '연구'에 박수를 보낸다면 한국 역사학의 미래는 밝지 못하다.

객관적으로 말해 광개토대왕비가 조작됐을 가능성은 높지 않다. 광개토대왕비에 대한 관심이 높아지자 비문의 탁본을 판매하려는 현지인들이 탁본을 선명하게 뜨기 위해 일부 글자에 회칠을 하기도 하고 이끼에 불을 지르기도 하였지만, 일본 군부가 주요 문장을 의도적으로 조작하지는 않았다는 것이 대체적인 평가이다.

어쨌든 광개토대왕 비문을 선입견 없이 읽어 보면 AD 400년을 전후한 시기, 고구려에 도전하는 주적은 '왜(倭)'이다. 거듭 말하지만 왜=가야이다. 왜가 출현하는 비문의 몇 구절을 재인용한다.

①신묘년(AD 391)의 왜 – 백제와 신라를 치다

"백제와 신라는 예로부터 고구려의 속국이어서 조공을 하여 왔다. 그러나 왜가 신묘년(AD 391)에 바다를 건너와 백제와 신라를 쳐서 신민으로 삼았다.(百殘新羅舊是屬民由來朝貢 而倭以辛卯年來渡海破百殘○○○羅以爲臣民)"

(위의 구절은 광개토대왕 비문에서도 가장 논란이 많은 대목이다. 우선 판독이 어려운 ○○○ 세 글자를 놓고 의견이 분분한데 '3번째 ○'의 우측에 '斤'이라는 부수가 있는 것을 근거로, '연침신(聯侵新)'으로 풀이하는 것이 최근의 추세이다. 두 번째 단락의 주어, 즉 '바다를 건너 백제·신라를 쳐서 신민으로 삼은 주체'를 둘러싼 논쟁은 더욱 격렬하다. 전통적인 해석은 왜를 '도해파(渡海破)'의 주체로 보아 위에서 본 것처럼 풀이한다. 반면 일부 국내학자들은 왜가 아닌 고구려를 '도해파(渡海破)'의 주체로 간주한다. 위당 정인보가 처음으로 '而倭以辛卯年來渡海破百殘○○○羅'를 '而倭以辛卯年來 (高句麗)渡海破百殘○○○羅'라고 문장을 끊어 읽었고 상당수 연구자들

이 이에 동조한다. 이럴 경우의 두 번째 단락의 해석은 "그러나 왜가 신묘년에 왔다.(그래서 고구려가)바다를 건너가 백제와 신라를 쳐서 신민으로 삼았다."라고 된다. 불가능한 풀이는 아니지만 고구려라는 주어가 생략돼 있는 것으로 보아야 하는 등 문장이 매끄럽지 못하다. 아울러 왜가 왔다는 이유로 고구려가 이미 '속민(屬民)'인 백제와 신라를 또다시 공격하여 이번에는 '신민(臣民)'으로 삼았다는 다소 모순적인 결론에 이르게 된다.)

② 기해년(AD399)의 왜 - 백제와 화통하고 신라 공격

"(영락)9년 기해년(AD399)에 백제가 서약을 배반하고 왜국과 화통하였다. 왕이 평양에 가서 신라의 사자를 만나니 사자가 왕께 말하기를 '왜인들이 국경에 가득하여 신라의 성지(城池)를 파괴하고 있습니다. 신라는 신하이니 왕의 명을 기다리겠습니다'라고 하였다. 왕은 신라가 충성함을 치하하고 사자를 보내어 사정을 알아보게 하였다.(九年己亥 百殘違誓 與倭和通 王巡下平穰 而新羅遣使 白王云 倭人滿其國境 潰破城池 以奴客爲民 歸王請命 ○○○其國忠誠○遣使還告以○○)"

③ 경자년(AD 400)의 왜 - 고구려 군대에게 괴멸적 패배

"(영락)10년 경자년(AD 400)에 보기(步騎) 5만을 보내어 신라를 구원하였다. 남거성부터 신라성까지 왜가 그 사이에 가득 차 있었다. 관군(官軍 고구려군)이 바야흐로 이르자 왜적이 물러나므로 급히 추격하여 임나가라(任那加羅) 종발성(從拔城)에 이르렀다. 성이 즉시 항복하였다. 안라인수병(安羅人戌兵 '안라인을 수병으로 삼았다'는 풀이와 '신라인을 수병으로 안배했다'는 해석이 맞선다). 신라성, 염성을 함락(?)하였다. 왜구가 크게 궤멸하였다. 성안의 사람 열에 아홉은 왜를 따르기를 거부하였다.(十年庚子 教遣步騎五萬 往救新羅 從男居城 至新羅城 倭滿其中 官軍方至 倭賊退 背急追至 任那加羅從拔城 城卽歸服 安羅人戍兵 拔新羅城鹽城 倭寇大潰 城內十九盡拒隨倭)"

④ 갑진년(AD 404)의 왜 - 고구려 대방계 침입

"(영락)14년 갑진년(AD 404)에 왜가 무도하게도 대방계를 침범하여 ○○○, ○○, 석성 등을 공격하였다. 왜적은 백제군과 연합하였다. ○○은 수군을 이끌고 평양에 이르러 선봉군이 서로 만났다. 왕의 군사가 격퇴시켜서 왜구는 궤멸되고 무수히 죽었다.(十四年甲辰 而倭不軌 侵入帶方界 ○○○, ○○, 石城 [爲]連船[百殘] ○○率[水軍至]平穰 [倭寇先]鋒相遇 王幢 要截 湯刺 倭寇潰敗 斬煞無數)"

우선 광개토대왕 시절, 즉 4세기 말의 가야와 왜는 사실상 한 몸이고 동일정치체라는 점을 감안해야 한다. 특히 기사 ③이 핵심이다. 왜를 추격하는 고구려군이 실제로 공격하는 지점은 '임나가라 종발성'이라는 사실이 중요하다. 임나가라 종발성이 왜의 근거지란 의미이다.('안라인수병(安羅人戍兵)'을 '안라인을 수병으로 삼았다'라고 풀이할 경우 안라는 고구려·신라의 동맹군이 되므로, AD 369년 이후 안라가 모용선비에 평정됐다고 보는 필자의 견해(8장 pp168~173 참고)와 일견 상충되는 것처럼 보인다. 그러나 369년경 모용선비에 무릎 꿇은 안라의 선주집단이 30년이 흐른 뒤에 더 강한 군대(고구려·신라 동맹군)를 만나 부용하는 것은 크게 어색하지 않다. 1권 6장(p190)에서 언급했듯이 안라의 기존집단이 AD 3세기 초 포상팔국 전쟁 이후 신라와 우호관계를 지속해온 세력이라면 이 같은 해석은 크게 모순되지 않는다.)

비문왜는 어떤 존재인가? 위의 4개 기사에 그 해답이 숨어 있을 것이다. 임나가라와 동일체인 비문의 왜는 심상찮은 존재이다. 신라·고구려와 적대관계인데 백제와는 화통(연계)하는 정치체이다. 비문왜가 '신라와 극히 적대적'인 관계인 데다 비문왜를 공격하기 위해 광개토대왕이 5만 대군을 동원한 사실을 놓치지 말아야 한다. 비문왜의 실체는 '신라를 정복한 집단〈모용선비〉과 격렬한 충돌을 거쳐 결별한 무력(武力)'이라는 필자의 가설과 연결되는 지점이기 때문이다.

광개토대왕이 5만 대군으로 신라를 구원한 까닭은?

광개토대왕 비문이 완전히 조작된 것은 아니라는 전제하에 검토해 보면 비문왜는 백제와 신라를 압도하는 세력이다. "신묘년에 왜가 바다를 건너와 백제와 신라를 쳐서 신민(臣民)으로 삼았다."는 내용을 객관적으로 풀이하면 그러하다. 한반도와 일본열도에 특별한 연고나 편견이 없는 서양학자라면 이 대목을 근거로 해서 '왜는 백제·신라보다는 강력하였고 고구려와 맞설 정도의 군력을 지녔다'고 판단할 것이 틀림없다. 비문에 다소의 과장이 있다고 보지만 광개토대왕비에 담긴 내용 자체는 중요하다. 왜는 상당히 강한 세력이며 고구려 입장에서 반드시 타멸해야 할 적대세력이었다는 방증이다.

동정심이나 선의에서 자국의 군대를 타국에 보내는 나라는 예로부터 없다. 국가이익이 걸린 중대사안으로 판단될 경우에 군대를 파병하는 법이다. 더욱이 5만 대군은 광개토대왕이 동원할 수 있었던 사실상의 전(全)병력이었다. 60년 전의 일이지만 342년(또는 341년)경 모용황이 침공하였을 때 고구려 고국원왕은 정예군 5만 명을 북로에 배치하고 자신은 1만의 예비대로 궁성을 지키는 작전으로 임하다가 도성을 함락당하였다. 또 475년 장수왕은 3만 명의 병력을 이끌고 백제를 침공하여 한성을 점령하고 백제 개로왕을 잡아죽였다. 한마디로 5만 명은 고구려가 외정(外征)에 동원할 수 있는 최대치라고 보아도 과장이 아니다.

고구려가 5만 병력을 파견하여 신라를 도왔다는 사실은 소홀히 대할 대목이 아니다. 광개토대왕이 단순히 종주국의 체면과 의무감 때문에 신라를 지원했다고 보기에는 지나치게 큰 병력이다. 국가적 위험을 감수하고 모험을 하였다는 의미이다. 실제로 고구려가 5만 병력을 파견한 직후인 400년 2월, 모용씨의 나라 후연은 3만 군대를 동원하여 고구려의 서쪽 국경을 침공해 신성과 남소성을 비롯한 700리의 땅을 일시에 빼앗아 갔다. 이때 고구려는 대군을 남으로 출병시킨 탓에 후연에 제대로 대처할 수가 없었다. 툭하면 고구려를 집적거리던 후연의 침공 가능성을 광개토대왕이 몰랐을 리 없다. 그렇게 본다면 왕을 지나치게 아둔한 인물로 간주하는 시각이다.

영명한 광개토대왕이 자국의 위험을 감수해 가면서도 5만 대군을 신라에 파견한 것은 왜병의 강성함을 역으로 보여주는 한편, 가야·왜 연합에 대한 고구려의 긴장감을 실감케 해주는 대목이다. 아마도 신라는 광개토대왕에게 "왜와 가야는 선비·부여계통의 반(反)고구려 군력집단으로서 신라가 망하면 이들은 군대를 북으로 보낼 것입니다.

그러면 대왕의 나라는 남북양쪽에서 협공을 당할 것입니다."라는 식으로 설득하지 않았을까? 광개토대왕도 이런 위험성을 알았기에 거국적인 지원에 나선 것으로 풀이해 본다.

우리 사학계는 '왜'라는 글자에 지나치게 엄격한 잣대를 들이대는 경향이 있다. 그리하여 고대의 왜병은 후진적이고 해적질이나 일삼는 형편없는 무리일 뿐 강성한 군대라는 인식 갖기를 심정적으로 거부한다. 그러나 광개토대왕 비문을 편견없이 읽어보면 비문왜야말로 고구려의 군사적 라이벌이었다고 해도 과언이 아니다. 4세기 말, 왜가 이렇게 '급속하게 강성해진' 이유는 뭘까? 도깨비 같은 '특이한 왜'는 도대체 어떤 세력인가?

비문왜의 대방계 침공

비문왜의 맹랑함은 갈수록 더해간다. 영락 14년(AD 404), 현재의 황해도 일원에 해당하는 고구려 남부지방 '대방계(帶方界)'에 왜가 침공했다는 광개토대왕 비문의 기록은 의미심장하다. 그것은 왜가 한반도 서해를 활동무대로 삼을 수 있는 영역을 확보했음을 보여주는 결정적 증거이기 때문이다. 광개토대왕비는 이런 점에서도 로제타석에 충분히 비유할 수 있다.

4말~5초 비문왜의 범위는 '가야권 전체와 규슈, 혼슈 극서부(極西部)'를 포괄한 영역으로 추정하는데 가야의 세력권에는 영산강유역도 포함된다고 짐작한다. 필자가 비문왜의 세력범위에 영산강유역을 포함시킨 이유는 비문왜가 대방계를 침공한 사실 때문이다. 왜군이 고구려땅 대방계를 타격할 수 있는 역량과 지리적 조건을 만족시키기 위해서는 비문왜가 영산강유역과 어떤 방식으로든 결합돼 있었다고 보는 것이 자연스럽다.

비문왜 대방계 침공 추정지도

고대 해인족의 전통이 강하게 유지됐던 영산강유역은 4세기 말~5세기 초 당시 '범(汎)가야·왜연합'의 일원이면서도 가야연맹과 정치적으로 구분되는 독자적인 영역으로 존재하였다고 여겨진다. 고분의 형식 등에서 가야와는 분명한 차이가 확인되기 때문이다. 이 점에 대해서는 『한일 고대사의 재건축③』 3부 '영산강 전방후원분의 비밀'에서 집중적으로 다룰 예정이다.

비문왜, 즉 가야·왜연합이 대방계를 침공한 사건은 훗날 고려 태조 왕건이 예성강에서 해군을 발진하여 나주 일대를 장악한 사건과 정반대 방향에서의 타격이다. 가야·왜연합의 한 축으로 짐작되는 영산강세력은 해상력이 뛰어났던 만큼 가야·왜연합의 병력을 전선에 싣고 서해안을 따라 북상해서는 고구려땅 대방계를 타격했다고 추정된다.(왜군이 육로로 북상해 대방계를 공격했을 것으로 보는 국내학자들이 제법 있는데 필자는 동의하지 않는다. 왜가 고구려를 공격할 경우 육로로는 신라땅을 관통하거나 백제내륙을 경유하는 두 가지 방안을 상정할 수 있으나 현실적이지 못하다. 신라땅을 관통하려면 고구려와 싸우기에 앞서 신라를 완전복속시켜야 하는데 404년에 그런 증거는 없다. 백제 역시 왜군에 공공연히 침공로를 빌려주기는 힘든 처지였다. 백제 아신왕은 396년 광개토대왕의 공격을 받고 복속을 다짐하였으므로 404년에는 고구려의 눈치를 보지 않을 수 없는 상황이었다. 따라서 비문왜는 선박을 타고 서해를 북상하는 방식으로 대방계를 기습공격하였다고 보아야 합리적이다. 위의 ④기록 '갑진년(AD 404년)의 왜' 조에 나오는 '연선(連船)' 표현도 감안해야 한다.)

혹자는 선박건조술과 항해술이 저조했던 4~5세기의 왜가 어떻게 황해도 해안까지 진출했겠느냐며 비문의 기록 자체를 불신하기도 한다. 왜가 조선술과 항해술이 모자랐다는 것은 9세기의 일본승려 엔닌(圓仁)이 쓴 입당구법순례행기(入唐求法巡禮行記) 등을 근거로 하는데, 안전하고 평온한 항해를 희망했던 일등석고객〈엔닌〉의 사정을 목숨 건 전쟁터에 그대로 적용하기는 어렵다. 광개토대왕 비문의 왜는 열도만이 아니라 가야와 영산강세력을 포괄한 개념이다. 가야와 영산강세력 모두 해상력이 뛰어난 집단임을 감안하면 비문왜의 조선술과 항해술을 저평가할 필요는 없다. 비문왜 군단은 아마도 가야와 영산강세력이 제작한 군선을 타고 서해를 북상하여 대방계(황해도)를 침공하였을 것으로 짐작된다. 이 대목에서 필자는 일본서기 숭신천황 17년의 기사를 다시 주목한다.

〈숭신 17년 7월〉

"조칙을 내려 배는 천하의 필요한 물건이다. 지금 해변에 있는 백성이 배가 없으므로 (헌상물을)도보로 운송하는데 몹시 고생하고 있다. 여러 나라(지방)에 명하여 배를 만들게 하라고 하였다.(詔曰 船者天下之要用也

今海邊之民 由無船以甚苦步運 其令諸國 俾造船舶)"

〈숭신 17년 10월〉

"처음으로 선박을 만들었다.(始造船舶)"

숭신천황이 어떤 맥락에서 선박건조를 명했는지 확인하기는 쉽지 않다. 10장에서 필자는 ① 가야에서 열도로 출발할 때와 ② 규슈에서 기나이로 동정군(東征軍)을 발진하던 시기 등 2번에 걸쳐 대대적인 선박건조령을 내렸을 것으로 추정한 바 있다. '일본열도를 정복한 가야 출신 기마민족 지도자'로 여겨지는 숭신천황 시기의 조선활동(造船活動)을 강조한 대목인데 비문왜의 만만찮은 해운력을 시사하는 문헌증거로 본다.

또 다른 혹자는 문화후진국인 '4세기 왜'가 선진국인 백제나 신라를 압박할 역량이 없었을 것이라는 의견을 피력한다. 그러므로 광개토대왕 비문은 고구려가 주도하는 국제질서 바깥에 위치한 왜를 불온한 존재로 간주해 과대평가했다는 논리를 내세운다. 그러나 이 같은 논리는 2가지 측면에서 충분히 반박 가능하다. 첫째는 비문왜는 4세기 후반경 가야에서 열도로 진출한 세력인데, 기존의 가야권역에 규슈와 혼슈서부를 병합하면서 이전의 왜에 비해 실력이 급성장했다고 짐작된다. 둘째는 비문왜가 문화후진국이라고 인정하더라도 군사강국일 가능성을 배제할 필요는 없다는 점이다. 예컨대 몽골이나 만주족(후금)은 고려나 조선보다 문화적으로 분명히 후진적이었지만 정치적 유연성이 뛰어났고 군사적으로 훨씬 강성하였던 것은 사실이다. 문화선

진국 조선이 '후진국 오랑캐' 후금의 군력에 굴복한 역사 또한 잘 알려져 있다.

광개토대왕비의 증언…"비문왜는 가야·열도서부 기마군단"

고구려 군대에 계속 패배하지만 비문의 왜는 해적 수준에 머물던 '4세기 중반 이전의 왜'와는 분명 달라진 모습이다. 고구려에 패전한 이후에도 왜는 한반도 남부의 일에 바지런하게 개입하는 면모를 보여준다. 시대와 군력, 행동양태로 보아 비문왜는 가야군+바다를 건너간 군대, 즉 모용선비 기마군단으로 판단된다. 광개토대왕 비문의 '왜'는 임나가라를 포함하는 용어라는 점에서 가야와 열도를 통칭하는 단어로 쓰인 것이 분명하다. 즉 종족적 의미의 '왜인(倭人)'이 아니라 정치지리적 견지에서 '왜지(倭地)에서 발진한 군사집단'으로 해석된다는 뜻이다.

광개토대왕 비문에 따르면 고구려는 왜의 침공을 받아 멸망 위기에 처한 신라를 구원하기 위해 전쟁에 나섰다. 그러므로 고구려의 주적(主敵)은 왜가 되어야 한다. 그런데 고구려군이 최종적으로 타격한 지점은 '임나가라 종발성(從拔城)'이다. 임나가라가 고구려군의 주공(主攻) 대상이었다는 말이다. 광개토대왕의 비문은 고구려·신라연합의 주적이 왜라고 기술하면서 실제 공격은 임나가라에 가하고 있다. 결국 광개토대왕 비문은 가야와 왜가 동일한 세력이었음을 증언하는 셈이다.

애당초 고구려는 왜나 가야를 상세히 구분하지 못했을 것이다. 국경을 마주하지 않고 있으니 '신라의 남쪽에 가야와 왜가 자리잡고 있다'는 지리지식(地理知識)은 있었겠지만 전쟁이나 외교 등 구체적인 접촉은 거의 없었다고 여겨진다. 신라가 '저쪽 무리는 왜'라고 설명하니 왜로 알았고 '이쪽은 가야'라고 안내하니 가야인 줄 알았을 것이다. 광개토대왕 비문의 왜는 신라가 '왜'라고 알려준 데 따른 것이다.

신라는 개국 이후 '해안 방면으로 침공하는 적대세력은 왜'라고 멸칭하는 언어습관을 가지고 있었다. 그러므로 비문왜의 본질은 가야와 열도서부(규슈와 혼슈극서부(本州極西部)를 포괄한 개념이다.)에 근거지를 두고 있었던 제3의 무력, '가야화된 모용선비군단'으로 판단된다. 미리 말하지만 비문왜는 야마토조정이 아니다. 4세기 후반의 일본열도는 아직 통일되지 않았고 야마토조정은 등장하지도 않은 시대였다.(필자는 야마토조정은 5세기 후반 백제왕자 곤지로부터 비롯된다고 본다. 이에 대해서는 『한일 고대사의 재건축③』의 2부 '백제계 응신왕조 열도패권 장악'에서 상세히 다루고 있다.)

나는 비문왜를 '가야와 열도서부를 통치권역으로 삼았던 시기의 기마군단세력'으로 상정한다. 즉 4세기 말~5세기 초의 가야·숭신왜국연합이다. 『한일 고대사의 재건축』 시리즈는 앞으로 가야·숭신왜연합이라는 말을 많이 사용할 것이다.(가야·숭신왜연합은 일본 중심의 왜한연합왕국(倭韓聯合王國)과 개념이 다르다. 일본연구자들이 제기한 왜한연합은 야마토조정이 한반도 남부를 군사적으로 정복하였다는 황국사관에서 유래된 것이라면, 가야·숭신왜연합은 가야에서 출발한 기마족이 규슈와 혼슈서부 일대를 정복한 상태에서 한동안 지속되었던 정치체를 의미한다. 일본학자들의 왜한연합왕국과는 정복의 방향이 정반대인 셈이다.)

광개토대왕이 활동하던 4세기 말~5세기 초, 임나가라와 왜 가운데 더 강한 쪽은 규슈(九州)와 혼슈극서부(本州極西部)를 관장하던 '숭신왜국'이었을 것이다. 당시의 숭신왕조는 가야에 이어 규슈와 혼슈극서부를 통치범위에 넣은 광역국가로 한창 성장하던 단계라고 짐작된다.(필자는 숭신왜국이 규슈를 넘어 기나이까지 직접지배 범위에 넣은 시기는 5세기 초반으로 판단한다. 이에 대해서는 『한일 고대사의 재건축③』의 3장에서 서술한다.) 광개토대왕 비문에서 이런 가야·숭신왜 연합을 '가야'가 아니라 '왜'라고 표현한 것은 중심세력이 왜지(倭地)에 소재한 때문으로 보인다.

신라가 조그마한 임나가라의 공격을 받았다고 고구려에 호소하기는 민망했을 것이다. 가야·숭신왜연합의 공격을 받자 '왜가 침범해서 나라가 망할 위기'라며 광개토대왕에게 지원을 요청한 것으로 사료된다. 앞서 언급했듯이 신라는 전통적으로 '남쪽에서 동해안 방면으로 침공하는 적대세력은 왜'라고 멸칭하는 언어습관을 갖고 있었다. 그러기에 '가야·숭신왜국연합'을 뭉뚱그려 '왜'라고 간략히 표현하였고 고구려도 그렇게 인식하여 광개토대왕 비문에 새겨 넣었다는 말이다.

결론적으로 비문왜는 이전의 소박한 왜인들과는 체급이 다른 '새로운 왜'로서 가야에서 발진하여 규슈·혼슈서부 일대를 이미 평정하고 세토나이카이(瀨戸內海 뢰호내해) 연안과 기나이 일대까지 장악해 가던 시기의 기마민족집단이었다고 풀이된다. 문제의 기마민족 지도자는 바로 '임나공' 숭신천황으로 짐작된다.

12장
열도정복 기마족과
한왜연합왕국의 출현

AD 4세기 후반부터 일본열도에서는 두 가지 눈에 띄는 현상이 관찰된다. 하나는 기마문화의 흥성함이다. 고분에서 마구류의 부장이 관찰되더니 폭발적으로 증가한다. 두 번째는 열도 각 지역에서 '대규모' 전방후원분이 등장한다는 점이다. 이른바 중기고분시대(中期古墳時代)의 도래이다. 일본학계의 공식견해 상 3세기부터 출현하였다는 전방후원분은 4세기 후반부터 규모가 본격적으로 커지기 시작한다. 특히 5세기 이후에 조성된 곤다야마고분(譽田山古墳 응신릉(應神陵))과 다이센고분(大仙古墳 인덕릉(仁德陵)) 등은 왜국의 왕권이 상당한 수준에 이르렀음을 보여주는 증거가 된다.

일본의 연구자들도 황국사관론자 등 상태가 나쁜 경우를 제외하고 온전한 판단력을 지닌 사람들은 4세기 이후 왜국의 실력이 급성장하는 동력을 일본 내부가 아닌 외부에서 찾는다. 중원에서 5호16국시대가 전개됨에 따라 한반도에서도 중국 군현이 소멸되고 고구려, 백제, 신라 등 삼국이 성장하는 변화의 물결이 일본열도에까지 미친 탓으로 보는 것이다.[69] 이는 고분 출토물의 고향이 일본이 아니라 한반도에서 건너간 것이 분명한 북방 유목민족풍이란 점에서 타당한 설명이다.

4세기 신라와 가야, 그리고 왜에서 공히 급격한 변화가 일어났다는 사실은 주목할 만하다. 3개의 정치체에서 비슷한 시기에 유사한 변화가 관철된다는 것은 3국을 관통하는 공통된 힘이 존재하고 있음을 방증한다. 그 힘은 모용선비의 남하이다. 나는 모용선비가 열도에서 개창한 왕조의 초기중심을 규슈로 비정하는 입장이다. 이번 장에서는 규슈에 상륙한 일군의 기마군단이 기나이로 동진(東進)하기에 앞서 규슈에서 활동하던 시절을 중점적으로 살펴보고자 한다.(규슈를 정복한 기마군단이 다음 단계로 기나이로 진출하는 사정은 『한일 고대사의 재건축③』 1부에서 상세히 서술한다.)

기마민족 지도부의 열도행과 가야(임나)의 위상 저하

'임나공 숭신(崇神)'으로 상징되는 일본열도 정복군주가 바다를 건너기 이전의 정치 중심은 금관가야가 분명하다. 김해 대성동고분을 조성한 세력이다. 대성동고분은 모용선비 기마민족의 색채가 뚜렷한데, 5세기 이후 조성이 중단되는 것이 특징이다. 대체로 AD 400년경 고구려 군대의 침공을 받고 몰락한 금관가야의 왕릉묘역으로 간주한다.

대성동고분 조성세력이 대한해협을 건너 규슈로 진출한 시기는

---

69. 니시지만 사다오, 4세기 동아시아와 왜국, '고대 한일관계사의 이해-왜', 이론과 실천, 1994.

4세기 후반부터라고 짐작된다. 10장에서 필자는 일본서기 숭신 17년 조의 '선박건조령'을 대한해협과 세토나이카이라는 '두 개의 바다'를 건너기 위한 준비작업의 전승일 가능성을 제기해 보았다. 좀 더 구체적으로는 신공황후의 AD 369년 가야정복 신화와 AD 404년 왜의 대방계 침공 실패 사이의 기간을 주목한다. 순전한 추정이지만 AD 370년대 들면서 기마군대의 도해가 본격화되지 않았을까? 일본열도의 고분문화에서 대륙계통의 문화색채가 관찰되는 시기가 대략 이즈음부터이다.(9장에서 언급했듯이 에가미 교수는 375년경부터 일본 고분문화에 큰 변화가 시작된다고 파악했다. 기마민족의 도해를 암시한다고 본다.)

물론 기마민족의 모든 구성원이 한꺼번에 바다를 건넜다고 볼 수는 없다. 많은 인력과 말, 물자를 싣고 대한해협을 횡단하기가 쉽지 않다는 점에서 대규모 도해사례는 그리 많지 않겠지만 그렇다고 한두 번에 도일을 완료했다고 판단하는 것은 섣부르다. 진상은 알기 어렵지만 아마도 가야 잔류파와 열도 도해파로 나뉘어 일을 진행했을 것이다. 초기에는 잔류 쪽이 권력자였지만 바다 건너편의 발전 가능성이 더 크다는 사실이 확인되면서 도해파의 세가 점점 커져갔다고 추정한다.

AD 370년대~400년대 초까지 기마민족군단은 김해와 북규슈를 양대축으로 대한해협을 내해(內海)로 하는, 즉 가야권역과 규슈일대를 포괄하는 정치체를 형성했다고 짐작한다. 그러나 날이 갈수록 정복지가 넓은 열도쪽으로 무게중심이 넘어간다. 5세기 이후 김해 대성동고분 조성이 중단된 반면 열도에서는 대형고분이 활발히 조성되는 것이

이를 암시한다.

가야와 규슈를 양대 기반으로 삼은 '한왜연합왕국'은 한편으로는 열도개척에 주력하면서 다른 한편으로는 신라를 줄기차게 공격한다. 11장에서 언급한 비문왜이다. '4세기 말의 왜'는 삼국사기에도 금성(金城)을 닷새나 포위하였다는 기록이 나올 정도로 이전의 왜에 비해 그 힘이 배가된 모습이다. 도해를 지휘했던 지도자 숭신 등이 대한해협을 되짚어 건너와 신라 공격을 주도했을 가능성도 있다.

어쨌든 신라는 자력으로 왜의 공격을 감당하지 못해 고구려 광개토대왕에게 지원을 걸구하였다. 이 시기의 왜는 고구려와도 정면대결을 불사하는 대범하고도 집요한 세력이다. 신라·가야 영역에서 군사작전을 펼치는 것은 물론이고 고구려 영역인 황해도의 대방계(帶方界)를 침공하기도 하였다. 그러나 AD 400년 광개토대왕의 5만대군에게 대패한 데 이어 404년 대방계 공략이 실패하면서 왜의 정치중심은 김해에서 열도로 이동해 간 것으로 짐작된다. 11장에서 언급했던 광개토대왕 비문을 다시 살펴보자.

〈경자년(AD 400)의 왜〉- 고구려 군대에게 괴멸적 패배

"(영락)10년 경자년(AD 400)에 보기(步騎) 5만을 보내어 신라를 구원하였다. 남거성부터 신라성까지 왜가 그 사이에 가득 차 있었다. 관군(官軍 고구려군)이 바야흐로 이르자 왜적이 물러나므로 급히 추격하여 임나가라(任那加羅) 종발성(從拔城)에 이르렀다. 성이 즉시 항복하였다. 안라인수병(安羅人戌兵). 신라성, 염성을 함락(?)하였다. 왜구가 크게 궤멸하였다. 성안의 사람 열에 아홉은 왜를 따르기를 거부하였다.(十

266

年庚子 教遣步騎五萬 往救新羅 從男居城 至新羅城 倭滿其中 官軍方至 倭賊退
背急追至 任那加羅從拔城 城卽歸服 安羅人戍兵 拔新羅城鹽城 倭寇大潰 城內
十九盡拒隨倭)"

　금관가야의 수도로 짐작되는 '임나가라 종발성(從拔城)'은 이때 폐
허로 변하였을 것이다. 한왜연합왕국은 고구려군의 남정(南征)을 기점
으로 그 중심세력이 '확실하게' 열도로 옮긴 듯하다. 앞서 말한 대로
김해 대성동고분의 조성이 5세기 이후 사실상 단절되는 것은 그 방증
이다. 한왜연합왕국을 이룩한 기마민족의 주력이 대한해협을 건너간
것은 고구려군의 압박 탓도 있겠지만 비좁은 가야보다 일본열도라는
넓은 배후지를 둔 규슈가 연합왕국의 중심지로 더 부각됐을 것으로
판단된다. AD 1066년 협소한 노르망디를 출발해 넓은 잉글랜드를 노
르만족의 2차 정복지로 채택한 노르망디공 기욤(윌리엄 1세)의 행보를
염두에 두면 이해가 쉽다.

　기마민족 주력의 '확실한 도일'과 함께 한왜연합왕국의 정치중심은
김해에서 열도로 이동한다. 도해 이후 한동안은 규슈를 기반으로 하
였을 것이다. 이미 AD 3세기에 비미호(卑彌呼 히미코)를 여왕으로 하
는 규슈의 야마타이국이 삼국지에 등재되었지만, 4세기 후반 기마민
족이 진출하면서 왕조가 교체되고 강력한 군사력을 보유한 영역국가
로 변모하였다고 생각된다. 북규슈에 상륙한 기마군단은 규슈는 물론
이고 기비(吉備) 등 세토나이카이 연안과 이즈모, 기나이 인근까지 영
역을 빠르게 확장해 나갔을 것으로 필자는 추정한다.

　그렇지만 중심세력이 열도로 넘어간 이후에도 가야는 본국(本國),

즉 임나였기에 숭신왕국이 신라와 백제의 공략으로부터 가야땅을 지키기 위해 노력하는 것은 당연하다. 같은 뿌리에서 비롯하였다는 역사인식과 주변 강국의 공세로부터 본거지를 지켜야 한다는 목표에서 숭신왕조는 가야와 적극적인 연합체제를 구축한다. 수시로 군대를 파견하여 신라와 백제에 대해 실력을 과시하였다고 판단된다. 군력이 강한 신라와 백제가 호시탐탐 가야소국들을 노리면서도 6세기 초중반까지는 삼키지 못했던 이유는 숭신왜국의 강력한 지원 때문으로 설명된다.

금관가야와 대가야, 아라가야 등 3대 세력으로 구분된 가야는 통합된 영역국가로 성장하지 못한 채 올망졸망한 소국집단으로 존재하다 결국 신라에 각개격파 당하였다. AD 532년 금관가야가 신라에 합병되고 AD 562년 대가야가 최종적으로 멸망하였다. 6세기 초중반, 신라의 가야 공략은 배후세력인 숭신왜국이 AD 527년 '반정(磐井 이와이)의 전쟁' 패배로 열도에서의 패권을 상실하고 사실상 멸망한 상황을 적극 활용한 결과였다고 볼 수 있다.(이에 대해서는 『한일 고대사의 재건축③』 8장과 11장에서 집중적으로 기술한다.)

가야(임나)와 숭신왜국의 관계는 대외적으로 연합왕국처럼 긴밀한 사이를 유지하였다고 판단된다. 특히 숭신으로 표상되는 도해(渡海) 1세대가 '규슈 인근 정치체'의 리더십을 유지하는 동안에는 '연합왕국'이나 다름없었다고 하겠다. 그러나 아무리 친밀한 관계라고 하여도 인간세상 어디서나 갈등이 없는 경우는 없다. 가야에 남은 잔류파와 열도로 진출한 숭신왕조 상호간에는 적잖은 갈등과 경쟁양상도 띠었다고 여겨진다.

'가야·왜연합'에서 '왜·가야 연합왕국'으로의 변화

가야·왜 연합왕국의 정치중심은 처음에는 김해였으나 점차 규슈로 옮겨갔다고 사료된다. 거듭 말하지만 김해 대성동고분이 5세기 이후 규모가 축소되며 왕릉급의 위상을 유지하지 못하는 것은 이를 방증한다. 경자년(AD 400) 광개토대왕의 임나가라 토벌전은 연합왕국의 중심세력이 김해에서 열도로 넘어가게 된 결정적 계기였을 것이다. 한반도 남부는 신라와 백제라는 기존세력과의 경쟁이 치열했기에 확장성이 떨어진 반면 규슈는 경쟁상대가 사실상 없어 발전가능성이 높다는 장점이 있었다. 북(北)규슈에 중심을 둔 모용가야 기마민족은 규슈 중남부와 혼슈 서부의 광활한 영역을 정복하며 강력한 파워를 과시하였을 것이다.

5세기 초가 되면 비문왜, 즉 가야·규슈왜 연합의 정치중심은 열도가 더욱 분명해진다고 사료된다. '가야·왜연합'에서 '왜·가야 연합왕국'으로 변화하는 셈이다. 참고로 가야권은 멸망기까지 금관가야와 대가야, 아라가야 등으로 삼분된 채 통일국가를 형성하지 못하였다. 가야제국 가운데 명확한 중심국이 없다는 것은 '진짜 실력자'가 따로 있다는 의미가 아닐까? 전기에는 금관가야, 후기에는 대가야가 가야연맹의 중심이었다는 것이 국내 사학계의 진단이지만 탁월한 리더십을 행사한 것이 아니라 상대적 우위에 그쳤다는 것이 대체적인 분석이다.

10여 개의 고만고만한 소국들로 분립된 가야를 신라와 백제가 한동안 어찌하지 못했다는 사실은 가볍게 대할 일이 아니다. 6세기 중

진흥왕 순수비 지도

북한산 비봉 진흥왕 순수비

엽, 신라 진흥왕이 새로 확장한 영토를 순시하면서 설치한 '진흥왕 순수비'의 분포 실태는 꽤나 특이하다. 함경남도 이원군의 마운령비, 함경남도 장진군의 황초령비, 서울의 북한산비, 경남 창녕의 창녕비 등이다. 신라 수도 경주에서 마운령비와 황초령비는 2천 리, 북한산비도 천 리나 떨어진 곳인 반면 창녕비는 채 2백 리가 못 되는 곳에 위치해 있다.

신라가 고구려 영토인 함경도까지 국세를 확장할 단계가 돼서야 비로소 인접한 창녕을 확보했다는 사실은 가야로의 진출이 결코 쉽지 않았다는 것을 의미한다. 이는 곧 가야의 뒷배가 든든하였음을 암시한다. 가야의 후원세력으로는 열도의 숭신왕조가 상정된다. 숭신의 왜국은 가야 소국들의 통합을 저지하는, 일종의 분할통치 방식으로 왜·가야 연합의 정치적 주도권을 확보해 나간 것으로 여겨진다. 숭신왕조가 이룩한 연합왕국의 영토는 한반도의 가야권역에서 규슈와 세토나이카이(瀨戸內海 뢰호내해), 기나이, 동국(東國)을 잇는 선상국가(線狀國家) 형태였다고 짐작된다. 이런 점에서 숭신왕조사는 한국사의 영역에 포함시켜도 문제될 것이 없다.

그런데 김해와 규슈는 바닷길로 통하면 며칠 만에 도달할 수 있지만, 장애가 적지 않던 고대의 항해술을 감안할 때 '오랜 세월 동안' 단일국가로 통합정치를 하기는 쉬운 일이 아니다. 연합왕국의 성격도 있었지만 각자의 독자성이 용납될 수밖에 없는 지형적 한계 또한 무시할 수 없었다는 말이다. 5세기 이후, 전체적인 파워는 일본열도가 김해를 능가하였다고 짐작되지만 한반도 쪽인 가야권의 정치중심 역할을 놓고서는 이야기가 달라진다. 내부적으로는 김해와 고령(대가야), 함안(아라가야), 열도정치체가 은근히 경쟁을 하는 구도였다고 여겨진다. 복합왕국의 약점이 적지 않았다고 하겠다.

필자는 AD 5세기 중국과의 교섭에 나선 '왜5왕'은 바로 숭신왕조의 군주들이라고 판단한다. 왜5왕의 활동상에 대해서는 『한일 고대사의 재건축③』의 6장에서 상세히 언급할 예정인데, 이들은 한반도 남부의 군사지휘권에 유독 집착하는 면모를 보여준다. 즉 5왕 가운데 2번째인 진(珍)은 438년 송나라에 사신을 보내 스스로를 '사지절 도독 왜백제신라임나진한모한육국제군사 안동대장군 왜국왕(使持節 都督 倭百濟新羅任那秦韓慕韓六國諸軍事 安東大將軍 倭國王)'으로 자칭하였으나 거절당하고 '안동대장군 왜국왕'의 직위만 받았다. 3번째인 제(濟)는 443년 송에 사신을 보내 '안동대장군 왜국왕'의 지위를 받은 데 이어 451년에는 '사지절 도독 왜신라임나가라진한모한육국제군사(使持節 都督 倭新羅任那加羅秦韓慕韓六國諸軍事)'에 임명되었다. 5번째인 무(武)는 '사지절 도독 왜백제신라임나가라진한모한칠국제군사 안동대

장군 왜국왕(使持節 都督 倭百濟新羅任那加羅秦韓慕韓七國諸軍事 安東大將軍 倭國王)'을 자칭하였다.

'도독 ○○제군사(都督 ○○諸軍事)'는 '○○지역의 모든 군사업무를 관장하는 직위'를 의미한다.(참고로 절(節)은 황제가 신하나 제후국의 수장급 등에게 부여하는 신표(信標)인데, 사지절(使持節)은 최고단계의 부절(符節)로서 전시가 아닌 평시에 이천석(二千石) 이하의 녹봉을 받는 관리를 처형할 수 있는 권한보유자를 뜻한다. 통상 제후국의 왕에게 부여하는 등급이다.) 왜5왕이 한반도 남부의 군사지휘권을 희망한 것은 그들의 뿌리가 그곳임을 암시하는 방증이다. 아마도 '가까운 선조들이 한반도 남부에 머물던 시절'의 위상과 권리를 회복하기 위한 방편에서 당대 국제질서의 심판자격인 중국왕조에게 군사지휘권을 걸구한 것이리라. 물론 왜5왕의 군사지휘권 획득 시도는 현실이 아니라 희망에 불과한 것이지만, 한반도 남부의 제국(諸國)에 대한 왜국의 평가가 어떠했는지를 판단하는 참고자료가 된다. 즉 AD 5세기의 숭신왜국은 한반도 남부제국에 대해 '대국(大國) 의식'을 지녔다고 판단할 수 있다.(5세기 왜국의 객관적인 실력은 논외로 하더라도 왜5왕의 외교행적을 통해 대(對)한반도 인식을 짐작할 수 있다.)

문제는 숭신조의 대국 관념이 5세기에만 한정되지 않았다는 데 있다. 8세기에 일본서기를 편찬한 야마토왕조는 5세기 숭신왕조의 우월의식을 슬그머니 계승하여 한반도는 애초부터 일본의 속국이라고 여기는 '서번국(西藩國) 관념'을 형성하였으니 이후의 한일관계를 악화시킨 근본배경이 된다.

어쨌든 왜5왕의 대(對)중국외교가 절정을 지나간 5세기 후반, 가야-숭신왜국 간의 관계변화를 시사하는 의미 있는 행적이 포착된다. 김해 금관가야의 군주로 짐작되는 하지왕(荷知王)이 AD 479년 남제에 따로 조공사절을 보내어 임나왕의 뜻을 지닌 '본국왕'이란 왕호를 받아낸 것이다.(국내 역사학계 다수설은 하지왕을 대가야 가실왕으로 보고 있다. 반면 필자는 하지왕이 질지왕(銍知王)의 훈독으로 여겨지는 점 등을 감안하여 금관가야 왕으로 본다. 이에 대해서는『한일 고대사의 재건축①』11장에서 상세히 기술한 바 있다.)

나는 479년이라는 시기가 매우 중요하다는 입장이다.『한일 고대사의 재건축③』의 7장에서 다루겠지만, 곤지왕자를 중심으로 한 백제계의 쿠데타가 477년에 발생했다고 여긴다. 그 결과 가야계 숭신왕조는 나라분지에서 축출되고 기나이의 권력은 백제계가 차지한다. 이후 숭신왕조의 잔존세력은 규슈와 혼슈극서부(極西部)로 위축된 상황에서 백제계 응신왕조(훗날의 야마토왕조)와 쟁투한다고 보는데, 후원세력인 숭신왕조가 결정적 타격을 입은 지 2년 만에 가야 하지왕은 홀로 서기를 시도한 것으로 짐작된다.

특정 정치체가 외교권을 행사하느냐의 여부는 독립국인지, 속국(또는 지방)인지를 판가름하는 바로미터이다. 중국에 대한 하지왕의 견사조공은 가야의 주체성을 입증한 사건으로서 '임나(=가야)는 야마토왜의 관가(官家 식민지)'라는 일본서기의 신뢰성을 근본적으로 부정하는 역사적 증거이다. 어쨌든 가야와 열도 양쪽에 발을 걸친 연합왕조는 외부세계에는 단일대오를 형성하며 1개국처럼 행동하면서도 내부적으로는 한반도쪽 가야권의 패권을 놓고 갈등도 분출하는 다소 애매한 형태의 복합국가였다고 여겨진다. 공통의 경험치가 많았던 숭신 집권기에는 가야 잔류파와 도해세력 사이에 연합왕국의 성격이 유지됐지만 숭신 사후에는 연계정도가 많이 느슨해졌다고 보인다.

10장에서 언급했던, 수인천황이 도노아아라사등에게 숭신천황의 이름(미마기)을 따서 '미마나'라는 국호(國號)를 부여했다는 일본서기 기록은 전후관계를 뒤집은 왜곡이지만 가야를 별개의 국가로 인식하였음을 시사하는 대목으로 주목된다. 결국 시대의 흐름과 함께 숭신 왜·가야연합은 점차 별도의 정치체, 외국으로 변질돼 갔다는 말이다.

시간을 거꾸로 돌려 4세기 말~5세기 초 가야·왜 연합왕국의 군력을 살펴보면 지형학적 약점과 내부결속의 문제점에도 불구하고 신라를 압도하는 것은 물론이고 백제도 군사지원을 요청할 정도로 강력하였다고 여겨진다. 광개토대왕 비문의 내용처럼 한반도 사정에 지대한 관심을 나타내며 북쪽과의 연결 가능성을 타진한 것은 이들의 뿌리가 북방에 있기 때문이다. 영락 14년(AD 404)에 '왜(倭)'가 현재의 황해도 지역인 고구려 대방계를 침공한 것은 이들의 궁극적 관심방향을 보여준다. 중국 동북방의 요녕성(遼寧省 랴오닝성), 즉 요서(遼西) 일대에 위치하였던 모용선비의 본향과 연계하기 위한 중간기착지로 고구려땅 대방계를 노렸던 것은 아닐까?

4세기 중기고분시대와 기마족의 역할

일본사의 통설은 거대고분인 전방후원분(前方後圓墳)의 출현과 함께 BC 300년부터 AD 300년까지 약 600년간 지속되었던 야요이시대(彌生時代)가 끝나고 고분시대(古墳時代)가 도래한다고 정리하고 있다. 고분시대의 중심은 기나이라고 내세운다. 나라분지를 비롯한 기나이 일대에 대형 전방후원분이 먼저 조성되고, 기나이형 고분이 열도 전역으로 확산돼 나간다고 본다.(전방후원분은 기나이에서 처음 출현한다는 것이 일본학계의 공식학설이지만 규슈에서 먼저 만들어지고 이즈모, 기나이로 이어진다는 주장도 있다.[70] 일본의 고분시대 도래에 대해서는 『한일 고대사의 재건축③』 3장에서 본격적으로 다룬다.)

전방후원분의 등장으로 시작되는 고분시대는 AD 3세기부터라는 것이 정설이었지만 최근에는 4세기 중반부터라는 가설이 힘을 얻고 있다. 기존의 3세기 설은 야마타이국 비미호(卑彌呼 히미코) 여왕시절부터 고분시대가 시작됐을 것이라는 추정에 의한 것일 뿐 과학적인 근거는 약하다고 한다.

일본의 고분문화에 대해서는 『한일 고대사의 재건축③』의 3장에서 상세히 다루지만 이 대목에서 반드시 짚고 넘어가야 할 사안이 있다. 고분시대가 언제, 누구로부터 시작됐는가의 문제이다. 특히 나라현(奈良縣) 사쿠라이시(櫻井市)의 마키무쿠고분군(纏向古墳群) 가운데 하나인 하시하카고분(箸墓古墳 저묘고분, 젓가락무덤이라는 뜻)의 주인공이 누구냐 하는 점은 대단히 중요하다.

전체 길이 280m, 후원부 지름 160m, 전방부 너비 147m, 높이 29m의 하시하카고분은 '최초의 정형화된 전방후원분'이란 점에서 고분시대를 연 군왕의 묘로 지목된다. 일본학자들은 하시하카고분의 피장자를 비미호로 판단한다. 즉 야마타이국의 여왕 비미호가 '하시하

---

70. 윤명철, 동아지중해와 고대 일본, 청노루, 1996, p144.

나라현 하시하카고분

카 전방후원분'에 묻히는 것을 시작으로 AD 3세기에 고분시대가 개막됐다는 시각이다. 결론부터 말하자면 필자는 동의하지 않는다. 삼국지 왜인전에 기록된 비미호의 무덤 설명이 하시하카고분과 전혀 다르기 때문이다.

"비미호가 죽자 무덤을 직경 백여 보로 크게 만든 다음 노비 백여 명을 순장하였다.(卑彌呼以死 大作冢徑百餘步 葬者奴婢百餘人)"[71]

비미호의 무덤에 대한 삼국지 기록에서 핵심은 밑줄 친 '직경 백여 보'이다. 직경〈徑〉은 원의 크기를 측정할 때 쓰는 척도이다. 삼국지는 비미호의 무덤을 원분으로 증언하고 있는 것이다. 만약 비미호의 무덤이 전방후원분이었다면 삼국지는 그 규모를 직경이 아니라 전체 길이로 묘사했을 것이며 아울러 전방후원분의 특이한 외관을 언급하지 않았을 리 없다. 또 비미호의 원분은 직경 백여 보, 즉 70m 정도인데 반해 하시하카 고분의 후원부 지름은 160m나 되므로 양자 간 차이는 대단히 크다. 결론적으로 비미호의 무덤은 전방후원분이 아니라 원형분으로 판단되며 따라서 하시하카고분에 비미호가 묻혔다고 보기는 어렵다. 같은 맥락에서 일본의 고분시대가 3세기 비미호

---

71. 삼국지 위서 왜인전(三國志 魏書 倭人傳).

시절부터 시작된다는 학설도 군말 없이 따를 수 없다. 사실 일본학계의 고대사 편년(編年)은 신뢰성을 의심받고 있다. 위의 삼국지 왜인전은 3세기 일본열도의 정치질서를 상세하게 소개하고 있는데, 왜는 규슈를 중심으로 30여 소국이 옹기종기 모여 사는 병립단계라고 묘사하고 있다.

> "왜인은 대방의 동남쪽 큰 바다 가운데 살고 있으며 산과 섬에 의지하여 읍락국가(國邑)를 이루고 있다. 옛적에는 100여 개 나라가 있었으며 한 나라 때 예방하여 배알하는 자가 있었고 지금 사신과 통역인이 왕래하는 곳은 30여 국이다.(倭人在帶方東南大海之中 依山島爲國邑 舊百餘國 漢時有朝見者 今使譯所通三十國)"[72]

대표주자인 야마타이국도 규슈에 존재하는 '몸집이 다소 큰(7만 호) 소국'에 불과하였다. 중국인의 객관적인 시각에서 볼 때 3세기의 일본열도는 '규슈를 중심지로 한 소국병립단계'에 그치고 있었다. 이런데도 AD 3세기에 "기나이를 핵으로 중심과 주변이 나뉘는 구조가 확인되는 등 전방후원분을 확산시키는 정치질서가 형성되었다."는 식의 일본고고학계 설명은 다분히 자국중심적(自國中心的)이다. 중국에서 한반도를 거쳐 일본으로 이어지는 문화발전의 낙차가 고대 동아시아의 자연스런 흐름이라고 할 때, 3세기의 일본열도에 강력한 통일국가가 등장하였다는 설명은 선뜻 수용하기 힘들다.

---

72. 위의 책.

곤다야마고분(譽田山古墳)

9장에서 언급하였듯이 일본 역사학계는 고분시대를 통상 전기·중기·후기 3단계로 구분한다. 전기는 3세기 말~4세기 초부터 4세기 후반의 중간쯤까지(단순화하면 AD 300년경~375년경), 중기는 4세기 후반의 중간부터 5세기 후반의 중간까지(단순화하면 AD 375년경~475년경), 후기는 5세기 후반의 중간(AD 475년경)부터 6세기 후반 내지 7세기 말까지로 나눈다.

반면 이시와타리 신이치로(石渡信一郎)는 사학계 주류의 시대구분론은 실상과 부합하지 않는다고 말한다. 그래서 전기(前期)고분시대를 AD 340년부터 450년대까지, 중기를 460년대부터 550년대까지, 후기를 560년대부터 7세기 말기까지로 구획한다. 이런 시각에서 곤다야마고분(譽田山古墳 응신릉으로도 불린다.)은 500년 전후, 다이센고분(大仙古墳 인덕릉으로 불리기도 한다.)은 510년대에 조영됐을 것으로 추정하였다.[73] 두 대형고분을 AD 5세기, 400년대 초중반에 조성된 것으로 본 기존연구들과 약 100년의 시대차이가 나는 것이다.

나는 이시와타리 신이치로의 학설을 맹종하는 것이 아니며, 일본학계의 공식견해인 '전기고분(前期古墳) 3세기 시작설'을 핏대 세워 배척

---

73. 이시와타리 신이치로, 백제에서 건너간 일본 천황, 지식여행, 2002. p181.

할 생각도 없다. 일본학자들이 철석같이 믿는 것처럼 3세기의 열도에 기존의 규슈를 대체하는, '기나이를 중심으로 하는 새로운 광역적 정치질서가 형성돼 나가던 중'이었을 수 있다고 양보하자. 그와 같은 자생적인 발전에 의해 3세기 이후 기나이가 열도의 새로운 정치중심으로 도약하고 있었으며 나라분지의 여러 전방후원분들이 고고학적 증거라는 설명을 (별로 신뢰하지는 않지만) 굳이 말살하고픈 생각은 없다.

다만, 일본사학계 주류의 시대구분론을 수용하더라도 4세기 후반의 중기고분시대 도래는 매우 중요하다는 입장이다. 그 즈음에 규슈를 정복하는 강력한 외래세력의 존재를 시사하기 때문이다. 그 힘은 열도 내에서 자생적으로 진행되고 있던 정치질서를 근본적으로 부정하고 새로운 질서를 강요하여 실현시킨 원천이었다. 기마민족의 일본진출을 증거하는 시대상황이고 기마민족의 역할에 따른 변화상이다.

1872년 인덕릉으로 알려진(실제 인덕릉일 가능성은 높지 않다.) 다이센고분이 홍수에 무너지면서 내부의 유물이 일부 출토되었다. 그 유물들은 미국 보스턴미술관에 옮겨져 전시 중인데 청동거울과 접시, 환두대도와 함께 로만글라스와 보요(步搖 걸을 때 흔들리는 장식) 딸린 투구 등이 눈길을 끈다. 삼연문화(三燕文化), 모용선비의 유물과 다분히 유사하다. 필자는 다이센고분 조성 주체가 모용선비와 무관치 않다는 방증으로 주목한다. 유물 면에서도 중기고분시대는 전기고분시대와 크게 달라지는 것이다. 이미 수십 년 전에 에가미 나미오가 전기고분과 후기고분(에가미의 후기고분시대는 일본 역사학계 주류가 말하는 중기고분시대와 후기고분시대를 통합한 개념이다.)의 특징을 정리한 바 있다.

> "전기고분은 구릉의 정상부에 고분을 만드는 특징이 있고 규모도 소박한 반면 후기고분의 경우 만주와 몽골, 북중국에서 활약했던 동북아시아 기마민족의 문화와 동일하다. 전기고분문화가 주술적이고 평화적이며 동남아시아형의 농경민족적인 데 반해 후기고분문화는 현실적, 전투적, 왕후귀족적인 북방아시아형의 특징으로 바뀐다."[74]

국내학계 주류는 "에가미 나미오의 기마민족설은 임나일본부설의 변형이므로 경계해야 한다."면서 깊이 살펴보기를 꺼려 한다. '과도한 문화전파론은 내재적 발전을 무시하고 거부하는 논리'라고도 비판한다. 하지만 기마민족설이 제공한 거대한 추론과 통찰은 문헌이 빈곤한 한일 고대사의 얼개를 꾸미는 데 여전히 유용한 가치가 있어 보인다.(필자가 제시하는 '얼개'란 '역사적 가설의 전체적 그림'을 말하는데 에가미 교수는 이를 '집성도(集成圖)'라는 고고학적 용어로 개념화하였다. 필자가 생각한 얼개와 유사한 개념이어서 흥미롭다.)

"전방후원분은 큰 배 상징…도해(渡海)한 정복자의 기념물"

이즈음에서 전방후원분의 출현 경위를 근본적으로 살펴볼 필요성

---

74. 에가미 나미오, 이동식 번역 역주, 기마민족국가-고대 일본역사의 비밀, KBS도서관 소장 비매품, 2014, pp190~209.

이 제기된다. 전방후원분의 등장은 기마민족의 일본진출과 동전의 앞뒷면이라고 여겨지기 때문이다. 전방후원분의 유래를 명쾌하게 설명하는 공식학설은

마한의 무덤 주구묘

없다. 일본학계에서는 대체로 원형분구묘의 한쪽에 제단을 붙이는 야요이 말기의 무덤을 전방후원분의 조형(祖型)으로 여긴다. 원분(圓墳) 앞의 제단이 점점 커져서 거대한 전방부(前方部)로 발전하였다는 설명이다. 반면 일부 국내학자들은 '마한계 주구묘(周溝墓 매장주체부를 중심으로 주변에 도랑을 굴착한 형태의 분묘) 원류설'을 제기한다. 충남과 호남 등 마한영역에서 유행한 주구묘가 일본열도에 전해진 다음 자체 발전과정을 거쳐 전방후원분이 됐다는 학설이다. 일본학계에서는 '당연히' 인정하지 않는다. 그러나 세상에 독자적인 문화양식은 없다는 점에서 전방후원분의 출현에 마한계 주구묘의 영향을 완전히 배제할 이유는 없을 것이다.

전방후원분의 출현배경을 탐색하는 작업에서 가장 중시해야 할 사안은 '물가 근처에 조성돼 있다'는 평범한 사실이다. 일본의 전방후원분도 그러하지만 한반도 영산강유역의 전방후원분(영산강 전방후원분의 조성경위와 비밀에 대해서는 『한일 고대사의 재건축③』 12장에서 집중적으로 기술한다.)들을 보면 하나같이 해변이나 하천변 등 선박을 운항할 수 있는 지역에 존재하고 있다. 모든 사물의 시초는 존재 그 자체에

일본 전방후원분 모형 사진

담겨 있다고 할 때, 전방후원분의 출발점은 배와 무관하지 않다고 판단된다. 이런 맥락에서 필자는 '전통적인 원형무덤에 돌배〈石船〉를 상징하는 직사각형 전방부(前方部)를 결합한 것이 전방후원분의 단초가 아닐까?'라고 조심스럽게 추정해 본다.

일본서기 신무천황기에 나오는 천신(天神)의 아들이 타고 내려온 천반선(天磐船)도 '돌로 만든 배〈磐〉'를 의미하는 만큼 일본에서 돌배〈石船〉는 어색한 물건이 아니다. 전방후원분의 외피를 즙석(葺石 봉토 위에 얇게 펴서 깐 돌)으로 쌓은 것은 돌배의 형상과 연결되며 무덤 주위의 해자〈周溝 주구〉는 배를 띄우는 물을 상징하는 점에서 '전방부=돌배 가설'은 넉넉히 성립할 수 있다.

큰 배를 타고 험한 바다를 건너간 외래 정복자들로서는 배에 대한 경외심과 기대감이 컸기에 사자(死者)의 무덤 앞에 피안의 세계, 떠나온 고향 고천원(高天原)으로 향하는 거대한 '돌배 제단(祭壇)'을 배치했다는 추론이다. 낯선 정복지에서 타계한 지도자의 원분 앞에 '바다를 건널 때 타고 간 선박'을 두고 제례를 올린 것이 전방후원분의 시작이었을 개연성도 떠올려 본다. 결론적으로 "전방후원분은 고대일본의 지배자들이 큰 배를 타고 열도로 진출한 외래 정복자임을 증언하는 사후(死後) 기념물이다."라는 것이 나의 소견이다.

현재 남아 있는 전방후원분들의 외형은 평퍼짐한 모습인 만큼 전방부가 배를 상징한다는 가설에 다소 거리감이 들 수도 있다. 그러나 흙과 돌로 만든 고분이 천 수백 년간 지속적으로 함몰돼 온 점을 감안하면 본래의 전방부(前方部)는 폭은 좁고 키는 더 높은 당당한 외양으로 짐작된다.(다만 전방부 모양이 아래가 넓고 위가 좁은, 즉 배를 뒤집은 형상인 것은 토목공학적 견지에서 구조물의 안정성을 확보하기 위한 불가피한 선택으로 여겨진다.) 세월의 흐름과 함께 의례화된 모습으로 변형되기 이전단계의 고분, 즉 전방후원분의 초기 원형(原形)은 선박을 뒤집은 모양과 흡사했을 개연성이 높다고 본다.

그러나 전방후원분의 정확한 시말을 찾기는 애초부터 난감하고 필자의 추론을 입증하기도 쉬운 일은 아니다. 전방후원분의 출현경위에 대해서는 이 정도로 그친다. 그 유래가 어떠하든 원형무덤과 방형제단을 조화시킨 거대한 전방후원분은 열도인들의 창작물이 틀림없다.

나는 고대 일본인들이 자체적으로 발전시킨 문물 가운데서 대표적인 사례로 전방후원분을 꼽는다. 특히 5세기 말~6세기에는 세계적 규모를 지닌 고분이 출현하였다. 인덕릉(仁德陵)으로도 불리는 오사카 남부 사카이(堺)시의 다이센고분(大仙古墳)은 세로길이 486m, 정면 가로폭 300m로서 중국 진시황릉이나 이집트 쿠푸왕 피라미드보다 크다고 한다. 이런 규모의 대형고분을 축조하는 과정에는 수많은 인력과 물자가 투입되게 마련이다. 다이센고분을 완공하기까지 2,000명

다이센고분(大仙古墳)

의 인부가 15년간 공사를 했을 것이란 계산도 있다. 거대고분을 조성한 사실에서 당시 열도사회가 이룩해 낸 토목기술의 발전상도 인정할 수 있다.(응신릉과 인덕릉으로 명명된 곤다야마고분(譽田山古墳)과 다이센고분이 진짜 응신천황, 인덕천황의 무덤인지는 확인되지 않았다. 축조시기를 놓고서도 5세기 초에서 6세기 초까지 여러 주장이 엇갈린다.)

어쨌든 4세기 후반 이후 일본열도에서 초대형고분이 축조되기 시작했다는 것은 강력한 왕권의 등장을 상징하는 증거로 볼 수 있다. 그러나 4~6세기 열도에서의 대형고분 조성 경쟁은 청소년기의 힘자랑과 별로 다르지 않다. 즉 고대국가 형성의 초기단계에서, 권력의 과시나 지배집단의 신성성을 표현하고자 하는 위세과시 목적에서 분묘의 거대화를 실행하는 경향이 다분하다. 신라의 경우 4~5세기까지는 대형고분이 조성되다가 정치적 성장이 이뤄진 뒤에는 소형화·박장화(薄葬化)가 목격된다. 반면 기나이와 규슈, 기비, 이즈모 등 열도의 4대 거점지역에서는 한동안 '근육자랑'이 계속되었다.

기나이 정치체는 특히 경쟁세력을 의식해서인지 세계적 규모의 전방후원분을 조성하였다. 다이센고분은 현재는 도심에 자리잡은 것처럼 보이지만 간척사업으로 바다가 멀어진 것일 뿐 원래는 나니와(難波) 항구 근처였다. 항구에 거대한 왕릉을 조성한 것은 외국 사절이나 상인들에게 기나이의 힘을 과시하기 위한 의도가 다분하다. 당시 기나이왜의 정치철학적 수준이 '혈기왕성한 청소년 단계'였음을 시사하는 대목이다. 나는 5세기 후반 이후의 기나이 정치체는 백제계 응신왕조라고 이해한다.(이 점에 대해서는 『한일 고대사의 재건축③』에서 상세히 다룬다.) 힘자랑 심한 풍토에서 청소년기적 특징을 지닌 열도의 권력이 표출한 강렬한 위세욕(威勢慾)의 상징이 바로 대형 전방후원분인 셈이다.

그런데 생산에 주력해야 할 농민들을 왕릉조성에 투입하다 보면 생산차질 등 적잖은 부작용이 생겨났을 것이다. 이런 문제는 어떻게 극복하였을까? 전쟁포로와 죄수 등 비생산 잉여인력을 적극 활용하였을 것으로 추정해 본다. 이는 곧 당시 열도에 그만한 포로와 죄수 등이 존재했다는 방증이며 전쟁이 잦았다는 간접증거이기도 하다. 4세기 이후 열도에 무슨 일이 있었을까? 특히 4세기 후반부터 활발히 조성되는 초대형 전방후원분에는 많은 비밀과 사연이 숨어 있을 것이다.

기마민족이 전방후원분을 선호한 배경은?

묘제는 보수성이 강해 '피장자 고향의 장례문화'를 따르는 경향이 강하다. 그런데 4세기 이후 열도 내에서는 지역을 가리지 않고 광대한 규모의 전방후원분이 조성되기 시작한다. 전방후원분의 조형(祖型)은 기마민족의 열도진출 이전인 3세기부터 등장한다는 것이 일본학계의 공식적인 입장이다. 기나이뿐만 아니라 규슈와 기비, 이즈모 등 모든 곳에서 다수의 전방후원분 무덤떼가 관찰된다. 이를 근거로 일본학자들은 전방후원분은 열도고유의 묘제인 만큼 일본의 재지세력이 자체적으로 발전해 나간 증거로 보아야 한다고 내세운다. 즉 기마민족을 포함한 '외부세력의 일본정복설이 사실이 아니라는 물증'이라는 주장이다. 이런 논리라면 모용선비 일본열도 정복설은 설 자리가 좁아 보인다.

그러나 전방후원분의 등장시기나 출현경위에 대한 일본학계의 공식설명에 대해서는 반박논리 또한 만만치 않다. 전방후원분이 기나이에서 처음 출현하는 것이 아니라 사실은 규슈에서 시작돼 이즈모, 기나이로 이어진다는 학설과 함께[75] 4세기 후반 이후의 중기고분에서 쏟아져 나온 부장품들이 모용선비가 세운 삼연(三燕)의 무기류·마구류와 상당 부분 일치한다는 점은 소홀히 다룰 수 없다. 특히 1872년의 폭우 때 드러난 인덕릉, 즉 다이센고분의 석관은 중요한 단서가 된다. 직사각형의 반듯한 관이 아니라 앞뒤의 폭과 높이가 다르게 제작된 장지형석관(長持形石棺)이었다. 오사카 인근 사카이시 박물관에 석관의 모조품이 전시돼 있다고 한다.[76] 관의 앞뒤 폭이 다른 것은 선비족의 매장풍습에서도 확인되는 대목이어서 예사롭지 않다. 한마디로 모용선비 일본정복설이 여전히 타당하다는 방증이다.

---

75. 윤명철, 동아지중해와 고대 일본, 청노루, 1996, p144.
76. 부산·양산역사교사모임, 일본고대사여행 동아시아인의 길을 따라, 너머북스, 2012, pp126~127.

백제 무령왕릉 내부(전축분)

앞 절에서 언급했듯이 필자는 전방후원분을 '배를 타고 열도로 진출한 기마민족의 기념물'이란 시각에서 주목하고 있지만 입증되지 않은 가설인 만큼 무한정 고집할 생각은 없다. 다시 말해 전방후원분은 일본 고유의 묘제라는 학설을 인정하더라도 한반도와 가까운 곳에서 먼저 시작된 사실과 부장품이 기마민족풍이라는 점에서 모용선비와 무관하지 않다고 여긴다. 많이 양보하더라도 열도고유의 묘제인 전방후원분을 모용선비(후예)가 선호하여 적극 수용하였고 크게 유행시켰다고 잠정결론을 내릴 수 있다.

그렇다면 한반도에서는 적석목곽분 내지 북방형 목곽분을 조성했던 모용선비가 왜 일본열도에서는 고유의 장례문화를 버리고 전방후원분 묘제를 채택하였을까? 사실 큰 의문을 가질 이유는 없다. 묘제의 보수성은 인정되지만 수백 년간 흔들림 없이 지속되는 묘제란 있을 수 없기 때문이다. 묘제의 시대적 유행사례도 적지 않다. 백제 무령왕릉이 당시 유행하던 중국 남조식 전축분(塼築墳), 즉 벽돌무덤 양식으

로 축조된 것이 대표적인 실증사례이다.[77]

백제와 신라의 묘제도 시간의 흐름에 따라 많이 달라졌다. 기마민족은 합리적이고 진취적이어서 형식과 의례에 크게 집착하지 않는 특성이 있다. 정복의 효율성을 위해서는 피정복자의 매장문화를 충분히 수용할 수 있다고 보아야 한다. 이런 맥락에서 볼 때 모용선비가 전방후원분을 적극 수용했을 가능성은 충분하다.

첫째, 열도를 정복한 모용선비는 다양한 문화전통을 지닌 복합민족으로 여겨지는데 이런 이유로 해서 특정종족의 단일묘제를 채택하기가 곤란해졌을 것이란 추정이 가능하다. 애당초 모용선비군단 내부가 다양한 족속으로 구성돼 있었을 뿐 아니라 신라와 가야, 왜 열도를 정복하는 과정에서 일정 부분 현지화가 불가피했을 것이다.

둘째, 전방후원분은 후반부의 원형 묘역에 유체를 안치하는 한편 전반부의 직사각형 기대 부분을 장대하게 키울 수 있어 전체적으로 묘역이 위엄 있고 광역화하기에 장점이 많다. 열도를 정복한 기마민족은 소수의 지배층이 다수인을 다스려야 하는 처지였다. 새로운 지배층이 장엄한 외양을 지닌 초거대고분을 조성함으로써 원주민들에게 정복자의 힘을 공공연히 과시한 것으로 풀이해 본다.

거대고분은 그 고분을 건설한 세력의 정치적 기념물이자 종교와 이념을 구현하는 상징물이다. 4세기 이후 폭발적으로 조성된 일본열도의 대형 전방후원분들은 열도의 각 거점세력이 스스로의 정치적 위세를 과시하고 엄숙한 종교의례를 통하여 당대 지배계급의 이념을 전파

---

77. 김태식, 직설 무령왕릉, 메디치, 2016, pp407~412.

할 목적에서 경쟁한 결과라고 해석된다. 고분 조성과 관련된 의례 전체를 '특정한 이념에 기초해 쓴 각본에 따라 고분과 그 주변이라는 무대에서 대도구와 소도구를 사용하여 행해진 일종의 연극'으로 파악하였던 와다 세이고(和田晴吾) 효고(兵庫)현립고고박물관장의 풀이는 수용할 만한 견해이다.[78]

강력한 정치적·이념적 의미가 담긴 고분축조 경쟁을 정복자 모용선비가 마다할 이유는 없었을 것이다. 한마디로 규모의 장대화에 유리한 전방후원분의 특징이 모용선비의 기질이나 정치적 수요에 부합하였기에 적극 수용했을 것이란 판단은 허황된 논리가 아니다.

---

78. 와다 세이고(和田晴吾), 이기성, 천선행, 최영주 옮김, 거대한 고분에 새겨진 고대인들의 죽음에 관한 관념, 생각과종이, 2019, p7.

韓日 古代史 再建築

'힘(power)의 이동'으로 분석한
기마민족 정복사

『한일 고대사의 재건축②-기마족의 신라·가야·열도 정복사』의 주
제의식을 한마디로 정의하면 '힘(power)의 이동 역사'이다. 역사발전
의 근본동력인 '인간집단의 힘'은 분열을 통해 다양한 방면으로 발산
되고 투쟁을 통해 강해지며, 마침내 승자에 의해 통합되는 과정에서
뚜렷한 역사를 이룩한다. 대륙에서 출발한 모용선비 기마족이 한반도
남부에서 커다란 족적을 남긴 다음 최종적으로 일본열도로 향한 것은
힘의 이동가설로 볼 때 합리적으로 설명된다. AD 4세기, 기마민족의
신라·가야·일본열도 정복사는 최악의 상황에서도 자신들의 집단파워
를 보존하면서 '지리적 이동'이라는 최선의 선택을 한 결과이다.

아쉽게도 기마민족의 이동을 증언하는 명확한 사료는 남아 있지 못
하다. 아득한 시간 속에 사건의 진상은 철저하게 감춰지고 소멸되었
다. 아주 어리석은 사람이 아니라면 1700년 전의 증거물을 찾겠노라

며 집착할 이유는 없다. 다만 어떤 학설을 내세우기 위해서는 나름의 근거와 얼개는 제시해야 마땅하다. 나는 모용선비제국 전연(前燕)의 북로기병대에서 가설의 실마리를 찾았고 그 실타래를 따라 길게 걸어가 보았다. 모용한과 내물마립간, 김수로왕과 숭신천황 등이 4세기 기마민족 이동 역사와 관련된 유력한 증인들이다. 역사서에 모호하게 그려진 거인(巨人)들의 희미한 흔적을 추적하는 일은 깨어진 조각과 부스러기를 끌어모아 이어붙이는 집성(集成)의 여정이었고 그 결과물이 『한일 고대사의 재건축②』이다.

본문에서 출연한 여러 영웅들 중에서도 바다를 건너간 숭신의 위상은 각별하다. 유라시아 초원에서 한반도로, 다시 일본열도로의 이동을 상징하는 인물이다. 대륙발 기마민족의 후예이면서도 가야에서 입지를 굳힌 '임나공'이라는 점에서 한반도 출신의 무장임이 분명하다. 최종적으로는 열도에서 '어조국천황(御肇國天皇)'으로 자리매김하였으니 일본의 개국조(開國祖)이기도 하다. 숭신을 AD 370년경부터 405년 즈음까지 30여년에 걸쳐 축차적으로 대한해협을 건너간 기마군단의 지도자라고 볼 경우, 순전히 추정이지만 그는 342년(또는 341년) 모용선비의 나라 전연(前燕)에서 고구려로 출병하였다가 신라·가야로 불시착한 북로별동대의 2세라고 짐작된다. 이는 곧 가야땅에서 태어나고 성장한 기마민족이라는 뜻이니 '임나공'이란 직함은 그래서 타당하다. 임나공 숭신의 도해는 가야땅에서 한 세대 이상 체류하면서 한화(韓化)된 기마족이 열도로 건너갔음을 의미한다. 그런 점에서 숭신으로 표상되는 '북방계 기마민족의 일본열도 정복기'는 한국사의 영역에서 제외될 이유가 없다.

가야에서 발진한 숭신의 기마민족국가 '한왜연합왕국'은 열도에서 번성하였고 강성해진 군력을 출발지인 한반도로 투사하였다. 4세기 말부터 시작된 숭신왜국의 숙적 신라에 대한 공격은 거칠었고 그 힘에 신라는 소멸의 위기까지 경험하였다. 고구려와의 대결에서는 밀렸지만 열도에서 크게 성공한 숭신의 왕국은 한반도 남부 제국(諸國)에 우월감까지 갖게 된 듯하다.(5세기 왜5왕 관련 기록이 방증인데, 본서 12장과 『한일 고대사의 재건축③』 6장에서 언급하고 있다.)

숭신왕조가 지녔던 열도의 패권은 훗날 야마토왕조로 넘어갔고 우월의식도 승계되었으니 일본인의 한국관(韓國觀)이 왜곡된 시초는 숭신의 왕국에서 비롯된 것이 분명하다. 일본 지식계의 고질병인 '불온한 한반도관'을 근본적으로 해체하기 위해서는 대륙에서 한반도로 이어지고, 다시 열도로 연결된 기마민족의 이동역사를 충실히 해부할 필요성이 다분하다. 부족한 글이지만 이런 문제점에 대한 인식에서 출발하고 기술되었음을 알아주기를 희망한다. 필자의 문제의식은 『한일 고대사의 재건축③-열도의 내전과 영산강 전방후원분의 비밀』로 계속 이어진다.

고대사연구의 진척과 함께 부인할 수 없는 증거들이 제법 확보된 덕분에 모용선비 한반도·열도 진출설은 허망한 주장 수준에서 벗어난 듯싶다. 하지만 유의미한 학설로 인정받기까지 넘어야 할 문턱은 여전히 높다. 첫 번째 관문은 한일 양국의 주류사학계가 '외부 인간집단 유입론'에 매우 소극적이라는 사실이다. '기마민족 정복설'을 비롯하여 외부세력 이동설에 동조할 경우 역사학계 주류로부터 한심한 연구자로 낙인 찍히기 일쑤이다. 정통 사학자들도 BC 3세기~AD 3세기 야요이농민의 도해와 AD 5세기~7세기 백제인의 대량도해는 대체로 인정한다. 한일 고대사담론에서 인간집단 이동설이 완전히 터무니없는 학설은 아니라는 말이다. 그럼에도 기마민족 진출설은 한일 사학계가 제각기 다른 이유로 완강히 거부한다. 양국 역사학계의 주류인 자생론자들에게 '민족의 원형이 형성돼 가던 AD 4세기'에 외생변수를 용인하는 입론(立論)은 다분히 백안시된다.

인간집단 이동설에 대한 거부감을 극복한다고 해서 끝이 아니다. '국가주의 이념'이란 또 하나의 장애물이 기다리고 있다. 기마민족의 이동과정을 탐색하는 연구에서 국적(國籍) 관념은 최대 난관으로 다가온다. 그런 점에서 한민족 계열이 못 되는 모용선비 진출설은 설 자리가 더욱 좁다. '한민족이 아닌 모용선비 정복설이라니…부여족이라면 또 모를까…' 국내 연구자들의 풍토는 대충 이러한 것 같다. 하지만 기마민족의 후예이자 가야 출신 무장, 일본국 개조(開祖)라는 복합성을 지닌 '임나공 숭신'은 국적의 한계를 훌쩍 넘어선다.

고대사를 국가주의 관점으로 재단하는 것은 위험하며 사건과 인물 그 자체로 조망되어야 한다는 것이 『한일 고대사의 재건축』 시리즈를 일관하는 메시지이다. 다행히 DNA분류법을 비롯한 과학적 연구방법이 고대사 영역에 폭넓게 활용되고 있는 점에서 '모용선비 한반도·열도 정복설'의 미래는 어둡지 않다고 자위한다.

서두에서 밝혔지만 『한일 고대사의 재건축②-기마족의 신라·가야·열도 정복사』는 1999년 필자가 펴낸 『신라 법흥왕은 선비족 모용씨의 후예였다』의 후속편이다. 20여 년의 침묵을 깨고 내놓은 고대사 글이지만 1999년의 책만큼이나 막연하고 두려운 느낌이 든다.

말을 탄 사람들이 눈 덮인 만주를 거쳐 한반도로, 다시 열도로 달리던 4세기 이후 1700년간 쌓인 세월의 더께가 그토록 짙고 무거운 탓일 것이다.

참고문헌

김부식. 『삼국사기 상(上)』, 이병도 역주, 을유문화사, 1997.

김 상. 『삼한사의 재조명』, ㈜북스힐, 2004.

김성호. 『비류백제와 일본의 국가기원』, 지문사, 1984.

김태식. 『직설 무령왕릉』, 메디치, 2016.

김해시. 『가야 기마인물형 토기를 해부하다』, 주류성, 2019.

김효신. 『상고사연구자료집』, 새남, 1992.

니시지만 사다오. 「4세기 동아시아와 왜국, 고대 한일관계사의 이해-왜'」, 이론과 실천, 1994.

박대균 외. 「한국인 머리뼈의 비계측적 특징(Non-metric traits of Korean skulls)」, 해부생물인
　　　류학 14권 2호, 2001년.

부산·양산역사교사모임. 『일본고대사여행 동아시아인의 길을 따라』, 너머북스, 2012.

북사(北史) 권93, 모용외전.

삼국지 위서 왜인전(三國志 魏書 倭人傳).

서동인. 『미완의 제국 가야』, 주류성, 2017.

송종성. 『가야·백제 그리고 일본』, 서림재, 2005.

승천석. 『백제의 장외사 곤지의 아스까베왕국』, 책사랑, 2009.

신경철. 「최근 가야지역의 고고학적 성과-3·4세기의 제문제」, 가야사론.

신동준. 『삼국지 다음 이야기1』, 을유문화사, 2014.

쑨진지. 『동북민족원류』, 임동석 역, 동문선, 1992.

에가미 나미오. 『기마민족국가-고대 일본역사의 비밀』, 이동식 번역 역주, KBS도서관 소장 비매
　　　품, 2014.

와다 세이고. 『거대한 고분에 새겨진 고대인들의 죽음에 관한 관념』, 이기성, 천선행, 최영주 역,
　　　생각과종이, 2019.

우메사오 다다오. 『일본 문명의 77가지 열쇠』, 창해, 2007.

윤명철. 『동아지중해와 고대 일본』, 청노루, 1996.

이사하야 나오토. 「4~5세기 일본과 가야의 마구」, 인제대 가야문화연구소, 2019.

이시와타리 신이치로. 『백제에서 건너간 일본 천황』, 안희탁 역, 지식여행, 2002.

이자와 모토히코. 『역설의 일본사』, 고려원, 1995.

이종기. 『춤추는 신녀』, 동아일보사, 1997.

이케우치 히로시. 우메하라 스에지. 『통구(通溝)』, 박지영, 복기대 역, 주류성, 2019.

일연. 『삼국유사 2권 기이(紀異) 가락국기(駕洛國記)』, 최호 역해, 홍신문화사, 1995.

장한식. 『신라 법흥왕은 선비족 모용씨의 후예였다』, 풀빛, 1999.

장한식. 「한국 김씨의 혈관에는 흉노의 피가 흐른다」, 월간조선 9월호, 1999.

전용신. 『일본서기』, 일지사, 2006.

존 카터 코벨. 『부여기마족과 왜』, 김유경 옮김, 글을읽다, 2006.

중앙문화재연구원. 『흉노고고학개론』, 진인진, 2018.

지배선. 『중세 동북아사 연구-모용왕국사』, 일조각, 1986.

첸링(陳凌). 「3~6세기 중국 마구 및 마구를 통한 주변과의 교류」, 인제대 가야문화연구소, 2019.

최병현. 『신라고분연구』, 일지사, 1992.

폴 점토르(Paul Zumthor). 『정복왕 윌리엄』, 김동섭 옮김, 글항아리, 2020.